The Ending of Time
Where Philosophy & Physics Meet

# 时间的终结

## 当哲学遇到物理学

（增订版）

［印度］克里希那穆提 ［英］大卫·博姆 ——— 著

Sue ——— 译

九州出版社
JIUZHOUPRESS ｜全国百佳图书出版单位

## 图书在版编目（CIP）数据

时间的终结：当哲学遇到物理学 ／（印）克里希那穆提，（英）大卫·博姆著；Sue译. -- 北京：九州出版社，2025. 1. -- ISBN 978-7-5225-3502-9

Ⅰ. B-53

中国国家版本馆CIP数据核字第2025AV1317号

版权合同登记号：图字 01-2022-6524

Copyright © 2014 by Krishnamurti Foundation Trust Limited.

This revised and expanded edition includes The Future of Humanity © 1986 Krishnamurti Foundation Trust Limited.

A previous paperback edition was published in 1985 by HarperOne, a division of HarperCollins Publishers. Chapters 11 and 12 in this expanded edition were initially published in 1999 in The Limits of Thought (Routledge, London, pp 101–127), J. Krishnamurti and David Bohm.

© Krishnamurti Foundation Trust Limited. Reproduced with permission.

Krishnamurti Foundation Trust Ltd.,

Brockwood Park, Bramdean, Hampshire, SO24 0LQ, England.

E-mail: info@kfoundation.org Website: www.kfa.org

想要了解克里希那穆提的更多信息，请访问：www.jkrishnamurti.org。

**时间的终结：当哲学遇到物理学**

| | |
|---|---|
| 作　　者 | [印]克里希那穆提 著　[英]大卫·博姆 著　Sue 译 |
| 责任编辑 | 李文君 |
| 出版发行 | 九州出版社 |
| 地　　址 | 北京市西城区阜外大街甲35号（100037） |
| 发行电话 | （010）68992190/3/5/6 |
| 网　　址 | www.jiuzhoupress.com |
| 印　　刷 | 鑫艺佳利（天津）印刷有限公司 |
| 开　　本 | 880毫米×1230毫米　32开 |
| 印　　张 | 15.25 |
| 字　　数 | 400千字 |
| 版　　次 | 2025年5月第1版 |
| 印　　次 | 2025年5月第1次印刷 |
| 书　　号 | ISBN 978-7-5225-3502-9 |
| 定　　价 | 98.00元 |

# 出版前言

克里希那穆提 1895 年生于印度，13 岁时被"通神学会"带到英国训导培养。"通神学会"由西方人士发起，以印度教和佛教经典为基础，逐步发展为一个宣扬神灵救世的世界性组织，它相信"世界导师"将再度降临，并认为克里希那穆提就是这个"世界导师"。而克里希那穆提在自己 30 岁时，内心得以觉悟，否定了"通神学会"的种种谬误。1929 年，为了排除"救世主"的形象，他毅然解散专门为他设立的组织——世界明星社，宣布任何一种约束心灵解放的形式化的宗教、哲学和主张都无法带领人进入真理的国度。

克里希那穆提一生在世界各地传播他的智慧，他的思想魅力吸引了世界各地的人们，但是他坚持宣称自己不是宗教权威，拒绝别人给他加上"上师"的称号。他教导人们进行自我觉察，了解自我的局限以及宗教、民族主义狭隘性的制约。他指出打破意识束缚，进入"开放"极为重要，因为"大脑里广大的空间有着无可想象的能量"，而这个广大的空间，正是人的生命创造力的源泉所在。他提出："我只教一件事，那就是观察你自己，深入探索你自己，然后加以超越。你不是去听从我的教诲，你只是在了解自己罢了。"他的思想，为世人指明了东西方一切伟大智慧的精髓——认识自我。

　　克里希那穆提系列作品得到了台湾著名作家胡因梦女士的倾情推荐，在此谨表谢忱。

九州出版社

# 引　言

　　吉度·克里希那穆提（Jiddu Krishnamurti）与理论物理学家大卫·博姆（David Bohm）之间的这些对谈，是从探讨人类冲突的起源开始的。两人都同意将其归因于自我的分裂性、自我受限于时间的本质，以及自我制约着我们去错误地依赖思想，而思想则奠基于必然有限的过往经验。洞见将会终结这个错误的心理过程，这种洞见发生的可能性，在对谈中得到了深入探讨。随后，对谈的焦点转向了探询死亡的意义，以及探讨存在的"基础"和意识在宇宙中的地位。最后的几次对话，则回顾了克里希那穆提和博姆认为这些终极问题与日常生活之间所存在的深层联系，以及我们要如何处置那些拦路的障碍。

　　两人各自的背景差异极大。吉度·克里希那穆提出生于印度，13岁时即被"通神学会"选为"世界导师"的"载体"，而这一角色在他34岁时被他本人断然否认。虽然没有接受过任何正规教育，但他此后开始周游世界，孜孜不倦地进行演讲和会谈，一直持续到90岁高龄。他本人拒绝接受任何一种职业头衔，也拒绝对他的讲话冠以任何一种正式的称谓，他始终"作为一名朋友"在与他的听众进行谈话，并且否认自己具有任何权威，而只是在不断敦促听众在自己的日常生活中去检验他所言的真实性。对克里希那穆提来说，冥想及其洞见就是他的生活方式。

大卫·博姆则出生于美国，是20世纪杰出的理论物理学家之一，毕业于宾夕法尼亚州立大学，在罗伯特·奥本海默（Robert Oppenheimer）的指导下，26岁即在加州大学伯克利分校取得了物理学博士学位。此后他任教于普林斯顿大学，与爱因斯坦一起密切地工作。在麦卡锡时代，由于涉嫌有亲共倾向而被列入了黑名单，他于是被迫离开美国，到巴西的圣保罗大学任职。最后他在伦敦大学的伯克贝克学院完成了他作为理论物理学教授的职业生涯。他是一位物理学著述颇丰的作者，一直致力于开创性的科学研究，直到去世。

本书取材于吉度·克里希那穆提与大卫·博姆教授1980年4月到9月间在美国和英国进行的多场对话。其中的某些场合下会有其他人在场，并偶尔会对讨论有所贡献，除非有特殊说明，他们均以"提问者"的身份出现，而不是列出具体的人名。

作为本书第二部分的附录，由博姆与克里希那穆提1983年就"人类的未来"这一主题进行的两次对谈组成。尽管这两场对谈包含了这个不同的新话题，它们还是被收录在书中，因为其中探索交流的内容进一步深化了"时间的终结"系列对话中的某些关键论点。

——大卫·斯基特[①]，2014年

---

① 大卫·斯基特（David Skitt），英国克里希那穆提基金会的前任理事，也是大量克氏书籍的编者。曾作为一名编辑供职于欧洲航天局。

# 序　言

　　2013 年 3 月，一幅引人注目的天体图出现在了全世界的电视屏幕上，图中显示的是"宇宙大爆炸"发生 38 万年后的宇宙状态。全球公众对这幅宇宙"婴儿期"画像的兴趣空前高涨，但很快便消退了下去，也许是因为在人类探索了宇宙几十年之后，我们如今对这些发现早已司空见惯了。多年来，哈勃太空望远镜一直在发回遥远的各大星系令人惊叹的、非常美丽的照片，展示着亿万光年之外能量的剧变。

　　既然这些非凡的图景已经展示在了我们面前，那么为数众多的哲学家和科学家开始研究"人类的意识在宇宙中的地位"这一终极命题，也许便不足为奇了。我们从宇宙中所看到、所了解到的，无疑会引发各种极具挑战性的、令人畏惧的问题。很久以前，布莱士·帕斯卡（Blaise Pascal，法国科学家和宗教作家）便发现无限的宇宙"非常可怕"，而在我们的时代，进化生物学家理查德·道金斯（Richard Dawkins）则非常确定地告诉我们：宇宙"根本不在乎"人类的偏好——而这正是吉度·克里希那穆提与物理学家大卫·博姆在《时间的终结》一书中所探讨的问题之一。宇宙广袤的时间和距离跨度，似乎也使得人类的心灵在这颗小小的"来自太阳的第三块石头"（指地球——译者注）上进行的任何深入探索都显得几乎毫无价值。

对于探索这一主题以及正在进行的探询中所需的谦卑，哲学家托马斯·内格尔（Thomas Nagel）在他的《心灵和宇宙》（*Mind and Cosmos*）一书中总结得非常到位：

"鉴于我们对于这个世界真正的了解是多么微不足道，对于那些被认为并非不可思议的事物，我希望扩展其疆界……由于我们本身的认知局限，真理超出了我们能力所及的范围，这是完全有可能的，而且不仅仅超出了人类现阶段智识发展水平下我们的理解范围。然而我认为我们无法确知这一点，那么对于我们以及其他生物如何适应这个世界，继续寻求系统化的了解，便是有意义的。"[①]

而神经科学家克里斯托夫·科赫（Christof Koch）则在他的《意识：一个浪漫的还原论者的告白》（*Consciousness: Confessions of a Romantic Reductionist*）一书中大胆地提出：

"整个宇宙弥漫着感知力。我们被包围、被浸淫在意识中，它就在我们呼吸的空气中，我们脚踏的土壤里，占领我们肠道的细菌中，以及让我们有能力思考的大脑里。"[②]

托马斯·内格尔和克里斯托夫·科赫在他们的观点中，均以各自

———————————

① ［美］托马斯·内格尔. 心灵和宇宙：为什么唯物主义的新达尔文主义自然观几乎肯定是错误的. 纽约：牛津大学出版社. 2012 年.

② ［美］克里斯托夫·科赫. 意识：一个浪漫的还原论者的告白. 剑桥：麻省理工学院出版社. 2012 年.

的方式折射出了一种扩展人类心灵视野的意愿，而正是在这种清新的创新性的探索氛围中，吉度·克里希那穆提与大卫·博姆之间"时间的终结"系列对话水到渠成、有条不紊地展开了。克里希那穆提在他阐述的部分中提到，就心理层面而言，分离性的自我抱有的各种幻觉需要终止，心灵才能深入探究诸如"人类在宇宙中的地位"之类的问题。他和博姆还详细探讨了这些幻觉的根由，特别是它们所引发的冲突。然而接下来他也坚定地认为，理性的探询可以为具有转化作用的深刻洞见进入这个问题扫清道路。那么这样深入的探索对于我们的日常生活有没有意义呢？克里希那穆提认为是有的，人类不必做一个胆怯的旁观者，宇宙中一个战战兢兢、困惑不已的流浪者。这个"内心的流亡者"的终止，对人类来说具有怎样的意义，在对话中得到了深入的探索。

在这个新的增订版中，有两场对话被添加到了之前旧版书中的十三场对话当中。这个完整版还在附录中囊括了后来的两场对话，题为"人类的未来"，大卫·博姆在一篇序言中将其描述为对"时间的终结"系列对话更详细的阐述，也许还可以充任引言。然而编者认为，其中的第二次对话中对大脑和心灵所做的区分，对于总结这整个系列极有帮助。也欢迎读者对此做出自己的选择。

阅读本书，若能结合聆听这些对话的录音，也将对研读这 15 场对话颇有助益。这些录音中常有停顿，这样就为思考所说的话留有了空间，时而也会有些幽默的点缀。此外，为了找到交流的最佳用词，吉度·克里希那穆提与大卫·博姆也会不断进行小心谨慎的探索。下载有关的录音选集，请访问网址：www.jkrishnamurti.org。

——大卫·斯基特

# 第一章

## 心理冲突的根源

### 1980 年 4 月 1 日，美国加利福尼亚，欧亥

吉度·克里希那穆提：我们该如何开始呢？我想问，人类是否转错了一个弯。

大卫·博姆：转错了一个弯？嗯，肯定是这样的，在很久以前，我想。

克：这就是我的感觉，在很久以前。看起来是这样的。为什么会这样？你瞧，我只是在探询，依我看来，那是因为人类总想"成为"什么。

博姆：嗯，有可能。我曾经读到过一篇文章，令我颇受震动，里面说到，人类在五六千年前开始掠夺和蓄奴的时候，就误入歧途了。从那以后，人类生存的主要目的，就仅仅是剥削和掠夺罢了。

克：是的，但是还有内心的那种"成为"。

博姆：嗯，我们应当厘清这两者是如何联系在一起的。人类的掠夺行为中包含了怎样的一种"成为"呢？人类不去做些有建设性的事，去发现新的技术和工具等，而是在某个时候发现掠夺自己的邻居要来得更轻松。那么，他们想成为什么呢？

克：冲突一直是这一切的根源。

博姆：但这里的冲突又是什么呢？如果我们可以设身处地地从那些古人的角度考虑，你会如何看待那种冲突呢？

克：冲突的"根源"是什么？不仅仅是外部的冲突，也包括人类内心这种巨大的冲突。它的"根源"是什么呢？

博姆：哦，似乎是各种互相矛盾的欲望。

克：不。是不是因为所有的宗教都说你必须成为什么，你必须达到什么？

博姆：那又是什么让人们想去那样做的呢？他们为什么就不能满足于自身的现状呢？你瞧，如果人们不觉得"变得更怎样"当中有某种吸引力，宗教也不会流行。

克：难道不是因为有一种空洞，因为无法面对并改变事实，所以宁愿逃到别的事情上去——逃到"更怎样"那里去？

博姆：人们无法与之共处的那个事实，你认为是什么？

克：那个事实是什么？基督教徒说过那是"原罪"。

博姆：但转错的那个弯远远发生在那之前。

克：没错，远在那之前。远在那之前，印度教徒就有了"业力"的概念。那么这一切的起源是什么呢？

博姆：我们刚才说了是有个人们无法与之共处的事实。无论这个事实是什么，人们总要想象出某个更好的东西来。

克：对，某个更好的东西，变得越来越怎样。

博姆：你也可以说，一开始他们在技术上做得更好了，然后他们再把范围扩大，说："我也必须变得更好。"

克：是的，内心变得更好。

博姆：我们所有人都必须一起变好。

克：没错。可这一切的根源是什么呢？

博姆：哦，我认为思想投射出这个"变得更好"的目标是很自然的事。也就是说，这是思想结构内在固有的特性。

克：是不是因为外在变得更好的原则，转换成了内心也要变得更好？

博姆：如果外在变得更好是有益的，那为什么我就不应该内心也变得更好呢？

克：这就是原因所在吗？

博姆：是朝着那个方向走的，更接近了。

克：更接近了吗？时间是不是肇因呢？时间就是"我需要知识来做这个或那个"。是不是同样的原则被运用到了内心？时间是肇因所在吗？

博姆：我看不出时间自身是唯一的肇因。

克：不，不，时间。"成为"——就意味着时间。

博姆：是的，但我们没看出时间是如何带来麻烦的。我们必须承认，运用于外部的时间并不会带来任何麻烦。

克：它也会带来某些麻烦——不过我们讨论的是内心的时间观念。

博姆：那么我们就必须看清，为什么时间在内心就具有如此严重的破坏性。

克：因为我想成为什么。

博姆：是的，但大多数人都会说这再自然不过了。你得解释"成为"有什么不对劲。

克：显然，当我想成为什么时，就会有冲突，那是一场不停的战斗。

博姆：是的，我们能否探究一下：为什么那是一场不停的战斗？如果我想改善我外在的处境，那就不是一场战斗。

克：外在不是。外在或多或少是没问题的，但是当同样的原则被运用到了内心，就会引发矛盾。

博姆：那矛盾是？

克："此刻如何"与"变成应当如何"之间的矛盾。

博姆：难点就在于为什么到内心就是矛盾，到外在就不是？

克：这会在内心建立一个中心，不是吗？一个自我本位的中心。

博姆：是的，但我们能否找出为何会这样的原因呢？我们外在这么做的时候，会建立一个中心吗？似乎不一定。

克：不一定。

博姆：但是当我们内心去这么做的时候，我们就想强迫自己成为我们所不是的那个样子。而这就是一场战斗。

克：是的，这是一个事实。是不是因为人的大脑已如此习惯于冲突，乃至他会拒绝其他任何一种生活方式？

博姆：不久人们便会得出结论：冲突是在所难免的，也是必不可少的。

克：然而冲突的起源是什么呢？

博姆：我认为刚才说到我们总想强迫自己的时候，就已经涉及这个问题了。当我们现在已经是我们想成为的某个样子时，我们还想成为另一个不同的样子，因此我们同时想要两个不同的东西。这么说对吗？

克：这点我明白。但我想探明一切痛苦、困惑、冲突和挣扎的起源——它们是怎样开始的？这就是我为什么一开始就问：人类是不是转错了一个弯？起源是不是"我"和"非我"？

博姆：我想我们更接近了。"我"和"非我"之间的分裂。

克：是的，就是这样。而"我"——人类为什么造出了这个"我"，这个不可避免地会引发冲突的东西？"我"和"你"，"我"比"你"更好，等等等等。

博姆：我想这是很久以前犯下的一个错误，或者按你的说法，是转错了一个弯，从而引发了各种外在事物之间的分裂，然后我们又接连不断地这么做——并非出于恶意，而仅仅是因为不知道怎么办更好。

克：没错。

博姆：我们没看到自己正在做什么。

克：这就是那一切的起源吗？

博姆：我不确定这是不是起源。你觉得呢？

克：我倾向于认为起源就是自我，那个"我"。

博姆：是的。

克：如果没有自我，就不会有问题，不会有冲突，也不会有时间——"时间"的意思是变成或者不变成，成为或者不成为。

博姆：但也许我们还是会滑入那个误区，使得我们把自我放在首要的位置上。

克：等一下。是不是因为那股能量——它本来如此广袤而又无限——被压缩或者缩减到了头脑中，而大脑本身也变狭窄了，因为它无法容纳这浩瀚的能量？你明白我说的意思吗？

博姆：明白。

克：因此大脑逐渐沦落成了"我"。

博姆：我不太明白这一点。我了解这就是实际发生的事，可是不太明白其中的各个步骤。你是说能量浩瀚，而大脑无法驾驭它，还是说大脑断定自己无法驾驭它？

克：大脑无法驾驭它。

博姆：可是如果大脑无法驾驭它，那似乎就没有出路了。

克：不，等一下，慢慢来。我只是想稍微深入地往下探究一点儿、推进一点儿。为什么大脑，伙同所有的思想，造出了这种"自我感"？为什么？

博姆：我们需要某种身份感来行使职能。外在必须是这样的。

克：是的，行使某种职能。

博姆：知道我们属于哪里。

克：是的。而这是否就是思想造出"我"的活动？这种外在的活动？在那里，我必须与家庭、房子、生意或者职业相认同。这些就逐渐变成了"我"吗？

博姆：我认为你所说的那股能量也参与到了其中。

克：是的，可是我想慢慢地把话题引到那里。

博姆：你瞧，你说的是对的，这种"自我感"以某种方式逐渐增强，但这么说还是无法解释自我所具有的巨大力量。那样的话，"自我感"就只不过是个习惯。自我变得具有绝对的掌控地位，需要它成为最强大的能量、所有能量的焦点才行。

克：是吗？于是大脑无法驾驭这股巨大的能量？

博姆：我们可以说大脑试图控制这股能量——让它有序。

克：这股能量没有秩序。

博姆：可是，如果大脑觉得自己无法控制内在发生的某种东西，它就会试着建立秩序。

克：我们能不能说大脑，你的大脑，他的大脑，她的大脑，并不是刚刚诞生的，而是非常非常古老的？

博姆：就什么而言的古老？

克：就它发生的进化而言。

博姆：进化，是的，从动物那里。而动物也进化了。所以我们可以说，在某种意义上，这整个进化过程，在某种程度上就包含在了大脑中。

克：我想对进化提出质疑。至于从牛车到喷气机的这种进化，是可以理解的。

博姆：是的，但是在你质疑之前，我们不得不考虑人类在各个阶段发展的证据。你无法质疑那些，对吗？

克：对，那当然。

博姆：我是说，从物质角度讲，进化显然以某种方式发生了。

克：物质角度，是的。

博姆：大脑也变得更大、更复杂了。而你质疑的也许是内心的进化是否有任何意义。

克：你瞧，我想（笑）废除时间，心理上的。你明白吗？

博姆：是的，我明白。

克：在我看来，它是敌人。那就是人类苦难的肇因、起源吗？

博姆：就是时间的这种用法，毫无疑问。人类必须为了某些目的来运用时间，但是他误用了。

克：那个我明白。如果我要学一门语言，我就必须得花时间。

博姆：但是把它扩展到内心就误用了时间……

克："内心"，这就是我要说的意思。这是否就是人类困顿的肇因——把时间作为"成为"的手段引入了进来，要变得越来越完美、越来越进步、越来越有爱？你明白我的意思吗？

博姆：是的，我明白。毫无疑问，如果我们不这么做，这整个结构就会崩塌。

克：就是这样。

博姆：但是我不知道还有没有别的原因。

克：等一下。对此我想稍做探讨。我并不是从理论上、带着个人色彩来说的，而是，对我来说，心理上并不存在明天这个概念——也就是说，时间是一种运动，要么是内在的，要么是外在的。

博姆：你是说心理时间？

克：是的，心理时间，还有外在的时间。那么，如果心理时间并不存在，就不会有冲突，也不会有"我"——"我"正是冲突的根源。从外在讲，技术上人类是前进了、进步了。

博姆：内在的身体结构也进步了。

克：身体结构，那一切。但是心理上我们也向外移动了。

博姆：是的，我们把生活的焦点集中在了外部。这是你说的意思吗？

克：是的，我们从外在扩展了我们的各项能力，而内心也有着与外在相同的活动。那么，如果内心没有诸如时间、前进、变得更如何之类的活动，那会怎样？你明白我想传达的意思吗？时间就终止了。你知道，外在活动与内心活动如出一辙。

博姆：是的，就这样不停地绕圈子。

克：因为引入了时间。如果那种活动止息了，那会怎样？我不知道我有没有说明白什么？我们能这么表达吗？我们从未触及外在活动之外的其他任何活动。

博姆：无论如何，总的来说是这样的。我们把大部分能量都投入了外在活动当中。

克：而心理活动也属于外在。

博姆：嗯，它是外在活动的反映。

克：我们以为它是内在的，但实际上它也是外在的，对吗？

博姆：对。

克：那么，如果那种活动终止了——它也必须终止——那么是不是就会有一种真正的内在活动———种与时间无关的活动？

博姆：你是问，有没有另一种活动，它依然在运动，但与时间无关？

克：没错。

博姆：这个我们得探究一下。你可以更深入地讲一讲吗？

克：你瞧，"运动"这个词就意味着时间。

博姆：嗯，它真正的意思是从一个地方变换到另一个地方。但无论如何里边还包含了"不静止"这个意思。你抛弃时间，并不是想退回到静止状态，那个状态依然是时间。

克：我们来举个例子，比方说，人的大脑千百年来所受的训练、养成的习惯是往北走。然后它突然意识到往北走就意味着永无休止的冲突。当它意识到这一点，大脑自身就会发生变化——大脑的品质变了。

博姆：好的。我能看出它会在某种程度上醒转过来，去进行一种不同的活动。

克：是的，不同的活动。

博姆：也许"流动"一词更为恰当。

克：我这辈子一直都在往北走，然后突然停了下来，不再往北走。但是大脑并没有往东、往南走或者往西走。这时冲突就止息了，对吗？因为它没有朝任何一个方向移动。

博姆：所以这就是关键所在了——运动的方向。当内心活动的方向是固定的，就会遇到冲突。但是外在我们需要一个固定的方向。

克：当然需要。那点已经说清楚了。

博姆：是的。那么，如果我们说大脑没有固定的方向，那它会做什么？它会朝着所有的方向移动吗？

克：说到这个问题，我有点迟疑。当一个人真的达到了那个状态，可不可以说那就是所有能量的源头？

博姆：是的，随着他走得更深入、更向内。

克：这才是真正的内在性，不是外在活动变成内在活动，而是当既没有外在活动也没有内在活动……

博姆：是的，我们可以既抛弃外在活动又抛弃内在活动，于是所有的活动似乎都停止了。

克：这会不会就是所有能量的源头？

博姆：是的，也许我们可以这么说。

克：我可以稍微谈下我自己吗？

博姆：可以，请讲。

克：首先来谈谈冥想。有意识的冥想，根本不是冥想，对吗？

博姆：你所说的"有意识的冥想"是什么意思呢？

克：刻意的、练习的冥想，那其实是有预谋的冥想。有没有一种并非预谋的冥想——也就是并非自我企图成为什么，自我也不想积极地或者消极去抹杀什么？

博姆：在继续往下进行之前，我们能不能先谈谈冥想究竟是什么？它是观察到心正在观察吗？

克：不是，已经超越了那一切。我用"冥想"一词指的是，其中没有一丁点儿的努力，没有一丝一毫想成为什么、有意识地想达到某个层次的意思。

博姆：心只是单纯地跟自己在一起，很安静。

克：这就是我想说明的。

博姆：它没在寻找任何东西。

克：你知道，我不做通常意义上的那种冥想。发生在我身上的是——我这么说并没有什么个人色彩，真的——发生在我身上的是，我醒来就在冥想。

博姆：就处在那样的状态中。

克：在印度的瑞希山谷，有天夜里我醒了过来。此前曾发生过一系列的事件，我也冥想了些日子。当时是 12 点一刻，我看过表了（笑）。然后——说这些我很迟疑，因为这听起来会显得相当夸张、相当幼稚——所有能量的源头被触碰到了。而这对大脑还有身体产生了不可思议的影响。很抱歉谈到了我自己，可是你明白，真的，任何……我不知道该如何表达……世界与我的任何分别感——你明白吗？——根本不存在分别。只有那浩瀚无比的能量之源。

博姆：所以大脑触碰到了能量的源头？

克：是的。现在，回到现实中来，由于我已经讲了 60 年的话，我希望其他人也能达到——不，不是达到它。你明白我说的意思吗？因为那样我们所有的问题——政治的、宗教的——所有问题都会得到解决，因为那是来自时间伊始的纯粹能量。那么，我该如何——拜托，不是"我"，你明白的——一个人不去教授、不去帮助、不去推动，但是他要如何说明："这种方式将会通往一种完满的安宁与爱"？很抱歉用到了这些词。然而，假设你到了那一步，你的大脑随它而悸动，那么你会如何去帮助他人呢？你明白吗？帮助——而不是嘴上说说。你要如何帮助他人到达那里？你明白我想说的意思吗？

博姆：明白。

克：我的大脑——就是大脑，不是我的——大脑进化了。进化意味着时间，大脑只能在时间中思考和生活。那么，对大脑来说，抛弃时间，是一项不可思议的而且没有任何问题的行动，因为出现的任何麻烦、任何问题立刻就会得到解决。

博姆：这种状况是持续的，还是仅限于一段时间？

克：是持续的，显然如此，否则就没有意义了。它不是间歇发生的或者时断时续的。那么，你要如何打开那扇门，你要如何帮助他人，说："瞧，我们一直都走错了方向，只能一动不动，如果运动停止了，一切都会正确到位"？

博姆：哦，很难预先就知道是不是一切都会正确到位。

克：让我们回到我们最初开始的地方。那就是，人类是不是转错了一个弯，心理上而不是身体上？那个弯能不能被彻底反转？或者停止？我的大脑如此习惯于这个进化的观念：我将会成为什么，我将会获得什么，我必须拥有更多的知识，等等。这个大脑能否突然意识到根本不存在"时间"这回事呢？你明白我想说的意思吗？

博姆：明白。

克：前些天我在电视上听了一场关于达尔文的讨论，讲的是他的探索之旅以及他发现了什么——他的整个进化论。在我看来，这些放在心理上就完全不对了。

博姆：他似乎给出了所有物种都随时间发生了变化的证据。那为什么不对呢？

克：没错，当然了。那种变化是显而易见的。

博姆：在那个方面就是对的。我想，说心灵随时间发生了进化就不对了。

克：当然。

博姆：但是身体上看起来显然是发生了一个进化过程的，这也增强了大脑的能力，可以去完成某些事情。比如说，如果大脑没有变得更大，我们就不可能讨论这些了。

克：当然。

博姆：但是我想你隐含的意思是，心灵并非来自大脑，对吗？大脑可能只是心灵的工具？

克：心灵也不是时间。来看看这是什么意思。

博姆：心灵没有随着大脑而进化。

克：心灵没有时间性，而大脑有时间性——这就是冲突的起源吗？

博姆：哦，我们得看看这为什么会产生冲突。大脑有时间性，这么说并不清楚，不如说大脑发展的方式中有时间的介入。

克：是的，这就是我的意思。

博姆：但不一定是这样的。

克：它进化了。

博姆：它进化了，所以它里面就包含了时间。

克：是的，它进化了，时间是它的一部分。

博姆：时间就成了它结构的一部分。

克：是的。

博姆：而这也是必要的。然而，心灵的运转是脱离了时间的，尽管大脑做不到这一点。

克：不对。那意味着神就在人的内心，只有在大脑安静时，大脑没有困在时间中时，神才能运作。

博姆：哦，我不是那个意思。我明白，由于大脑有一个时间结构，所以它无法恰当地响应心灵。这其实才是这里包含的意思。

克：大脑本身能否看到它受困于时间，而且只要它在那个方向上活动，冲突就是没完没了、永无休止的？你明白我说的意思吗？

博姆：明白。大脑看到了吗？

克：大脑有没有能力看到它此刻在做什么——困在时间当中——在那个过程中冲突是没有尽头的？也就是说，大脑有没有一部分是没有时间性的？

博姆：没有困在时间中或者不在时间中运转？

克：可以这么说吗？

博姆：我不知道。

克：那就意味着——我们换个方式来表达同一件事——大脑并没

有完全被时间所制约，所以它有一部分是摆脱了时间的。

博姆：不是一部分，而是大脑大部分被时间所掌控，尽管那并不一定意味着它就完全无法逃脱。

克：没错。也就是说，尽管受控于时间，大脑能否不屈服于时间？

博姆：没错。在那一刻，它就从时间中脱离了出来。我想我能明白这一点，只有你给它时间的时候，它才会被掌控。引入了时间的思想是被掌控的，但只要足够快，就不会被掌控。

克：是的，没错。大脑——它已经习惯了时间——它能否看到在那个过程中冲突是没有尽头的？"看到"的意思是意识到。在压力之下它能意识到吗？当然不能。在强迫、奖赏或惩罚之下，它会意识到吗？不会。它要么反抗，要么逃避。

那么，什么因素能让大脑看到它一直以来的运作方式是不正确的？我们暂且先用"正确"这个词。什么能让它突然意识到那种方式完全是有害的？什么能让它看到？当然不是药物或者某种化学物质。

博姆：完全不是那些外在的东西。

克：那什么能让大脑领悟到这一点呢？

博姆：你所说的"领悟到"是什么意思？

克：领悟到大脑一直走的那条路将永远是一条冲突之路。

博姆：我想这就提出了这个问题：大脑抗拒这样一种领悟。

克：当然，当然。因为它已经习惯了老路，习惯了千百年！你怎样才能使大脑领悟到这个事实？如果你能让它领悟到，冲突就结束了。

你瞧，人们试过绝食、禁欲、苦行、安贫、守贞，保持真正的纯洁，拥有一颗绝对正确的心，他们试过独自出走，试过人类发明的一切方法，但是没有一条路成功过。

博姆：嗯，你有什么看法？显然人们追求这些外在目标，仍然是在"成为"什么。

克：是的，可他们从来没有意识到这些是外在的目标。那就意味着要彻底抛弃那一切。

博姆：你知道，要走得更远，我认为必须抛开寄望于未来的时间观念，抛开所有的过去。

克：就是这样。

博姆：也就是，整个时间。

克：时间就是敌人（笑）。面对它，然后超越它。

博姆：抛开这个看法：时间是一个独立的存在。你瞧，我认为我们有这样一个印象：时间是独立于我们而存在的。我们身处时间的洪流中，因此我们要抛开它，就会显得很荒唐，因为那就是我们自己。

克：是的，没错，没错。所以那其实意味着离开——这依然只是词语——离开人类为实现永恒而拼凑的一切手段。

博姆：我们能不能说，人类从外在使用的这些方法，没有一个能将心灵从时间中解放出来？

克：绝对是这样的。

博姆：每种方法都意味着时间。

克：当然，这太明显了。

博姆：我们从一开始立刻就设置了整个时间的架构，这整个时间观念在我们开始之前就已经预设好了。

克：是的，没错。但是你怎样才能把这些传达给别人呢？你，我，或者某"甲"，如何向一个受困于时间然后抵抗时间、与之作战的人——因为他认为没有其他的出路——传达这些？你如何向他传达这些？

博姆：我想你只能向已经对此做过探究的人传达，你完全不可能向你随便在街上捡到的什么人传达这些！

克：那么，我们该怎么办呢？由于这些东西不能用言语传达，那一个人该怎么办？你会不会说，若要在问题出现时能够将它解决，你就必须立刻探究它，因为否则的话你就可能会做出最愚蠢的事，然后欺骗自己已经解决了它？假设我有个问题，任何一个心理问题。心能不能立刻意识到它、解决它？不欺骗自己，也不抗拒问题——你明白吗？而是面对它并且终止它。

博姆：嗯，就心理问题而言，这是唯一的出路。否则我们就会被困在问题的根源本身当中。

克：当然。那个做法能否终结时间，我们所说的那种心理时间？

博姆：可以，如果我们用这种即刻的行动作用于那个问题，也就是自我的话。

克：假设一个人贪婪或者嫉妒。立刻就终止贪婪、依附等，这难道不会给时间的终结提供线索吗？

博姆：是的，因为任何不立刻做出的行动就已经引入了时间。

克：是的，是的。这个我知道。

博姆：时间的终结是立刻发生的，对吗？

克：立刻，当然。这是不是就指出了人类转错的那个弯？

博姆：是的，如果人觉得心理上有什么出了故障，他就会引入时间概念和"成为"的想法，而那会制造出无穷无尽的问题。

克：这能开启通往理解"时间在内心毫无地位"的那扇门吗？也就是说，除了外在，思想没有任何地位，不是吗？

博姆：你是说思想就是一个引入了时间的过程。

克：你难道不认为思想就是一个时间过程吗？因为思想奠基于经验、知识、记忆和反应，而这些全部是时间。

博姆：是的，但我们还经常会探讨一种对智慧做出响应的思想。我们来试试这么说：我们通常所知的思想，是处在时间之中的。

克：我们目前所知的思想是属于时间的。

博姆：是的，我同意，总体来说。

克：总体来说，思想就是时间。

博姆：它以时间观念为基础。

克：是的，没错。但是在我看来，思想本身就是时间。

博姆：思想本身造出了时间，没错。

克：那是不是意味着，没有时间就没有思想？

博姆：嗯，没有那种思想。

克：是的，没有思想。我想慢慢慢慢地来。

博姆：我们能不能说，存在一种思想，我们生活于其中，而它被时间所掌控？

克：是的，但是那种思想必须终止。

博姆：但是，可能还有另一种并没有被时间所掌控的思想……我是说，你刚才说过，你还是可以用思想去做某些事的。

克：当然，外在就是如此。

博姆：我们得小心，不能说思想肯定是被时间所掌控的。

克：没错。我要从这里去到那里，去到我家，这需要时间，需要思想，但我谈的不是那种时间。

博姆：所以我们得说清楚，你谈的思想是指向心灵的思想，其内容事关心灵的秩序。

克：是的。你认为知识是时间吗？

博姆：嗯，是的……

克：所有的知识都是时间。

博姆：是的，因为它已经被得知了，然后再投射到将来，等等。

克：当然，将来，过去。知识——科学，数学，无论什么知识——都是通过时间获取的。我阅读哲学，我阅读这个或那个，这整个知识的活动都包含了时间。明白我的意思吗？

博姆：我想我们说的是，人类转错了一个弯，然后被困在了被时间掌控的那种知识里，因为它已经变成了心理知识。

克：没错。所以他活在了时间里。

博姆：他活在了时间里，因为他企图得出有关心灵特性的知识。

你是说，并不存在真正的有关心灵的知识？你会这么说吗？

克：一旦你使用"知识"一词，它就隐含了时间。当你终止了时间——我们所说的那种终止，就不会有作为经验的知识了。

博姆：我们得看看"经验"这个词是什么意思。

克：经验，记忆。

博姆：人们说："我通过经验来学习，我要经历一些事情。"

克：那就是"成为"！

博姆：嗯，我们来把它说清楚。你知道，有一种经验，比如，在一个人的工作中，经验会变成技巧和洞察力。

克：当然，但那就完全是另一回事了。

博姆：我们说的是，抱有关于心灵的经验、心理上的经验，是毫无意义的。

克：是的，我们可以这么说。心理上的经验是处于时间之中的。

博姆：是的，而且它是没有意义的，因为你不能说："既然我在工作方面技艺很娴熟了，在心灵运作方面或者最根本的层面上，我也要变得技艺娴熟。"

克：没错。那么这份领悟将会引向何方？我认识到知识就是时间，大脑认识到了这一点，看清了时间在某个方向上的重要性，同时在另一个方向上完全没有任何价值。这并不是一种矛盾。

博姆：我会表述为：时间的价值仅限于某个特定的方向或者领域，而在此之外，它毫无价值。

克：没错。那么没有知识的心灵或者大脑会怎样？你明白的。

博姆：没有心理知识吗？

克：对，我说的是心理上。

博姆：那样的大脑就不会那么严重地困在时间里，因为它不再用心理知识来组织自己。

克：对。

博姆：所以我们说，大脑目前觉得，它必须通过心理上全面认识自己来组织自己。

克：那么心灵、大脑还会失序吗？当然不会。

博姆：没错。但是，我想人们面临这种状况时，可能觉得会存在失序。

克：当然。

博姆：我想你的意思是，从心理上控制你自己，这个想法毫无意义。

克：所以关于"我"的知识——心理知识——就是时间。

博姆：是的，我认为这个知识的整体就是"我"，就是时间。

克：那么，没有了这些的存在会怎样？没有时间，没有心理层面上的知识，没有"自我感"，然后还有什么？到了这一步，大部分人都会说："这太可怕了。"

博姆：是的，因为似乎什么都没有了。

克：一无所有。你把我们带到了一堵白墙面前。

博姆：那会相当无趣（笑）。那种状况要么令人惊恐，要么没有任何问题。

克：可是，如果一个人走到了那一步，会有什么呢？你会不会说，因为一无所有，所以那就是万事万物？

博姆：是的，我会这么认为，这个我知道。确实是这样，那就会有万事万物……

克：不，是一无所有。

博姆：空无一物。

克：空无一物，没错（笑）。

博姆：一物是有限的，而它并非任何一物，因为没有局限……至少，它有一切潜在的可能性。

克：等一下，先生。如果它一无所是，因而又是万事万物，那么万事万物就都是能量。

博姆：是的。万事万物的基础都是能量。

克：当然，万事万物都是能量。而这个东西的源头又是什么？还是说，能量根本没有源头？有的只是能量而已？

博姆：能量就只是存在着。能量就是"此刻如何"，没必要有个源头。也许这是一种探索方式？

克：不。如果一无所有从而有了万事万物，而一切事物都是能量……我们必须非常小心，因为在这里印度教徒也有这个概念，那就是"梵就是万事万物"。你明白吗？但是那变成了一个概念、一个原则，然后再加以实施。但事实是一无所有，因而才有了万事万物，而这一切都是宇宙能量。可又是什么发起了这股能量？

博姆：这是个有意义的问题吗？我们已经没在探讨时间了。

克：我知道我们没在谈时间，但是你瞧基督教徒会说："上帝就是能量，他是所有能量的源头。"不是吗？

博姆：嗯，基督教徒有个他们的所谓"神性"的概念，认为那也正是上帝的源头。

克：印度教徒、阿拉伯人、犹太教徒也有这类概念。我们的说法跟这些都是相悖的吗？

博姆：在某种程度上听起来有些相似。

克：可并不相似。我们必须极其小心。

博姆：类似这样的话世世代代以来已经说过多次了。

克：那么人就是在空无中行走的吗？人是活在空无中的吗？

博姆：哦，这点并不清楚。

克：一无所有，而一切事物又都是能量。那这又是什么（指向自己的身体）？

博姆：哦，那是能量当中的一种形式。

克：这个，身体，与能量并无不同。但是里面的东西说："我跟那种能量完全是两回事。"

博姆："我"把自己封装起来，然后说："我是不一样的，我是永恒的。"

克：现在，等一下。它为什么这么做？为什么发生了这种分裂？是不是因为我从外在与一座房子等相认同，然后那份认同转移到了内心？

博姆：是的。接下来的第二步就是，一旦我们在内心对什么建立起了一个看法，就觉得有必要去保护它，从而造成了分裂。

克：当然。

博姆：内心的东西显然是最宝贵的东西，必须用我们所有的能量去保护它。

克：那是不是意味着只有物质身体——也就是能量的一部分——在活着？根本没有克，没有"我"，除了护照、名字和外形，此外一无所有？因而也就有了万事万物，因而万事万物都是能量？

博姆：是的，外形并非独立地存在。

克：对。不，我说的是只有外形，仅此而已。

博姆：还有能量，你知道的。

克：那是能量的一部分。所以只有这个，这个外壳。

博姆：能量中有这个外在的形式。

克：你有没有领悟我们所说的话，先生（笑）？这就到了旅程的尽头吗？

博姆：哦，不，我认为不是。

克：人类在走过了千万年之后领悟到这一点了吗？那就是：我一无所是，因而我就是万事万物，就是所有的能量？

博姆：哦，这不可能是终点，可以说这也许只是个开端。

克：等一下。你说从这里开始，正是我所希望的。终点便是起点，对吗？现在我想探讨一下这个问题。你瞧，在这一切的终点——简言之就是时间的终结——就会有一个新的开始。而这又意味着什么呢？因为否则这一切就显得毫无意义了。我就是所有的能量，同时存在的只有外壳，而且时间也终结了。这看起来毫无意义。

博姆：是的，如果我们就停在这里的话……

克：就是这样。

博姆：我认为，这实际上清除了地面上所有的残渣、所有的困惑。

克：是的。所以结束就是开始，可那又是什么呢？开始也隐含了时间。

博姆：不一定。我想我们说过，可能存在一种没有时间的运动。

克：这就是我想把这点澄清的原因。

博姆：是的，但这点很难表达。这并不是一个保持静止的问题，但是从某种意义上来说，那种运动并不具备时间的顺序。我想我们现在不得不这么表达。

克：是的。所以我们会用"开始"这个词，同时又从中剔除了时间的因素。

博姆：因为结束和开始并非特定的时间。事实上，它们可以发生在任何时间，或者根本没有时间。

克：没有时间。然后会怎样？会发生什么？不是发生在我身上、我的大脑里。会发生什么？我们刚才说过，当一个人摒除了时间，就一无所有了。在这场长谈之后，一无所有就意味着万事万物，而一切事物都是能量。然后我们就停在了那里。但那并非终点。

博姆：没错。

克：那并非终点。然后会发生什么？是创造吗？

博姆：是的，类似的事情。

　　克：但不是诸如写作或者绘画之类的艺术创作。

　　博姆：也许我们后面可以探讨一下我们所说的"创造"是什么意思。

# 第二章

## 涤清心灵累积的时间

## 1980 年 4 月 2 日，美国加利福尼亚，欧亥

吉度·克里希那穆提：我们之前说到了心理时间就是冲突，那种时间是人类的敌人。而那个敌人从人类出现伊始便存在了。我们也询问了为什么人类一开始就"转错了弯""走错了路"。还有，如果是这样，那么有没有可能让人类转到另外一个方向，于是他就能毫无冲突地活着了？因为，就像我们昨天说过的，外在的活动也和内心的活动是一样的，内外并无分别，那是同一个运动。我们也问了我们是否深切而热忱地关心让人类转到另一个方向上，那样他才能不再活在时间里，而只保有关于外部事物的知识。各种宗教、政客和教育者都失败了：他们从未关心过这些。你同意吗？

大卫·博姆：同意。我认为各个宗教都曾试图探讨超越时间的永恒价值，但他们似乎都没有成功。

克：这正是我想说明的。对他们来说，那不过是个概念，是个理想，是个原则，是种价值观，但不是事实，而大部分宗教人士都把自己的支柱建立在了信仰、原则、形象、知识、耶稣、这种或那种东西之上。

博姆：没错，但是如果你把所有的宗教都考虑在内的话，比

如，佛教的各个流派，他们确实也在一定程度上尝试着去表达你所说的那件事。

克：在一定程度上，但我想说明的是，为什么人类从不面对这个问题？我们为什么从不说："让我们终结冲突"？恰恰相反，我们受到了鼓励，因为我们以为借助冲突可以取得进步。

博姆：努力克服对立面可以充当某种刺激的来源。

克：是的，先生，但是如果你我看到了这个真相，不是抽象地看到，而是真切而深刻地看到，那么我们能否以这样的方式行动：每个问题都可以立刻、马上得到解决，于是心理时间被彻底废除了？正如我们昨天提出的问题，当你来到了那一步——当时间终结，一无所有进而有了万事万物，那万事万物都是能量——是不是会有一种全新事物的开始？是不是有一种不会陷入时间的开始？而我们又要如何去发现它呢？交流需要语言，但词语并非事物本身。所以，当所有时间都终止了，那里会有什么？终止的是心理时间，而不是那种时间……

博姆：……日子那种时间。

克：对。表现为"我"、自我的时间，当这种时间彻底终止了，会有什么开始？我们能不能说，从时间的灰烬中，会有一种新的成长？而开始的又是什么……不行，"开始"这个词也隐含了时间。

博姆：无论怎么表达，指的都是出现的那个事物。

克：出现的那个事物，它是什么呢？

博姆：哦，正如我们昨天所说的，本质上它就是创造，创造的可能性。

克：是的，创造。是这样的吗？是不是有某种新事物诞生？

博姆：那不是一个"成为"过程。

克：噢，不是，那个过程已经结束了。"成为"是最糟糕的了——那是时间，那是冲突真正的根源。我们在试着探明，当"我"，也就是时间，彻底终止以后会发生什么。我想佛陀应该说过是"涅槃"，而印度教徒称之为"摩诃萨"。我不知道基督教徒是不是称之为"天堂"……

博姆：基督教的神秘主义者有过类似的状态……

克：类似的，是的。但是你瞧，基督教的神秘主义者，据我所知，是扎根于耶稣、教会和整个信仰当中的。他们从未超越这些。

博姆：是的，嗯，似乎是这样的。起码据我所知是这样的。

克：现在，我们已经说了，信仰、对那一切的依附都出局了、结束了。那些都是"我"的一部分。那么，当彻底清除了心中累积的时间，也就是"我"的核心，那会怎样？我们为什么要问会怎样呢？

博姆：你是说这不是一个好问题？

克：我只是在问自己，为什么我们要这么问？这背后是不是隐藏着一种形式微妙的希望？是不是在用一种微妙的方式说：我到达了那一步，而那里一无所有？那样的话，那就是一个错误的问题了。你难道不这么认为吗？

博姆：嗯，那会促使你去寻找某个希望之中的结果。

克：如果所有的努力都是为了找到某个超越"我"的东西，那么这种努力和我可能会找到的东西，就依然处在"我"的轨道之内。所以我没有希望，没有一丝希望，完全不想找到任何东西。

博姆：那又是什么驱动你去探询的呢？

克：我的探询一直是为了终结冲突。

博姆：是的，那我们就得小心了。我们容易产生一种终结冲突的希望。

克：不，不，没有希望，我终止了它。一旦我引入了"希望"一词，就有了一种未来感。

博姆：是的，那是欲望。

克：欲望——因此它是属于时间的。所以我——心灵——把那一切都弃置一旁，我是当真的，完全弃置一旁。然后这一切的实质何在？我的心还在寻找或者探求某种它可以捕捉并持有的无形之物吗？如果是这样，那就依然是时间的一部分。

博姆：嗯，那依然是欲望。

克：欲望以及一种形式微妙的虚荣。

博姆：为什么是虚荣呢？

克："虚荣"的意思是"我达成了。"

博姆：自我欺骗。

克：欺骗以及各种形式的幻觉便会从中生起。所以不是那样的。我们一边往下探索，我一边在扫清障碍。

博姆：实际上你看起来是在清除各种形式微妙的欲望的活动。

克：欲望各种微妙的形式。所以欲望也被打消了。然后就只剩下心灵了，对吗？

博姆：是的，但接下来我们就得问问"自然"是什么含义了——如果万事万物都是心灵的话，因为大自然似乎在一定程度上是独立存在的。

克：但我们也说过整个宇宙都是心灵。

博姆：你的意思是说大自然也是心灵？

克：心灵的一部分。

博姆：普世的心？

克：是的。

博姆：不是某颗个别的心？

克：个别的心就是分裂的了，而我们谈的是心灵。

博姆：你瞧，我们得把这点说清楚，因为你说自然是普世心的产物，尽管自然也具有一定的真实性。

克：这些都很清楚了。

博姆：但这几乎是在说大自然是普世心的思想。

克：是它的一部分。我试着探究个别的心，然后走到了尽头，接下来就只有心灵了，普世心，对吗？

博姆：对的。我们之前探讨了个别的心透过欲望在探求，我们说如果那一切都停止了……

克：这就是我的意思。如果那一切都彻底止息了，下一步会是什么？"有"下一步吗？我们昨天说过有一个开始，但那个词隐含了一部分时间。

博姆：我们不会太强调开始，可能说结束更合适。

克：结束——这个我们说过了。

博姆：但是现在有什么新东西出现了吗？

克：有没有一种心灵无法捕捉的东西？

博姆：哪种心灵，个别的还是普世的？

克：个别的已经终结了。

博姆：是的。你是说普世心也无法捕捉到它？

克：这就是我们要去搞清楚的。

博姆：你是说有一种真相——或者什么东西——超越了普世心？

克：我们是在玩一层层剥离的游戏吗？就像剥洋葱，剥到最后只剩眼泪，别无其他？

博姆：哦，我不知道。

克：因为我们说过有了结束，然后就是宇宙心、普世心，此外还有更多别的东西吗？

博姆：哦，你会说这个"更多"就是能量吗？那种能量超越了普世心？

克：我会说是的，因为普世心是那种能量的一部分。

博姆：这是可以理解的。能量以某种方式活跃着，你说的是这个意思吗？

克：是的，是的。

博姆：它也是智慧的吗？

克：等一下。

博姆：在某种程度上是的……只要它还是心灵。

克：那么，如果那种能量是智慧的，那它为什么会允许人类偏离到错误的方向上呢？

博姆：我想那可能就是过程的一部分，是思想的本质中在所难免的事情。你瞧，如果思想要发展，那种可能性就必然会存在。在人类身上引发思想……

克：那是人类最初的自由吗？选择的自由？

博姆：不。也就是说，思想必定具备犯下这个错误的能力。

克：但是如果那种智慧在运行，它为什么会允许这个错误发生呢？

博姆：哦，我们可以说是因为存在一种宇宙秩序，一种规律。

克：好吧。宇宙是有序运转的。

博姆：是的，而这个特殊的机制会出错，也是宇宙秩序的一部分。如果一部机器出了故障，这并不是宇宙的失序，那只是宇宙秩序的一部分。

克：是的。在宇宙秩序中存在失序，那就是事关人类的地方。

博姆：那并非宇宙层面上的失序。

克：对，在一个更低的层面上。

博姆：在人类层面上，那是失序。

克：而人类为什么从一开始就生活在这种失序中呢？

博姆：因为他依然愚昧无知，他依然没有看清重点。

克：可他也是整体的一部分，人类存在于一个非常狭小的角落里，一直生活在失序中。而这浩瀚的智慧并没有……

博姆：是的，你可以说创造的可能性也是失序的可能性，如果人类有创造的可能，也就会有犯错的可能。他不可能像机器一样固定，总是在完美的秩序中运转。智慧并没有把他变成一部不会失序的机器。

克：没错，当然没有。所以有没有什么东西超越了宇宙秩序？超越了心灵？

博姆：你是说，宇宙，那个心灵创造了并非只是机械运转的、有序的自然？它还有更深层的意义吗？

克：这正是我们想要探明的。

博姆：你引入了整个宇宙，也引入了人类。是什么让你这么做的？这份洞察来源于哪里？

克：让我们再重新开始。作为时间的"我"终结了，于是没有了希望，那一切都结束了，终止了。在这一切的终结中，就有了那种空无，实际就是如此。而空无就是这整个宇宙。

博姆：是的，普世心，宇宙物质。

克：整个宇宙。

博姆：我就是在问：是什么让你这么说的？

克：啊，我明白了。简言之就是，分裂终止了，对吗？——时间造成的分裂，思想造成的分裂，这种教育等那一切造成的分裂。因为那一切都终止了，"另一个"（the other）就明明白白地显现了。

博姆：你是说，没有了分裂，"另一个"就在那里了——可以被洞察到了？

克：不是被洞察到，它就在那里。

博姆：但是一个人又是怎么觉察到它就在那里的呢？

克：我不认为一个人会觉察到它。

博姆：那又是什么让你那么说的呢？

克：你会不会说它就在那？不是我洞察到了它，也不是它被洞察到了。

博姆：是的，它就是在的。

克：它就是在的。

博姆：你甚至可以说是它在这么说。从某种意义上，你似乎在说，它就是在说话的那个东西。

克：是的。我本不想这么说——我很高兴你这么说了！我们现在说到了哪里？

博姆：我们说到了宇宙是鲜活的，可以说，它就是心灵，而我们是它的一部分。

克：当"我"不存在时，我们才能说我们是它的一部分。

博姆：没有分裂。

克：没有分裂。我想再向前推进一点儿：有没有什么东西超越了这一切？

博姆：你是说，超越了能量？

克：是的。我们说到了空无，那空无就是万事万物，所以它就是完整的能量。它是未被稀释的、纯洁的、未受污染的能量。超越那之外还有什么东西吗？我们为什么会这么问？

博姆：我不知道。

克：我觉得我们还没触及它，我觉得此外还有某种东西存在。

博姆：我们能不能说，这种超越之物是这个整体的基础？你是说这一切产生于一个更内在的基础？

克：是的，还有"另一个"——在这里我必须极其小心。你知道，一个人必须极其小心，才不会不切实际，不抱持幻想，不怀有欲望，甚至都不去追寻。它必须自己发生。你明白我的意思吗？

博姆：我们是说这些东西必须从那里而来。无论你说什么，都必须来自那里。

克：来自那里，就是这样。这么说听起来太冒昧了！

博姆：而且你并没有实际看到它。并不是你去看，然后说那就是我所看到的。

克：噢，对，不是那样。那样的话就错了。

博姆：那就已经有分裂了。当然了，关于这类事情，是很容易陷入幻觉的。

克：没错，但我们说过只要有欲望和思想，幻觉就会存在。这很简单。而欲望和思想就是"我"的一部分，也就是时间的一部分。当欲望和时间完全终止了，就会彻底地一无所有，因而那就是宇宙，就是充满了能量的空无。我们可以先停在这里……

博姆：因为我们还没有看到超越能量的必要性。我们必须看到这点的必要性。

克：我认为那是必要的。

博姆：是的，但这一点必须被看到。我们必须弄清为什么这是必要的。

克：为什么这是必要的？我们可以试探性地说，因为还有另外的东西在运作，还有更加——更——我不知道该怎么表达——更博大的东西。我得慢慢慢慢地来。我想说的是，我认为此外还有更超越之物。当我说"我认为"，你知道我是什么意思。

博姆：我明白，是的。

克：此外还有更超越之物。我们如何才能谈论它？你瞧，只有当空无存在时，能量才会存在。它们是并行的。

博姆：你所说的这种纯粹的能量就是空无。你是不是说，还存在某种东西超越了空无，存在空无的基础？

克：是的。

博姆：那是实质（substance）的特性当中的某种东西吗？你瞧问题就在于，如果那不是空无，那它是什么？

克：我不太明白你的问题。

博姆：哦，你说有某种超越了空无、空无之外的东西。我认为到能量和空无这一步，我们还是可以跟上的。然后，如果我们说此外、空无之外还有别的东西……

克：噢，是的，还有别的东西。

博姆：是的，那么那"另一个"必定与空无是不同的。有别于空无的东西，因而并不是空无。这样说明白了吗？

克：那它就是实质。

博姆：是的，这就是里面隐含的意思：如果它不是空无，那它就是实质。

克：实质就是物质（matter），不是吗？

博姆：不一定，但具备实质的特性。

克：你这么说是什么意思？

博姆：物质是实质的一种形式，也就是说它是能量，但同时也具有实质的形式，因为它有一个恒定的形式，从而抗拒改变。它是稳定的，它维护着自身。

克：是的。但当你使用"实质"一词，意指超越了空无，这个词能够传达那个含义吗？

博姆：哦，我们只是在探究你想表达的可能的含义。如果你说它不是空无，那它也不会是我们通常所知的物质所包含的实质。但我们可以看到有一种总体上属于实质的品质（quality），如果它具备那种品质，我们就可以使用"实质"一词，扩展一下这个词的含义。

克：我明白。所以我们能不能用"品质"这个词？

博姆："品质"这个词不一定就是空无，能量也可以具有空无的品质，你知道的。因此那是另外一种东西，这另外的东西也许具备实质的品质。这就是我对它的看法。而这是你想说的意思吗？

克：超越空无之外还有某种东西。这个问题我们要如何着手？

博姆：首先，是什么让你这么说的？

克：就是因为事实上确实存在。我们一路探讨过来，逻辑都是非常清晰的，到目前为止，我们并没有困在任何幻觉里。那么，我们能不能继续保持同样的毫无幻想的警觉，来找出——不是找出——而是让超越空无的东西落地？"落地"的意思可以被交流。你明白我的意思吗？

博姆：明白。嗯，我们可以回到之前的问题上：为什么它还没落地？

克：为什么它还没落地？人类可曾从"我"当中解脱出来？

博姆：没有，总的来说没有。

克：没有。而那种东西需要"我"终结。

博姆：我想我们可以这样来看：自我变成了那种实质的幻象。你觉得自我在某种程度上也是一种实质。

克：是的，自我是实质。

博姆：因此那种实质看起来是……

克：……不可触摸的。

博姆：但自我是真正实质的幻象——似乎是心试图造出那种实质的某种幻象。

克：那是一种幻象。你为什么把它跟"另一个"联系起来？

博姆：因为如果心以为它已经具备了这种实质，那它就不会保持开放……

克：当然不会。那种东西究竟能不能被诉诸语言？这并不是一个回避什么或者迂回得出某个结论的问题。但是你瞧，到目前为止，我们把所有东西都诉诸语言了。

博姆：嗯，我认为一旦某种东西被恰当地洞察到了，过一会儿语言就会出现，用来交流这件事。

克：是的，但那种东西可以被洞察到，进而可以交流吗？

博姆：这种超越之物，你会说它也是鲜活的吗？超越空无之外的生命，那依然是生命吗？

克：生命，是的。噢，是的。

博姆：而且是智慧的？

克：我不想用那些词。

博姆：这些词太有限了？

克："生命""智慧""爱""慈悲"——这些词都太有限了。你和我就坐在这里，我们来到了这一步，这里存在着那种东西，也许稍后可以把它诉诸语言，但不存在任何压力，因而也没有任何幻觉。你难道没有感受到——不是感受到——你难道没看到墙的另一边吗？你明白我的意思吗？我们来到了某一步，我们说那里还有更多的东西。你明白吗？那一切的背后还有某种东西存在。它是可以触摸到的吗？我们可以触及它吗？它是心可以捕捉到的某种东西吗？你明白吗？

博姆：明白。你是说它无法被捕捉到？

克：我认为心不可能捕捉到它……

博姆：或者领会它？

克：领会它、懂得它……心甚至都无法去看它。你是位科学家，你研究过原子，等等。当你研究了那一切之后，你难道不觉得超越那一切之外，还有更多的东西存在吗？

博姆：你一直都会觉得超越那之外还有更多的东西存在，但它并不会告诉你它是什么。显然无论人知道什么，都是有限的。

克：没错。

博姆：此外肯定还有更多的东西。

克：那种东西要如何跟你沟通，于是你，借助你的科学知识、你大脑的能力，就可以领会它？

博姆：你是说它无法被领会？

克：不是。你要如何领会它？我没有说你无法领会它。你能领会它吗？

博姆：你瞧，这点并不清楚。你之前说它是无法被领会的……

克："领会"的意思是，你的心能否超越理论？我想说的是，你能进入它吗？不是时间之类意义上的进入。你能进入它吗？不，那些都是词语。超越空无的是什么？是寂静吗？

博姆：那不是跟空无类似吗？

克：是的，这就是我想说明的。一步步来。是寂静吗？还是说，寂静是空无的一部分？

博姆：是的，我会这么说。

克：我也会这么说。如果它不是寂静，我们能不能——我只是在问——我们能不能说它是某种绝对之物？你明白吗？

博姆：嗯，我们可以考虑一下绝对之物。它必须是某种完全独立的东西，这就是"绝对"实际的意思。它不依赖任何东西。

克：是的。你已经更接近它了。

博姆：它完全是自行运动的，可以说，是自发自动的。

克：是的。你会不会说，万事万物都有个原因，而那种东西根本没有原因？

博姆：你瞧，这个说法已经是老生常谈了。这个说法亚里士多德提出过：这种绝对之物就是它自身的原因。

克：是的。

博姆：从某种意义上说，它没有原因。那是一回事。

克：你瞧，一旦你说到亚里士多德……不是那么回事。我们要如何理解这一点？空无就是能量，而那空无存在于寂静中，反过来说也行。这都没关系，对吗？噢，是的，还有某种东西超越了这一切。也许它永远无法被诉诸语言，但它必须被诉诸语言。你明白吗？

博姆：你是说，那绝对之物必须被诉诸语言，但我们觉得它不能？任何把它诉诸语言的企图都会把它变成相对的。

克：是的。我不知道该如何表达这一切。

博姆：我想我们跟那绝对之物已经有过一段漫长而危险的关系史了。人们曾把它诉诸语言，于是它变得令人苦恼不堪。

克：把那一切都抛开。你瞧，亚里士多德和佛陀等人不知道别人说过什么，于是他们就有了一种优势。你明白我的意思吗？"优势"的意思是，心没有被他人的想法所渲染，没有被他人的说法所困。那些都是我们所受制约的一部分。现在，超越那一切！我们打算要做什么？

博姆：我想是要交流这种绝对之物，这种超越之物。

克：我立刻就把"绝对"这个词拿掉了。

博姆：那么无论叫它什么，就是超越空无和寂静的东西。

克：超越了那一切。存在超越那一切的东西，那一切都是无限的一部分。

博姆：是的，甚至空无和寂静也是一种无限，不是吗？能量本身也是一种无限。

克：是的，这点我明白。但是还有比那些更加无限的东西。空无、寂静和能量是无限的，完全无法度量。但是还有某种比那——我用的词是"更博大"的东西。你为什么要接受这一切？

博姆：我只是在思考，我只是在看这个问题。我们可以看出，无论关于空无或者关于别的任何东西你都说了些什么，此外还是存在着某种超越之物。

克：不，作为一名科学家，你为什么接受——不是接受，原谅我用这个词——你为什么要一直跟着这些往下走？

博姆：因为我们是一步步走到这么远的，我们看清了每一步的必要性。

克：你看到这一切都是逻辑非常清晰、非常合理、非常明智的。

博姆：而且我们也能看到确实如此，对吗？

克：对。所以，如果我说还有比这所有的寂静、能量更博大的东西，你会接受吗？"接受"的意思是，迄今为止我们一直都是合乎逻辑的。

博姆：我们会说，无论你谈到什么，始终有某种事物超越其外。寂静、能量，无论什么，然后逻辑上总是有超越那些之外的事物存在的空间。但是问题就在于：即使你准备说此外还有超越之物，在逻辑上你还是可以为更为超越的事物留有空间。

克：不是的。

博姆：哦，那是为什么？你瞧，无论你说什么，总是有更超越之物存在的空间。

克：没有更超越之物了。

博姆：哦，这一点并不清晰，你瞧。

克：此外没有更超越之物了。我坚持这一点，但不是教条地、固执地坚持。我认为那就是一切事物的起点和终点。起点和终点是一回事，对吗？

博姆：怎么讲？意思是，你把一切事物的起点作为终点？

克：是的。对吗？你会这么认为吗？

博姆：是的。如果我们说那是一切事物发源的基础，那也必定是其回归的去向。

克：没错。那就是一切得以存在的基础，空间……

博姆：……能量……

克：……能量、空无、寂静，那一切都在了。那一切，不是基础，你明白吗？

博姆：没错，那只是个比喻。

克：此外没有超越之物了。没有原因。如果你有个原因，那你就有了基础。

博姆：你有了另一个基础。

克：不，那既是起点也是终点。

博姆：这下更清楚了。

克：没错。这传达给你什么东西了吗？

博姆：是的。嗯，我认为传达了某些东西。

克：某些东西。你会进一步说既没有开始也没有结束吗？

博姆：是的。它来自基础，又回归基础，但它并没有开始，也没有结束。

克：是的，没有开始也没有结束。这其中的含义非同寻常。那是死亡吗？——不是"我会死掉"这种死亡，而是彻底地终结一切。

博姆：你瞧，一开始你说，空无是一切的终结，那么现在这个"更多"的东西，要怎么讲？空无就是一切的终结，不是吗？

克：是的，是的。那种死亡，是不是就是这种空无？心培植的一切都消亡了。这种空无并非心——个别心的产物。

博姆：没错，那是普世心。

克：那空无就是这个。

博姆：是的。

克：那种空无只能存在于个别心死去——彻底消亡之时。

博姆：是的。

克：我不知道这点我是不是传达清楚了。

博姆：是的，那就是空无。但是随后你又说，在这个基础当中，死亡还会更进一步？

克：噢，是的。

博姆：所以我们说，个别心的终结，个别心的消亡，就是空无，就是普世心。那么，你是不是打算说普世心也会消亡？

克：是的，这就是我想说的。

博姆：融入基础之中。

克：这能传达某些东西吗？

博姆：也许，是的。

克：握住这个问题片刻，我们来看看它。我认为它传达了某些东西。

博姆：是的。那么，如果个别心和普世心都消亡了，那就是死亡了？

克：是的。毕竟，天文学家也说，宇宙中的一切都在死去、爆炸、消亡。

博姆：但是你当然还可以假设存在更为超越的东西。

克：是的，就是这样。

博姆：我想我们往前推进了。普世心和个别心。首先个别心消融进了空无，然后出现了普世心。

克：然后普世心也消亡了。

博姆：融入了基础之中，对吗？

克：对。

博姆：所以你可以说那个基础既不会诞生也不会消亡。

克：没错。

博姆：嗯，我想，如果你说普世心消亡了，这几乎是无法表达的，因为表达本身就是普世心。

克：你瞧，我只是在解释：一切事物都在消亡，除了那个基础。这么说能传达什么吗？

博姆：是的。嗯，一切事物正是从那个基础当中产生的，同时又消亡于其中。

克：所以那个基础没有开始，也没有结束。

博姆：那谈论普世心的终结有什么意义呢？让普世心终结又有什么意义呢？

克：没有任何意义。如果它就是发生了，为什么要有个意义呢？这跟人类有什么关系呢？你明白我的意思吗？——人类，历经磨难的人类。这跟人类有什么关系呢？

博姆：我们可以说，人类觉得自己必须跟生命的终极基础有某种接触，否则就没有意义了。

克：可是没有接触。那个基础跟人类没有任何关系。他在杀害他自己，他所做的一切都与基础相悖。

博姆：是的，所以生命对人类来说毫无意义。

克：我是个普通人，我说：好吧，你讲得很棒，但是那个基础跟我有什么关系呢？那个基础或者你讲的话，能帮我克服我的丑陋吗？能解决我和妻子的争吵，或者随便什么问题吗？

博姆：我想我会返回去说，我们已经逻辑清晰地探究过这些了，从人类的苦难开始，说明了它是如何在一个错误的转弯处出现的，而那不可避免地会导致……

克：是的，可这个人会说："帮我跨过那个转错的弯，把我纳入正轨。"而对此，你说："请不要'成为'任何东西。"

博姆：对。然后问题在哪里呢？

克：他听都不愿听。

博姆：那样的话，在我看来，看到了这一点的人，就有必要去搞清楚倾听的障碍何在了。

克：显然你能看出障碍何在。

博姆：障碍是什么呢？

克："我"。

博姆：是的，但我指的是更深层的障碍。

克：更深层的，你所有的思想，深层的依附——这一切都拦在了半路。如果你不能抛开这些，你就和那个基础没有关系。但是人不想抛开这些。

博姆：是的，我明白。他想要的是他思维方式下的结果。

克：他想要的是某种轻松舒适的生活方式，没有任何麻烦，他是无法拥有那个基础的。

博姆：没错。只有抛开这一切才行。

克：必须存在一种联结，基础和这万事万物之间、和普通人之间，必须存在某种关系。否则，生命又有什么意义呢？

博姆：这就是我之前想说的。没有这种关系……

克：……就毫无意义了。

博姆：然后人们就发明了意义。

克：当然。

博姆：甚至追溯到过去，古代的宗教也说过类似的事：上帝就是基础，所以他们说去寻找上帝吧，你知道的。

克：啊，不，那不是上帝。

博姆：没错，那不是上帝，却扮演着同一个角色。你可以说，"上帝"也许是给这个概念添加了太多个人色彩的一种尝试。

克：是的。给他们希望，给他们信仰，你明白吗？让生活过得稍微舒服一点儿。

博姆：嗯，你这会儿是不是想问，如何才能把这些传达给普通人？这是你的问题吗？

克：或多或少是的。还有一点很重要，那就是他得愿意听这些。你是位科学家，你人很好，愿意听我讲，因为我们是朋友。可是你其他朋友里面有谁愿意听呢？我觉得，如果我们对此孜孜以求，我们就会拥有一个秩序井然的世界。

博姆：是的。那我们在这个世界上该怎么办呢？

克：活着。

博姆：但是，我是说，我们说过一些关于创造性的事……

克：是的。然后如果你没有冲突，没有"我"，就会有另一种东西发挥作用了。

博姆：是的，这么说很重要，因为基督教关于天堂或者尽善尽美的概念，也许看起来就太乏味了，因为完全无事可做！

克：这让我想起了一个很棒的笑话！你是在等着听笑话吗

（笑）？说一个人死后去见圣彼得，圣彼得说："你这辈子的生活过得相当不错，没怎么弄虚作假，但是在你进入天堂之前，我必须告诉你一件事：我们在这里都觉得太无聊了。我们都无比严肃，上帝从来不苟言笑，每个天使都喜怒无常，郁郁寡欢。你一定要慎重，除非你真的想进入这个世界。所以，在你进来之前，也许你愿意下去看看那里是个什么样。这取决于你。你只要按那个铃，电梯就会上来，你坐进去，然后就可以下去了。"于是那个可怜的家伙就按了铃，乘梯下去，然后门打开了。这时一群如花似玉的姑娘迎了上来，于是他说道："天哪，这才是我要的生活。我可以上去告诉圣彼得吗？"接着他进了电梯，上去之后就说："先生，能给我提供这个选择，您真是太好了。我更喜欢下面。"圣彼得说道："我早料到会是这样！"于是这个人按铃又下去了。门开了，有两个人迎上来痛打了他一顿，把他推来搡去，凡此种种。他抗议道："等一下，一分钟之前我来这儿的时候，你们可是像对待国王一样对待我的！""啊，因为那会儿你是个游客！（笑）"抱歉。由崇高到可笑，那也不错（笑）。

　　我们改天必须再来继续这场探讨，因为这是一件必须被纳入正轨的事。

　　博姆：这看起来是不可能的。

　　克：我们等着瞧吧。我们已经探讨得非常深入了。

第三章

人类为何赋予了思想
至高无上的重要性？

## 1980 年 4 月 8 日，美国加利福尼亚，欧亥

吉度·克里希那穆提：我们要来谈些什么呢？

大卫·博姆：有一点是与我们之前探讨的内容有关的。我在某个地方读到过，有个前沿的物理学家说，我们对宇宙的了解越多，它看起来就越没有意义，它的意义就越稀少。这让我想起，在科学界似乎有一种倾向，想让物质宇宙成为我们存在的基础，那样它也许就有了物理学上的意义，但没有……

克：……其他方面的意义。没错。

博姆：那么也许我们可以探讨的问题，就是我们前几天谈到的那个基础。它对人类也是漠不关心的吗，就像物质宇宙表现出来的那样？

克：好问题。我们来把它弄清楚。

博姆：不只是物理学家，基因学家、生物学家也都试图把万事万物都归结为物质的行为——原子、基因、DNA 等。而他们研究得越多，就越觉得物质宇宙没有意义，它只是在发生着而已。尽管它有物理学上的意义，也就是说，我们可以从科学角度去了解它，但此外就没有更深层的意义了。

克：这点我明白。

博姆：而且，当然，也许这个看法现在已经占了上风，因为过去人们更加具有宗教精神，他们觉得我们存在的基础在某种超越了物质的事物当中——上帝或者无论他们希望怎么称呼它。而这给了他们一种对于自身整个存在的深深的意义感，当然这种意义感现在已经消失无踪了。这就是现代生活的麻烦之一——觉得生命没有任何意义。

克：于是那些宗教人士就发明了某种具有意义的东西？

博姆：他们大有可能是这么做的。你瞧，既然觉得生命没有意义，他们也许就发明了某种超越凡俗的东西。某种永恒的东西……

克：……超越时间的、不可名状的东西。

博姆：……而且是独立的——绝对之物，他们这么称呼它。

克：从遗传学等各个角度来看，我们的生活方式都是没有意义的，于是某些聪明博学的人就说："我们来给它一个意义。"

博姆：哦，我认为还要发生那之前。过去人们或多或少是赋予了生命意义的，远在科学高度发达之前——以宗教的形式，然后科学出现了，开始否定这种宗教。

克：没错，这点我明白。

博姆：人们也不再相信宗教赋予的意义了。可能他们从来就没有完全相信过。

克：那么，一个人要如何去发现生命是否具有超越于此的意义呢？一个人要如何探明这点？人们试过冥想，试过各式各样的自我折磨、离群索居，成为修道士、苦行僧，等等。但他们也可能是彻头彻尾地在欺骗自己。

博姆：是的。而这实际上就是为什么科学家们完全否定它的原因，因为宗教人士讲的那些故事并不合理，你知道的。

克：没错。那么一个人要如何去发现是否存在超越单纯物质的东西呢？一个人该如何开始着手呢？

博姆：哦，我们前几天已经探讨了某个"基础"的概念——它超越了物质、超越了空无。

克：但是假如你说就是这样的，我会说那不过是另一个幻觉罢了。

博姆：也许第一步我们可以先来澄清这点：你瞧，如果这个基础对人类漠不关心，那么它就跟科学家所说的那种物质基础是一回事了。

克：是的。那问题是什么呢？

博姆：这个基础对人类是漠不关心的吗？你瞧，宇宙看起来对人类是完全漠不关心的。它无边无际，对我们丝毫不在意，它会发生各种地震和灾难，它可能会让我们灭绝，它根本不关心人类。

克：我明白你的意思，是的。

博姆：它不关心人类能不能存活下来，如果你想这么表达的话。

克：没错。我明白你的问题了。

博姆：然而，我认为人们曾经感觉到上帝并非一个对人类漠不关心的基础。你瞧，他们可能是发明了它，但那就是他们所相信的。而这可能就给了他们……

克：……巨大的能量。没错。

博姆：那么，我想症结就在于，"这个"基础对人类是漠不关心的吗？

克：你要怎么去探明这点呢？这个基础和人类有什么关系，以及人类与它有什么关系？

博姆：是的，就是这个问题。人类对它来说有意义吗？它对人类来说又是否有意义？我可以再补充一点吗？我曾与某个熟悉中东和神秘主义传统的人探讨过，他告诉我，在这些传统中，人们不仅认为我们所说的这个基础、这种无限具有某种意义，而且人类的所作所为最终也具有某种意义。

克：没错，没错。假设有个人说有意义——否则生命就没意义了，一切都没有任何意义了。那么一个人要怎样——不是证明——要怎样探明这点？假设你说这个基础是存在的，就像我前几天说的那样。那么下一个问题就是：那个基础和人类有什么关系？人类和它又有什么关系？一个人要如何去探索它、发现它或者触碰到它——如果这个基础真的存在的话？如果它不存在，那么人类就真的没有意义可言了。我是说，我会死，你会死，我们都会死，那么品德高尚又有什么意义呢，就这样开心或者不开心地继续活下去又有什么意义呢？你怎么才能说明那个基础是存在的呢？不只是用科学术语，同时也传达对它的那份感受，用非语言的方式来交流吗？

博姆：当你说到"科学的"，你的意思是"理性的"？

克：是的，"理性的"。

博姆：也就是某种我们可以实际碰触的东西。

克：感受——比"碰触"好些——感受到。"科学的"，我们指的是理性的、合乎逻辑的、明智的，大众能够理解的。

博姆：是的，它有公众性。

克：它不只是一个人的断言。那就是"科学的"。我认为那个基础是可以被展示的，但首当其冲一个人必须要去"做"才行，而不只是谈论它。我——或者你——可以说基础是存在的吗？这个基础有些特定的要求，比如，必须有绝对的寂静、绝对的空无，也就是说没有任何形式的自我中心感，对吗？你会告诉我这些吗？而我愿不愿意抛开我所有的自我中心，因为我想证明它，我想展示它，我想弄清你说的究竟是不是真实的？那么我是否愿意说，"来，来彻底根除自我"？我们所有人，我们当中有十个人愿意这么做吗？

博姆：我想我可以说，也许一方面一个人是愿意的，但也许还有另一方面，那种意愿并不取决于他有意识的努力或者决心。

克：不，等一下。所以我们详细探究了这些。

博姆：我们得看到……

克：那不是意志力，不是欲望，也不是努力。

博姆：没错，但是当你说到"意愿"（willingness），其中就包含了"意志力"（will）这个词，比如说。

克："意愿"的意思是，"穿过那道门"。或者说，我，我们，是否愿意穿过那道特定的门，去探明基础是否存在？你这么问了，于是我说，"同意，我愿意"。"我愿意"的意思是完全不运用意志力之类的东西。那么自我的各个面向、各种特性或者本质是怎样的？我们深入探讨了这些。你都指出来给我看了，于是我说："没错。"那么我们，我们中能有十个人去这么做吗？无所依附，无所畏惧——你明白吗？——完全没有那些东西。没有信仰，只有绝对的、理智的——你知道的——观察。我想如果有十个人这么做的话，任何科学家都会接受这个基础的存在。可就是没有十个人。

博姆：我明白。我们必须一起公开地做这件事……

克：……就是这样……

博姆：……于是那就会成为一个千真万确的事实。

克：一个千真万确的事实，意思是人们对这个基础欣然接受。但不是基于幻觉、信仰以及诸如此类的东西。

博姆：事实——实际所做的事。

克：可谁又愿意这么做呢？科学家们说那个东西完全是虚无缥缈的，是无稽之谈。但有另一些人说，某"甲"说："这不是无稽之谈，**确实存在**一个基础。而如果你做这些事情，它就会出现。"

博姆：是的，但是我想，你所说的某些东西，也许一开始并不能让跟你谈话的人完全理解。

克：是的，没错，因为他甚至连听都不愿意听。

博姆：可是他的整个背景与那个基础也是相悖的。你知道，背景会告诉你什么有道理，什么没道理。而当你说，比如说，其中的一步不能引入时间……

克：啊，那要难懂多了。

博姆：是的，但是很关键。

克：可是等一下。我不会从时间开始，我会从小学生水平开始讲（笑）。

博姆：但你最终还是会走到那些更难懂的点上去。

克：是的。但是先从小学生水平开始，说："瞧，先来做这些事。"

博姆：嗯，都是些什么事呢？我们来过一遍。

克：不要有信仰。

博姆：一个人可能无法控制自己相信什么，他甚至可能都不知道自己在相信些什么。

克：不，不要控制任何东西。观察你抱有信仰，你执着于信仰，信仰给了你一种安全感，等等。而那个信仰只是一个幻觉，它没有真实性。

博姆：你瞧，我认为如果我们跟科学家这样去谈的话，他们也许会说，对此他们并不确定，因为他们相信物质世界的存在。

克：你不用"相信"太阳的升起和落下。那是个事实。

博姆：是的，但科学家们相信。你知道，对此长期以来已有争论，没办法证明世界存在于我的心之外，但不管怎样我是这样相信的。这就是会出现的问题之一。科学家们实际上是有信念的。一个科学家会相信这个理论是正确的，另一个科学家则相信另一套理论。

克：不，我没有理论，我不抱有任何理论。我从小学生水平开始切入，说："瞧，不要接受理论、结论，不要执着于你的偏见。"这就是出发点。

博姆：可能我们最好说成：不要抓住你的理论不放，因为可能会有人来质疑你，如果你说你没有理论的话。他们立刻就会质疑这一点，你知道的。

克：我没有理论。我为什么要有理论呢？

提问者：如果我是个科学家，我也会说我没有理论。我不认为我为我的科学理论所构建的那个世界也是理论性的。我会把它叫作"事实"。

克：所以我们得讨论一下什么是事实，对吗？我会说，事实就是正在发生的、实际发生的事。这点你同意吗？

博姆：同意。

克：科学家们也会同意吗？

博姆：是的。哦，我想科学家们会说，正在发生的事要通过理论来了解。你瞧，在科学界，你无法了解正在发生着什么，除非借助仪器和理论。

克：现在，等一下，等一下。外面那里在发生着什么？这里又在发生着什么？

博姆：我们慢慢来。首先，外面那里在发生着什么。甚至需要仪器和理论去……

克：不。

博姆：……收集外面发生的事实……

克：外面发生的事实是什么？

博姆：不用某种理论，你是无法搞清楚的。

克：那里的事实就是冲突。我为什么要对它有个理论呢？

博姆：我刚才讨论的不是那个。我讨论的是关于物质的事实，你瞧，也就是科学家所关注的那个领域。不借助某个理论，他就无法确立那些事实，因为理论可以帮他把事实组织起来。

克：是的，那个我明白。那也许是事实。你可以对那些抱有理论。

博姆：是的，关于重力，原子——所有这些东西都依赖于理论，以期带来正确的事实。

克：正确的事实。所以你是从理论开始的。

博姆：理论和事实的混合物。一直都是理论和事实的结合。

克：好吧，理论和事实的结合。

博姆：然后，如果你说我们要有一个领域，里边没有任何这种混合……

克：就是这样。那就是，在心理上。对于我自己，对于宇宙，对于我与他人的关系，我没有任何理论。我没有理论。我为什么要有理论呢？唯一的事实就是人类在受苦，他悲惨、困惑、身陷冲突。这是事实。我为什么要对此抱有理论呢？

博姆：你必须得慢慢来。你瞧，如果你想把科学家们纳入进来，如果要用科学的方式……

克：……我会很慢的……

博姆：……那样我们才不会把科学家们落在后面！

克：没错。或者把我落在后面！

博姆：嗯，我们先得接受"分道扬镳"这件事，好吗？科学家们也许会说，是的，心理学是我们试着向内探究、探索心灵的科学。他们会说有很多人——比如，弗洛伊德、荣格和另一些人——都有自己的理论。那么，我们就得说清楚为什么创立这些理论是没有意义的。

克：因为理论妨碍了对现在实际所发生的事的观察。

博姆：是的，但是从外在看，理论似乎在帮助观察。为什么会有这种差别呢？

克：差别？你自己就可以发现，很简单。

博姆：让我们把它说出来。因为如果你想把科学家纳入进来的话，你就必须回答这个问题。

克：我们会回答的。问题是什么呢？

博姆：为什么从外在组织有关物质的事实时，理论就是既必要又有用的，而到了内在、心理上，它们就成了障碍，完全没有任何用处。

克：好的。理论是什么呢？"理论"一词的含义？

博姆："理论"的原词义是去看、看见，是一种洞见。

克：去看？就是这样。一种看的方式。

博姆：而理论可以帮你观察外界的物质。

克："理论"意味着去观察。

博姆：它是一种观察方式。

克：你能观察内心在发生着什么吗？

博姆：我们先说，当我们去看外界的物质时，在一定程度上是我们在做观察。

克：也就是说，观察者与被观察之物是不同的。

博姆：不只是不同，而且它们的关系至少是相对固定的，在一段时间内。

克：那现在我们可以稍微往前推进一点儿了。

博姆：为了研究物质，这看起来是必不可少的。物质变化得没有那么快，在一定程度上它是可以和我们分开的，这样我们就能保持一种非常稳定的看待它的方式了。它也会发生变化，但不是立刻的，它可以在一段时间内保持恒定。

克：是的。

博姆：而我们把这个就叫作"理论"。

克：正如你所说，"理论"意味着一种观察方式。

博姆：跟希腊语里的"theatre"是一个意思。

克："theatre"，是的，没错。它是一种观察方式。那我们从哪里开始呢？通常的观察方式，惯常的观察方式，是取决于每个人——家庭主妇、丈夫——自身角度的观察方式吗？你说的"观察方式"是什么意思呢？

博姆：同样的问题也出现在了科学的发展过程中。我们起初是从所谓"常识"，一种通常的观察方式开始的。然后科学家们发现这种方式并不妥当。

克：他们抛弃了这种方式。

博姆：他们改变了看法，放弃了其中的一部分。

克：这正是我要讲到的。通常的观察方式充满了偏见。

博姆：是的，它非常武断，并且取决于你的背景。

克：是的，诸如此类。那么，一个人能否摆脱自己的背景、自己的偏见呢？我认为可以。

博姆：问题是心理学的理论对此有没有任何帮助。危险就在于，那个理论本身也许就是偏见。如果你试图得出一个理论……

克：这就是我要说的意思。那会变成一个偏见。

博姆：那会变成一个偏见，因为我们一无所有——我们还没观察到任何可以成其为基础的东西。

克：所以共同的因素就是人类在受苦，对吗？这是一个共同因素，在这里观察方式就非常重要了。

博姆：是的。我怀疑科学家们会不会接受这是人类最根本的因素。

克：好吧。那冲突呢？

博姆：哦，这个他们也争论过。

克：任选一例，哪个都没关系：依附、快感、恐惧。

博姆：我想有些人可能会反对说，我们应该举些更积极的例子。

克：那是什么？

博姆：简单讲，比如说，有些人可能说过理性是一个共同因素。

克：不，不，不！我可不会说理性是一个共同因素。如果人们真是理性的，他们就不会互相争斗了。

博姆：我们得把这点说清楚。比如说，过去像亚里士多德这样的人可能就曾经说过，理性是人类共有的因素。而你反其道而行之的看法则是，人类总体来说是不理性的。

克：没错，他们不理性。

博姆：尽管他们有可能是理性的，但实际上并不理性。所以你说那不是一个事实。

克：没错。

问：我想通常来讲，科学家们会认为人各有不同，而人类的共同因素则是，他们都在奋力寻找快乐。

克：这是个共同因素吗？不。我不认为是这样的——很多人都在努力追求快乐。

问：不是的。人和人都是不一样的。

克：同意。先停在这里。

问：我想说的是，这是一个常见的理论，只不过人们相信那是个事实。

克：也就是说，每个人都以为自己跟别人是完全不同的。

问：是的。而且他们都在各自独立地努力追求着快乐。

克：他们都在寻求某种满足。这点你同意吗？

博姆：这是一个共同因素。但是我提起"理性"这个话题的原因是，科学的存在就是奠基于"理性为人类所共有"这个理念之上的。

克：但是每个人都在追求他自己的个性。

博姆：但是你瞧，如果完全是这样的话，科学就不可能存在了。

克：没错。

问：为什么呢？

博姆：因为那样就没人对真相感兴趣了。科学发现存在的可能性，恰恰取决于人们觉得发现真相这个共同目标是超越了个人满足感的，因为即使你的理论错了，你也必须接受它是错的，尽管这并不让人满意。也就是说，这会让某些人非常失望，但他们会接受这一点，说，好吧，那个错了。

克：我并没有在寻求满足感。我是一个普通人。你刚才提出来说，科学家们想当然地认为人类是理性的。

博姆：至少在他们做科学研究的时候。他们也许会同意在私人生活中他们不太理性，但是他们会说至少在做科学工作的时候，他们是能够保持理性的。否则，科学就不可能出现了。

克：所以，从外在来讲，在与物质打交道时，他们都是理性的。

博姆：至少他们努力去做到这点，而且他们也在一定程度上做到了。

克：他们努力去做到，但是在与他人的关系中，他们就变得不理性了。

博姆：是的。他们没法一直维持这个状态。

克：所以这就是共同的因素。

博姆：是的。提出这一点很重要——理性是有限的，如你所说，基本的事实是，总体来说人们是无法保持理性的。他们也许可以在某些有限的领域里成功保持理性。

克：没错，这是一个事实。

博姆：这是一个事实，尽管我们不说它是在所难免的，或者它是无法改变的。

克：对，这是一个事实。

博姆：这是一个已经存在、已经发生、正在发生的事实。

克：是的。我，作为一个普通人，一直是不理性的。而我的生活一直是完全自相矛盾的，等等，这也是不理性的。那么，作为一个人，我能改变这种状况吗？

博姆：我们来看看从科学角度我们如何来入手。这会提出这个问题：为什么每个人都不理性？

克：因为我们所受的制约就是那样的。我们的教育，我们的宗教，我们的一切。

博姆：但是这么说并不会帮到我们，因为这会导向更多的问题：我们是如何受到制约的，等等。

克：那些我们都可以探究。

博姆：但我的意思是沿着那条路走下去，是不会得到答案的。

克：没错。我们为什么会受到那样的制约？

博姆：比如说，我们前几天说到人类可能转错了一个弯，建立起了错误的制约。

克：从一开始就错误的制约。或者寻找安全感——为自己，为家庭，为自己的群体，为自己的部落寻找安全感——就造成了这种分裂。

博姆：即使追溯到那时，你也得问问人为什么要在错误的方向上寻找这种安全感。你瞧，如果有任何智慧存在的话，这整件事的毫无意义就会是显而易见的了。

克：当然，你现在又回到转错弯的问题上去了。你要怎么向我说明我们转错了一个弯呢？

博姆：你是说我们要从科学上证明这一点吗？

克：是的。我认为转错弯发生在思想变得无比重要之时。

博姆：是什么让它变得无比重要的？

克：现在我们就来把它搞清楚。是什么让人类把思想送上了"我们唯一的运转方式"这个宝座的？

博姆：而且，还要弄清一点，如果思想如此重要，它为什么带来了这么多的麻烦。这是两个问题。

克：这很简单。所以思想被当成了国王，至高无上者。而这也许就是人类转错的那个弯。

博姆：你瞧，我认为思想变成了真理的等价物。人们运用思想来给出真理，给出总是正确的东西。有个想法认为我们拥有知识——这些知识也许适用于某个阶段的某些事件——但人们会概括，因为知识总是在进行概括。当他们得出了"它永远都会适用"这个概念，这就给了思想以真理的地位。这就给了思想至高无上的重要性。

克：你是在问，为什么人赋予了思想如此重要的地位，不是吗？

博姆：我认为他是不小心滑进去的。

克：为什么呢？

博姆：因为他没发现自己在做什么。你瞧，一开始他就没看到危险所在……

问：就在刚才，你说过人类共同的基础是理性……

克：那是科学家们说的。

问：如果你能向一个人展示某种真实的东西……

克：你把它展示给我看。我确实是不理性的，这是个事实，千真万确。

问：但是对那种东西来说你并不需要理性，观察就足够了。

克：不。一个人去打仗，同时又大谈和平。他是不理性的。博姆博士指出科学家们说人是理性的，但事实上日常生活就是不理性的。也就是说，要说明人是如何滑入这种不理性的，人类为什么接受了这种不理性。我们可以说那是因为习惯、传统、宗教。而科学家们也——在自己的领域里他们很理性，但是在生活中他们就非常不理性了。

问：那你是说让思想当国王就是主要的不理性？

克：没错。我们已经来到了这一步。

博姆：可我们又是怎么滑进去让思想变得如此重要的？

克：为什么人赋予了思想至高无上的重要性？我认为这很简单。因为那是他唯一知道的东西。

博姆：那也不一定他就要赋予思想至高无上的重要性。

克：因为我所知道的那些东西——思想所造的那些东西、形象，诸如此类——比我不知道的那些东西更重要。

博姆：但是，你瞧，如果智慧在运作的话，他就不会得出这个结论。"我所知道的一切才是唯一重要的"，这么说并不理性。

克：所以说人是不理性的。

博姆：说着"我所知道的一切才是唯一重要的"，他就滑入了不理性。可是人为什么要这么做呢？

克：你会不会认为，犯这个错是因为他执着于已知，同时反感任何未知的东西？

博姆：那是个事实，但还是不清楚他为什么会这样。

克：因为那是他唯一拥有的东西。

博姆：可我问的是，他为什么没有足够的智慧看到这一点。

克：因为他是不理性的。

博姆：哦，我们在绕圈子！

克：我不这么认为。

博姆：瞧，你给的这些原因，每一个都只是在说明人的不理性。

克：这就是我想说的意思。我们从根本上讲就是不理性的，因为我们给了思想至高无上的重要性。

问：可是在那之前不是还有一步吗？那就是思想建立起了"我存在"这个概念。

克：啊，那要来得稍晚一点儿，我们得一步步来。

问：毫无疑问，对"我"来说，唯一存在的就只有思想。

克：科学家们会接受这一点吗？

博姆：科学家觉得他在探索物质真正的本质，而物质是独立于思想存在的，无论如何从根本上就是独立的。他想知道宇宙的运行之道。他也许在欺骗自己，但是他觉得，除非他相信他会找到一个客观事实，否则不值得这么大费周章。

克：那么你会不会说，通过探索物质，他试图有所发现，试图找到那个基础？

博姆：正是如此。

克：但是等一下！是这样吗？

博姆：非常准确，是的。

克：而宗教人士说，你可以通过在生活中变得极度理性来找到它。他并不接受他**就是**理性的，而是说他实际上并不理性，有矛盾，等等。那么，要么他得先一步一步清理那些，要么他就毕其功于一役。对吗？他承认自己是不理性的。

博姆：但这里有个难题。如果你承认自己是不理性的，你就会停下来，因为你会说，你怎么才能开始呢？

克：是的。但是如果我承认自己是不理性的——等一下——彻底承认，我就有了理性！

博姆：这点你得说得再清楚一点儿。你也可以说，那个人已经骗自己相信他已经有理性了。

克：那个我是不会接受的。

博姆：那么，如果你不接受这种欺骗，那你就认为理性是会出现的。

克：不，我不接受它。**事实**就是我不理性，而要找到那个基础，我必须在生活中变得极度理性才行。就是这样。不理性是由思想造成的，思想造出了与其他人分开的"我"这个概念。那么，既然不理性，那我能不能找到不理性的根源，把它一举消除？如果我做不到，我就无法触碰那个最为理性的基础。一个研究物质的科学家究竟会不会接受那个基础的存在呢？

博姆：哦，他会默默假定它是存在的。

克：它是存在的。假如某个"甲"先生过来说，它**确实**存在，然后你，科学家们说："那就把它展示出来。""甲"先生说："我会展示给你看的。首先在生活中你要变得理性。作为一名科学家，在那个领域里，你与其他科学家会面，做实验，非常理性，但是在你自己的生活里并不理性。首先在你的生活里变得理性，从这里开始，而不是那里。"对此你会怎么说呢？做到这一点必须毫不费力，不带任何欲求和意志力，也不含丝毫劝说的成分，否则你就回到老套路上去了。

博姆：嗯，让我们试着这么表达：即便是在科学领域你也无法充分地追求科学，除非你是理性的。

克：一定程度上是理性的。

博姆：一定程度上是理性的，然而，到最后，理性的缺失还是阻碍了科学的发展。科学家们执着于自己的理论，他们心生嫉妒，凡此种种。

克：就是这样。仅此而已。不理性战胜了他们。

博姆：所以你就可以说，你大可看看这整个不理性的根源何在。

克：这就是我要说的意思。

博姆：但是现在你得说明这件事真的是可以做到的。

克：噢，是的，我在展示给你看。我说，首先承认、看到、观察到、觉察到你是完全不理性的。

博姆："完全"这个词会带来麻烦，因为如果你是完全不理性的，你甚至都没法开口说话。

克：不，这正是我的问题。我认为人是完全不理性的。首先承认这一点，观察这一点。在你承认的那一刻，"我"就有一部分变理性了，他想消除这种不理性……

博姆：不是这么回事，但至少必须有充足的理性才能理解你所说的话。

克：是的，当然。

博姆：大体说来，我会这么表达：人是被自己的不理性所掌控的，即便已经具备了充足的理性来探讨这个问题。

克：我质疑这一点。

博姆：你瞧，否则你就无法开口说话了。

克：但是请听我说。我们开始谈话，我们当中有几个人开始探讨，因为我们愿意倾听彼此。我们愿意说，把我们抱有的所有结论都撇开；我们愿意倾听彼此。

博姆：这就是一部分理性了。

克：可能我们中有些人是这样的，但绝大多数人都不愿听我们讲。因为我们足够关心、足够认真，想要探明那个基础是否存在，而这就给了我们倾听彼此的理性。

博姆：倾听对理性来说是必不可少的。

克：当然。我们说的是一回事吗？

博姆：是的。

克：科学家，希望通过研究物质来触碰那个基础。我们和某"甲"、某"乙"说，"让我们在生活中先理性起来吧。"那意味着，你、我、某"甲"和某"乙"愿意倾听彼此。仅此而已。这份倾听本身就是理性的开端。有些人不愿听我们讲，也不愿听任何人讲。那么，倾听中的我们，能不能多少有些理性，然后从这里开始呢？这就是我想说的意思。这些都是非常合乎逻辑的，不是吗？然后我们可以从这里继续往下进行吗？

人为什么给自己的生活带来了这种不理性呢？我们中有几个人显然可以丢掉部分不理性，变得多少有些理性，说："那好，我们开始吧。让我们开始探明人为什么要这样活着，我们所有人的生活中共同的主导因素、共同的潮流是什么。"显然那个因素就是思想。

博姆：是的，确实如此。当然也有很多人可能会否认这一点，说感受或者别的东西才是主要因素。

克：可能很多人会这么说，但思想也是感受的一部分。

博姆：是的，但这一点通常并不为人所理解。

克：我们来解释一下。感受——如果它背后没有思想，你还能认出它来吗？

博姆：是的，我想这就是与一些人交流时会遇到的一个主要难题。

克：所以我们现在就开始。也许有些人没有看到这一点，但是我想让甲、乙、丙这三个人看到，因为他们已经多少有些理性了，因此他们在倾听彼此。他们可以说思想就是这股潮流的主要源头。

博姆：接下来我们就得问，思想是什么？

克：我认为这很简单。是思想造成了不理性。

博姆：是的，可思想是什么呢？你是怎么知道你在思考的？你说的"思考"是什么意思呢？

克：思考是记忆的活动，也就是储存在大脑里的经验、知识的活动。

博姆：假设我们想拥有理性，其中包括了理性的思想。那理性的思想也只是记忆吗？

克：等一下，我们得小心点儿。如果我们是完全理性的，就会有整体的洞见。那种洞见会运用思想，那时的思想就是理性的。

博姆：那时思想就不只是记忆了？

克：对的，没错。

博姆：哦，我的意思是由于它被洞见所用……

克：不，是洞见运用思想。

博姆：是的，但此时思想的活动就不只是根据记忆来进行的了。

克：等一下。

博姆：通常思想是自己运行的，就像一部自动运转的机器一样，而且它是不理性的。

克：没错。

博姆：但是当思想成了洞见的工具……

克：那时思想就不再是记忆了。

博姆：它不以记忆为基础。

克：没错，不以记忆为基础。

博姆：记忆会被用到，但它并不以记忆为基础。

克：然后会怎样？思想一直是有限的、分裂的、不完整的，永远不可能是理性的……

博姆：如果没有洞见的话。

克：没错。那我们如何才能拥有洞见，也就是完整的理性呢？不是思想的理性。

博姆：我会把它叫作"洞察的理性"。

克：是的，洞察的理性。

博姆：那时思想就成为那种理性的工具，所以也就具备了同样的秩序。

克：那么，我要如何才能拥有那份洞见呢？这就是接下来的问题了，不是吗？我该做什么，或者不做什么，才能拥有这份即刻的洞见——它不属于时间，不属于记忆，没有原因，也不基于奖惩？它统统摆脱了那一切。那么，心如何才能拥有这份洞见呢？当我说"我"拥有那份洞见，那就是错的。显然如此。所以，一颗一直都不理性然后变得有些理性的心，它怎么才能拥有那份洞见呢？如果你的心从时间中解脱出来，就有可能拥有那份洞见了。

博姆：好的。让我们慢慢来，因为，你瞧，如果我们回到科学上来，即便从常识的角度来看，时间也被默认为是所有科学工作的基础。事实上，即使在古希腊的神话中也说到，克罗诺斯，这个时间之神，在产下自己的孩子后会把他们吞掉。这跟我们之前关于那个基础所说的话完全一致：一切都从基础中来，又消融于基础中。所以，在某种程度上，人类很久以前就已经开始把时间作为基础了。

克：是的。然后有个人走过来说："时间并不是基础。"

博姆：没错。所以哪怕到了现在，科学家们还在时间里寻找基础——其他人也是一样！

克：就是这个意思。

博姆：现在，你说时间并不是基础。有人可能会说这是胡说八道，但我们说我们对此会保持开放，尽管有些人可能立刻就会对这点置之不理了。现在，如果你说时间并不是基础，那我们就不知道我们身处何方了。

克：我知道我在哪里。我们会详细探讨这些的。

问：时间是不是和我们起初描述的那种思想是同一种运动？

克：是的，时间就是那个，时间就是思想。

博姆：在这一点上我们还是得慢一点儿，因为，正如我们常说的，钟表时间确实存在。

克：当然，这很简单。

博姆：是的，但是此外我们还思考。你瞧，思考采用了钟表时间，但此外它又投射出了一种虚幻的时间……

克：……也就是未来。

博姆：那种想象出来的时间也是一种真实的思考过程。

克：那个过程是一个事实。

博姆：从物理角度讲，思考确实要花时间，这是事实，但当我们想象整个过去和未来时，我们也产生了时间。

克：是的，这些也是事实。

博姆：所以我们可以说，这种时间并不是基础，甚至可能在物理上也不是。

克：我们这就来搞清楚。

博姆：好的，但是我们觉得它是基础，因为我们觉得我们，这个自己，是存在于时间中的。没有时间就不可能有"我"。

克：就是这样。

博姆："我"必须存在于时间中。

克：当然，当然。

博姆：永远要成为什么或者变得怎样。

克：变成和成为都在时间的领域内。那么，历经时间得以进化的心能否……

博姆：那你所说的"心"是什么意思呢？

克：心——大脑，我的各个感官，我的感受，这一切都是心。

博姆：个别心，你是说。

克：个别心，当然，我说的是经过时间进化了的心。

博姆：连它的特殊性都是取决于时间的。

克：时间，当然，诸如此类。现在我们问，这颗心能否摆脱时间，拥有洞见，也就是完全理性，然后就可以运用思想了？"那种"思想是完全理性的，不以记忆为基础的。同意吗？

博姆：同意。

克：那么，我——某"甲"——如何才能摆脱时间呢？我知道从这儿走到那儿，学一门课，学一门技术，等等，都需要时间。这一点我非常清楚，所以我说的不是那种时间。我说的是"变成"（becoming）这样的时间。

博姆：还有"成为"（being）。

克：当然，"变成"就是"成为"。我从成为开始，再到变成。

博姆：还有内心要变得怎样。变得更好，更快乐。

克：是的，这整件事——更如何。那么，我，我的大脑，能否去探索、去发现那个基础是否存在，我的整颗心能否完全摆脱时间？我们现在把时间区分成了有必要的时间和不必要的时间。也就是说，我的大脑能否不再像以往那样，在时间中也就是在思想中运转？也就是说，思想能够终止吗？你会接受这些吗？

博姆：会，但是你能否说得更清楚些？我们能明白第一个问题是，我的大脑能否不再被思想活动所掌控？

克：是的，思想就是时间。

博姆：然后，如果你说思想终止了……

克：不！作为思想的时间能否停止？

博姆：是心理时间停止吗？

克：是的，我说的就是那个。

博姆：但我们依然有理性的思想。

克：当然，这点已经清楚了，我们已经说过了。

博姆：我们讨论的是有意识的经验产生的思想。

问：变成和成为的思想……

克：还有对记忆的保留，你知道的，过去，也就是知识。噢，是的，这是可以做到的。

博姆：你实际上是指对经验的记忆？

克：对经验、伤害、依恋等那一切的记忆。那么，这些东西能终止吗？当然能。重点就在这里：它可以终止，只要那份洞察问，它是什么？伤害是什么？心理创伤是什么？对它的洞察即是它的终止。而不是把它继续带着，带走就是时间了。它的终结本身就是时间的终结。我认为这很清楚。"甲"受伤了，从小就饱受创伤。而他，通过聆听、谈话、探讨，认识到伤害的延续就是时间。而若要找到那个基础，时间必须终结。所以他说，我的伤害能够立刻、马上就终结吗？

博姆：好的，我想这里边有几个步骤。你说，他发现伤害就是时间，但人们对它最直接的体验是，它是独立存在的。

克：我知道，当然。我们可以探究一下这点。

博姆：看起来它就是独立存在的。

克：也就是说，我为自己树立了一个形象，是这个形象受伤了，而不是我受伤了。

博姆：你这么说是什么意思？

克：好吧。在"变成"中，也就是在时间中，我建立了一个自我形象。

博姆：哦，是思想建立了那个形象。

克：思想透过经验、透过教育、透过局限建立了一个形象，让这个形象独立于我而存在。但这个形象实际上就是"我"，尽管我们把形象和我分离开来，但这是不理性的。所以，在意识到那个形象就是"我"之后，我或多或少就变得理性一些了。

博姆：我认为这一点并不清楚——因为如果我受伤了，我感觉那个形象就是"我"。

克：那个形象**就是**你。

博姆：受伤的那个人就是这样认为的，你知道。

克：好吧。但是在你对它采取措施的那一刻，你就把自己分离出来了。

博姆：这就是重点所在了。那么，第一感觉是，那个形象也就是"我"受伤了，第二感觉是，我从那个形象中抽离出来，好对它采取措施……

克：……而这是不理性的做法。

博姆：……因为那不正确。

克：没错。

博姆：而这引入了时间，因为我说么做要花时间。

克：很对。所以，通过看到这一点，我变得理性了，然后行动。行动就是立刻摆脱它。

博姆：我们来探究一下。首先是有了一个伤害，那是形象，但是起初我并没有把它分开。我觉得自己是等同于它的。

克：我就是它。

博姆：我就是它。但是然后我抽离出来，说，我认为必须有个"我"可以做点儿什么。

克：是的，可以对它采取措施。

博姆：而那需要花时间。

克：那就是时间。

博姆：那就是时间，但我的意思是我认为那要花时间。现在我得慢慢来探究。如果我不那么做，那个伤害是不可能存在的。

克：对。

博姆：但是就人本身的经验而言，事情并没有那么显而易见。

克：首先我们慢慢来探究。我受伤了，这是一个事实。然后我把自己分离出来——出现了分离——说我要对它做点儿什么。

博姆：要做点儿什么的"我"是不同的。

克：不同的，当然。

博姆：而且他思考着他应该做些什么。

克："我"是不同的，因为它要变得怎样。

博姆：它把一个不同的状态投射到了未来。

克：是的。我受伤了。然后产生了一种分别，一种分裂：总是在追求变得怎样的"我"说，我必须控制伤害，我必须消除它。我必须对它采取措施，要么我就图谋报复，伤害别人。所以说这种分离活动就是时间。

博姆：这个我们现在能明白。问题是，这里有一件事并不那么显而易见。一个人会认为伤害是独立于"我"而存在的，我必须对它做点儿什么。我投射到未来一种更好的状态以及我要做什么。我们来试着把这点说清楚，因为你说分别并不存在。

克：我的理性发现分别并不存在。

博姆：分别并不存在，但"分别是存在的"这个错觉在协助维系伤害。

克：没错。因为那个错觉就是"我要变得怎样"。

博姆：是的。我是这样的，而我要变成那样。所以我受伤了，我要变得不受伤。然而就是这个想法维系了伤害。

克：没错。

问：当我意识到并且说我受伤了，那种分别不就已经在那里了吗？

克：我受伤了，然后我说，我要回击你，因为你伤害了我。或者我说，我必须压抑它。或者我产生了恐惧，诸如此类。

问：可是，在我说我受伤了的那一刻，那种分离感不就已经存在了吗？

克：那是不理性。

问：那已经是不理性的了？

克：是的，当你说，当我说"我受伤了"，那种分别不就已经存在了吗？

博姆：已经存在了，但是我认为在那之前，你会有一种震惊、一种痛苦，或者无论叫什么，你和它是等同的。然后你解释说"我受伤了"，而这立刻就隐含了要对它做点什么的分离感。

克：当然。如果我没受伤，我根本不会知道什么分别不分别。如果我受伤了，只要我维护那个伤害并对它采取措施，也就是要变得怎样，我就是不理性的。这时不理性就介入了。我认为就是这样的。

博姆：那么，如果我不维护它，那会怎样？假设你说，我不再继续这种"变成"行为呢？

克：啊，那就完全是另一番情形了。那意味着我不再用时间来观察，也不再把时间当作观察手段了。

博姆：你可以说那不再是你的观察方式，那不再是你的理论了。

克：没错。

博姆：因为你可以说时间是每个人为了达到心理目标而采用的一种理论。

克：是的。这就是那个共同的因素，时间是人类共有的因素。而我们指出时间是一个幻觉……

博姆：心理时间。

克：当然，这点很清楚了。

博姆：你是说，当我们不再透过时间来考察这个问题，伤害就不再继续了？

克：它不再继续，它会止息——因为你不再想变成任何东西。

博姆：在"变成"中，你一直延续着自己的现状。

克：没错。延续你的现状，稍做修改……

博姆：那就是你奋力变得怎样的原因。

克：我们谈的是洞见。也就是说，洞见没有时间。洞见并非时间的产物，而时间就是记忆，等等。所以有了洞见，那份摆脱了时间的洞见，会对记忆、对思想产生作用。也就是说，洞见令思想变得理性，而那不再是基于记忆的思想了。那么那种思想究竟是什么呢？

不，等一下。我认为思想根本不会进入。我们说过时间不存在时，洞见便会产生。思想——是基于记忆、经验和知识的——它是时间的活动，也就是"变成"。我们说的是心理时间，而不是钟表时间。我们说，摆脱时间意味着洞见。洞见，摆脱了时间，所以是没有思想的。

博姆：我们说过它可以运用思想。

克：等一下。我不确定。我们慢慢来。它也许会运用思想来解释，但它会行动。之前，行动是基于思想的。现在，当有了洞见，就只有行动了。你为什么还需要思想呢？因为洞见是理性的，行动是理性的。当它根据思想行动时，才会变得不理性。所以洞见不会用到思想。

博姆：哦，我们得把这点说清楚，因为在某些领域它得用到思想……比如说，如果你想建造什么，你就得用适宜的思想来解决如何建造的问题。

克：但那并不是洞见。

博姆：但即便如此，在那个领域你可能还是得有洞见。

克：局部的。科学家、画家、建筑师、医生、艺术家等人都拥有局部的洞见。但我们谈的是甲、乙、丙，他们在寻找那个基础，他们正变得理性，而我们说洞见是没有时间的，因此是没有思想的，而且那份洞见就是行动。因为那份洞见是理性的，所以行动是理性的。请原谅，我并不是把自己当范例，我是以极度谦卑的态度在说这些话的。那个男孩，那个年轻人1929年解散了世界明星社，当中是没有思想。人们说，"这么做"，"不要那么做"，"维持它"，"不要维持它"。他有了洞见，解散了它。结束了！我们为什么需要思想呢？

博姆：但是随后你用到了某些思想来解散明星社，你得说明何时解散、如何解散。

克：那只是为了便利起见，为了其他人。

博姆：但还是需要某些思想的。

克：是那个决定在行动。

博姆：我说的不是那个决定。主要的行动不需要思想，但接下来的行动需要。

克：那完全不算什么。那就像把一个垫子从这儿拿到那儿一样。

博姆：是的，我明白。那个主要行动的来源不涉及思想。

克：这就是我想说的全部意思。

博姆：但那类似于渗透进……

克：那就像一股巨浪。

博姆：在这个过程中，难道不是所有思想都会经历一场转变吗？

克：是的，当然。因为洞见是没有时间的，所以大脑本身经历了一场变化。

博姆：是的。现在我们能谈谈你那么说是什么意思吗？

克：那是不是意味着，人的每个反应都必须被洞见看到，或者都必须进入洞见之中？我来告诉你我是什么意思。我嫉妒。有没有一种洞见能够覆盖嫉妒的整个领域，进而将它终结？终结羡慕、贪婪以及嫉妒中所包含的一切。你明白吗？不理性的人会一步步来——除掉嫉妒，除掉依附，再除掉愤怒，除掉这个和那个，再除掉别的。这是个不断变成的过程，对吗？但洞见是完全理性的，它会把那一切都彻底抹掉。

博姆：对。

克：这是一个事实吗？事实的意思是，甲、乙、丙永远不会再嫉妒了。永远不会！

博姆：我们得讨论一下这点，因为并不清楚你如何能保证会那样。

克：噢，是的，我会保证的！

博姆：如果这些可以传到那些能够聆听的人耳中……

克：也就是说，若要找到那个基础，首先就需要倾听。

博姆：你瞧，科学家们也没法一直都倾听。即使是爱因斯坦和玻尔，在某些时候也不能倾听对方。每个人都执着于自己特定的看法。

克：他们让自身的不理性运作了起来。

第四章

# 打破自我中心的行为模式

## 1980 年 4 月 10 日，美国加利福尼亚，欧亥

吉度·克里希那穆提：我想提一个也许会带给我们某些领悟的问题：什么能让人类、让一个人发生深刻、根本而又彻底的改变？人遇到的危机一个接一个，他遭受过不计其数的打击，经历过各种不幸、各种战争、各种切身的痛苦，等等。偶尔有一点点关爱、一点点喜悦，但这一切似乎并没有改变他。什么能让一个人离开他所走的这条路，进入一个全然不同的方向？我认为这是我们最大的问题之一，不是吗？为什么？如果我们关心人类——我们也必须关心——关心世上所发生的一切，那么采取何种正确的行动，才能让人类走出一个方向，进入另一个方向？这个问题是恰当的吗？它有任何意义吗？

大卫·博姆：嗯，除非我们能探明这种行动，否则这个问题就没有太大意义。

克：这个问题有任何意义吗？

博姆：它的意思是，间接地在问是什么阻挡了人类。

克：是的——是一回事。

博姆：如果我们能发现是什么把人类留在了目前的方向上……

克：是不是人类所受的最根本的制约，这种非同寻常的自我中心

的态度和行为？这种态度和行为显然不会让步于任何事物。它看起来会改变，看起来会让步，但是其核心始终保持不变。也许这个话题与我们前两三天的对话不在同一个脉络上，但是我想我们可以先从这里开始。

博姆：关于是什么阻挡了人类，你是不是已经有些想法了？以及什么能真正改变人类？

克：我想是的。

博姆：那又是什么呢？

克：是什么在阻碍呢？我们能否这样着手：通过考察环境的制约，由外而内，从人类外在的行为入手来探索其内在？然后发现外在即内在，它们是同一个运动，然后再超越它，看看它究竟是什么？我们可以这样做吗？

博姆：当你说"外在"，你指的是什么呢？你指的是社会环境吗？

克：社会的制约，宗教的制约，教育、贫穷、富裕、气候、饮食——外在的一切。这些都可能会往某个方向上制约心灵。但是当我们考察得更多一些，就会发现心理上的制约也或多或少是来自外在的。

博姆：一个人的思维方式会受到他一整套关系的影响，确实如此。但这并不能解释为什么制约如此顽固，以及为什么它会起到阻碍作用。

克：那也是我在问的问题。

博姆：是的。如果只是外在制约的缘故，人们会认为它更容易得到改变。比如说，你可以取得另外一些外在的条件。

克：这些他们都试过了。

博姆：是的，共产主义的整个信念就是：有了新社会，就会有新人类。

克：可是一个都没有！

博姆：我认为人内在的本性中有某种根本的东西在阻碍、在抗拒改变。

克：那是什么？这个问题会把我们带到哪里吗？

博姆：除非我们能真正揭开这个问题，否则就是条死胡同。

克：我想我们是可以搞清楚的，如果用心去探索的话。我只是在问，这个问题是否有价值，它与我们之前探讨的内容是否相关？还是说，我们应该开始讨论与我们之前所谈内容有关的其他问题？

博姆：哦，我想我们之前谈的是为时间、为"变成"带来终结。我们也谈到了借助完全的理性来触碰那个基础。但是我们可以说心目前是不理性的。

克：是的，我们说过人基本上是不理性的。

博姆：这可能就是障碍的一部分。如果我们是完全理性的，我们就必然可以来到那个基础。这么说对吗？

克：对。我们前几天谈到了时间的终结。科学家们想通过研究物质来探明那一步。所谓宗教人士也曾竭力探明——不只是从口头上——时间能否停止。我们非常详尽地探讨了这个问题，我们说，一个愿意倾听的人通过洞见来发现时间的终结，确实是可能的，因为洞见不是记忆。记忆是时间，记忆是储存在大脑里的知识，等等。只要记忆在运作，就不可能对任何事有洞见。整体的洞见，而不是局部的洞见。艺术家、音乐家，他们都有局部的洞见，因此他们依然受缚于时间。

有没有可能拥有完整的洞见，也就是"我"的终结，因为"我"就是时间？我，我的自我，我的抗拒，我的伤害，那一切。那个"我"可以终结吗？只有我终结了，才会有整体的洞见。这是我们之前发现的。

然后我们又探究了这个问题：一个人有没有可能彻底终结"我"这整个结构？我们说可以，然后详细谈了这个问题。很少有人会倾听这些，因为这听起来可能太吓人了。然后就出现了这个问题：如果"我"终结了，那还有什么？只是空无吗？这可没什么好处。但是如果一个人丝毫不抱着奖惩的想法来探究，某种东西就会在了。我们说这个东西就是全然的空无，也就是能量和寂静。好吧，这听起来不错，但这对一个想超越它、超越自己的非常认真的普通人来说，并没有什么意义。然后我们继续向前推进：还有没有什么东西超越了这一切？我们说是有的。

问：那个基础。

克：那个基础。是不是这场探询的起点就是倾听？我，作为一个人，愿意完全放弃自我中心的行为吗？什么能让我离弃那种行为呢？什么能让一个人抛开这种破坏性的、自我中心的行为？如果他是因为奖励或者惩罚才愿意抛开的，那就只不过是另一个念头、另一个动机罢了。所以得完全抛开那些。那么什么能让人类摒弃——如果我可以用这个词的话——彻底摒弃那种行为，却不是为了奖赏？

你知道，人类在这个方向上做了所有的尝试——禁欲，各种形式的自我折磨，借助信仰来舍弃自己，通过认同更伟大的东西来否定自己。所有的宗教人士都尝试过这些，但"我"依然健在。

博姆：是的。这所有的做法都毫无意义，但不知怎的这一点并没有变得明晰起来。通常来说，人们会放弃某些没有意义、没有道理的事情。但是对这个事实的洞察似乎被心拒绝了。心在抗拒它。

克：心在抗拒这个反复出现的冲突，并且在逃避它。

博姆：它在逃避"这种冲突毫无意义"这个事实。

克：人们没看到这个事实。

博姆：而且心被蓄意安排好了避免看到这个事实。

克：心在逃避它。

博姆：它的逃避几乎是故意而为的，但对此没有非常明确的意识，就像印度人说他们要隐退到喜马拉雅山里去，因为什么事也做不了。

克：但那是完全行不通的。你是说，已经在冲突中生活了这么久，心拒绝离开冲突？

博姆：它为什么拒绝放弃冲突，心为什么不希望看到冲突的毫无意义，这些并不清楚。心在欺骗它自己，它在不停地掩饰。

克：哲学家们和所谓宗教人士一直强调努力，强调奋斗、控制、努力。那就是人类为什么拒绝放弃他们的生活方式的原因之一吗？

博姆：有可能。他们寄望于通过抗争或者努力，就能取得更好的结果。不去放弃他们所拥有的，而是通过努力来加以改进。

克：人类已经生活了两百万年，他获得了什么呢？更多的战争，更大的破坏。

博姆：我想说的是，有一种倾向拒绝看到这一点，不断地退回去，希望努力会带来某种更好的东西。

克：我不确定我们是否已经澄清了这点：知识分子——我是怀着敬意来使用这个词的——全世界的知识分子都强调努力这个因素。

博姆：他们当中的很多人是这样的，我估计。

克：他们中的大部分人。

博姆：卡尔·马克思。

克：马克思，甚至还包括布罗诺夫斯基，他现在也越来越多地谈到要为获得越来越多的知识而努力。是不是因为知识分子对我们的心具有如此巨大的影响力？

博姆：我认为人们这么做并不需要知识分子的任何鼓励。你知道，努力在所有地方都得到了强调。

克：这就是我的意思。所有地方。为什么呢？

博姆：哦，一开始人们以为努力是必要的，因为他们为了生存得努力与大自然做斗争。

克：于是与大自然做斗争的努力被转移到了另一个领域？

博姆：是的，这是一部分原因。你瞧，你必须做一个勇敢的猎人，你必须努力对抗自己的懦弱才能变得勇敢。否则你就做不到勇敢。

克：是的，就是这样。所以，是不是因为我们的心被制约、被塑造、被局限在了这个模式当中？

博姆：嗯，毫无疑问是这样的，但这并不能解释为什么改变它是那么困难。

克：因为我习惯了它。我在监狱里，但是我习惯了。

博姆：但是我认为存在一种强大的抗拒，拒绝离开这个模式。

克：为什么一个人要抗拒这件事呢？即使你过来指出这么做的错误和不理性，并且说明了整个前因后果，举出了例子和数据，以及其他的一切？为什么？

博姆：这就是我刚才说的意思，如果人们能够完全理性，他们就会抛开它，但是我认为这个问题还有另外的层面。你瞧，你也许揭示出了它的不理性，但是还有另外一层，也就是说人们并没有充分觉察到思想的这整个模式。在某个层面上把它揭示了出来，但它在人们没有觉察到的层面上依然延续着。

克：可是什么才能让他们觉察到呢？

博姆：这就是我们要去搞清楚的了。我认为，人们必须意识到他们有延续这种制约的倾向。有可能只是单纯的习惯，或者也有可能是过往多个结论的产物，它们都在"此刻"运作着，人们却并不知道。有太多东西让人们留在这个模式当中了。你可以让某个人相信这个模式没道理，但是到了实际的生活事务上，他还是会有一千种不同的处理方式，其中都隐含了这个模式。

克：没错。然后呢？

博姆：哦，我认为一个人必须对这件事极度感兴趣，才可能打破那一切。

克：那什么能让一个人进入这种极度感兴趣的状态呢？你瞧，他们甚至得到了承诺，说如果他们这么做的话，就会得到天堂这项奖赏。各个宗教都有这个做法，尽管这已经变得太过幼稚了。

博姆：这也是那个模式的一部分：奖赏。通常的规则就是，我遵循着自我封闭的模式，除非有某个非常巨大的事件出现。

克：一场危机。

博姆：或者将会获得一个巨大的奖赏时。

克：当然。

博姆：这是一种思维模式。人们必须以某种方式相信那么做是有价值的。如果每个人都能一起合作，然后突然我们就能创建和谐了，那么每个人都会说，好的，我愿为此放弃自己。但是如果没有这个愿景，我最好还是紧紧抓住我所拥有的！就是这种想法。

克：紧紧抓住已知。

博姆：我有的不多，但我最好紧紧抓住它。

克：是的。所以你是不是说，如果每个人都这么做，我才会这么做？

博姆：这是通常的思维方式。因为人们一旦在突发事件中开始合作，就会有很多人跟随。

克：于是他们成立了公社。但那些都失败了。

博姆：因为一段时间过后，这个特殊事件就过去了，他们又回到了旧有的模式。

克：旧有的模式。所以我在问，什么能让一个人打破这个模式？

提问者：这与我们之前探讨的问题——时间和没有时间——难道不是相关的吗？

克：但是我对时间一无所知，我对这一切都一无所知，那对我来说只不过是一个理论。而事实是我困在了这个模式当中，不肯放开它。分析师尝试过，宗教人士尝试过，每个聪明人都曾尝试让人类放开这个模式，但是显然他们都没有成功。

问：但是他们没发现，放开那个模式或者终结冲突的尝试本身，依然在强化那个冲突。

克：不，这不过是个理论。

问：但你可以解释给他们听。

克：你可以解释。正如我们说过的，有一打非常有道理的解释。可是到最后，我们还是会退回到那个模式中去。

问：哦，只有你没有真正理解它，才会退回到那个模式中去。

克：你这么说的时候，"你"理解了吗？我，或者你，为什么没有说"到此为止了"？你可以给我一千个解释，那些解释可能都有点儿道理，但是我说，你做到了吗？

问：当你问我有没有做到，我甚至连问题都还没有弄明白。

克：我不是针对个人而言的。你给了一个解释，说明了人类为什么不能离开这种模式或者打破它。

问：不，我给你的不仅仅是解释。

克：那你给了我什么呢？

问：如果我观察到一件事情是真实的，那么对那份观察的描述就不仅仅只是解释。

克：没错，但是我能非常清楚地观察到这一点吗？

问：哦，那就是问题了。

克：所以你得帮我看清这一点。

问：要看清，必须得有兴趣才行。

克：请不要说"必须"。我没兴趣。就像刚才博姆博士指出的那样，出现了像战争一样巨大的危机时，我才有兴趣。那时我会忘掉自己。事实上，我很乐于忘掉自己，把责任托付给将军们和政客们。在危机中我可以忘我，可是一旦危机过去，我就又回到了我的模式中。这种情况一直在发生。现在，我对自己说，什么才能让我抛弃这个模式或者打破它呢？

问：你难道不是必须看到它的虚妄吗？

克：**展示**给我看。

问：我做不到，因为我还没看清。

克：那作为一个人，我该怎么办呢？你向我解释了成千上万遍它有多么丑陋，多么有破坏性，等等，但我还是会反复退回到这个模式中去。帮帮我，或者告诉我如何打破这个模式。你明白我的问题吗？

问：哦，那你得感兴趣。

克：好吧。那么，什么能让我感兴趣呢？痛苦吗？

问：有时候痛苦确实能暂时起到这个作用，但是它会消失。

克：那么作为一个人，什么能让我如此**警醒**、如此觉知、如此热情，乃至我能够打破这个东西呢？

问：你把这个问题表述为一个行动：打破、摒弃。它难道不是一个看到的问题吗？

克：是的。展示给我看，帮我看到，因为我在抗拒你。我的模式，如此根深蒂固地嵌入了我的内心，它在阻挡我，对吗？我想要证据，我希望被说服。

问：我们得回到这个问题上：我为什么想要证据？我为什么希望被说服？

克：因为有人说这是一种愚蠢的、不理性的生活方式。他也向我们说明了它的各种后果、它的原因，然后我们说，没错，可我们就是放不下！

博姆：你可以说这就是"我"的本性：我必须满足自己的各种需求，不管它们有多么不理性。

克：这就是我说的意思。

博姆：首先我必须照顾好自己的各项需求，然后我再试着理性起来。

克：那我们的需求又是什么呢？

博姆：有些需求是真实的，有些是虚幻的，但……

克：是的，就是这样。想象出来的、虚幻的需求左右了其他的需求。

博姆：但是，你知道，我需要相信我是健在的、正确的，需要知道我会一直都在。

克：帮我打破这个！

博姆：我认为我必须看到这是个幻觉。你瞧，如果它看起来是真实的，那我能怎么办呢？因为如果我真的存在，我就需要所有这些，而如果我要消失、瓦解或者怎样，再说要保持理性就显得很愚蠢了。你向我提出还有另一种"我不在"的存在状态，对吗？可是当我还在的时候，说这些是没有任何意义的！

克：是的，没错。但我不在那里。假设对一个人来说，天堂是完美的，但我不在那里；请帮我到达那里。

博姆：不，那是另一回事了。

克：我知道你说的是什么意思。

问：一个人能不能看清"我想上天堂"这个要求本身的虚幻本质？或者我想开悟，或者我想成为这个，我想成为那个？而这个问题本身，这个要求本身就是……

克：这个要求是基于"成为"、基于"更如何"的。

问：那是虚幻的。

克：不，那是你说的。

博姆：你还没有向我证明这一点，你瞧。

克：那对你来说只是个概念。它只是个理论，你得证明给我看。

问：嗯，我们真的愿意探索这个问题吗？

克：我们的愿意有一个条件：我们最后能找到某个东西。看看人心是怎么运作的。我愿意爬上最高的山峰，如果我能从中得到点儿什么的话。

问：心能看到这就是问题所在吗？

克：能看到，但它就是放不下。

问：哦，如果它看到了……

克：你在不停地来回兜圈子！

博姆：它在抽象地看待这个问题。

克：就是这样。那么，我为什么要抽象地看待它？

博姆：首先，这要容易多了。

克：不要再回到那上面去了。为什么我的心把一切都抽象化呢？

博姆：首先我们可以说，在一定程度上，思想的功能就是从外在得出各种抽象的概念，但是随后我们把它们搬到了内心。这跟我们之前说到的是同一类事情。

克：是的。那还有没有别的——我只是在问——我们在这里完全漏掉的东西？也就是说，恕我指出，我们依然在用同一个旧有的模式思考。

博姆：这个问题本身就包含了那个模式，不是吗？

克：是的，但是对那个模式的因循本身就是传统的方式。

博姆：我的意思是，在构思这个问题的同时，模式就延续了下去。

克：是的，那么我们可以完全从这里离开，以不同的方式来看吗？人心能不能说，好吧，这些我们都试过了——马克思、佛陀，每个人都曾经指出过这个或者那个。但是显然一百万年过后，我们依然或多或少地困在那个模式当中——说我们必须感兴趣，我们必须倾听，我们必须这么做，等等。

博姆：这依然是时间。

克：是的。那么，如果我抛开那一切，真的抛开，那会怎样？不再做更多解释，也不再有新的弯弯绕，那些其实还是"老一套"！所以我说让我们彻底离开那个领域，换个方式来看待问题，而问题就是：为什么我总是活在"我，我，我"这个中心里面？我是个认真的人，我聆听了这一切，过了五十年，我知道了所有的解释——我应该做什么，不该做什么，等等。我能不能说，"好吧，我要抛掉那一切"？那意味着我彻底地孑然独立。这能把我带到哪里吗？

博姆：可能会。

克：我认为**确实**会有所进展。

博姆：在我看来，你基本上是在说，"把人类所有这些知识都抛在身后。"

克：这就是我说的意思。

博姆：显然它完全失去了原有的地位。

克：是的。抛开人类造就的所有知识、经验、解释、原因——扔掉那一切。

问：可你还是剩下了同一颗心。

克：啊！我没有那样的一颗心了，已经不是同一颗心了。当我抛掉了那一切，我的心已经改变了。我的心已经是"这个"（this）了。

问：不，难道心不还是那个基本的构成吗？

克：那个我已经抛弃了。

问：可是你抛不掉那个。

克：噢，可以的。

问：我是说，这是个有机体。

克：现在，请等一下。我的机体组织之前被知识、被经验塑造了。然后随着我进化，随着我成长，我获得了更多的知识。由于我积攒得越来越多，于是就强化了"我"，而我在这条路上一直走了成千上万年。然后我说，也许我得用完全不同的方式来看待这个问题——也就是完全不再走那条路，而是抛开我获得的所有知识。

博姆：在这个领域，在这个内心世界。

克：心理上，当然。

博姆：在核心处，在源头处，知识无关紧要。

克：是的。

博姆：要在另一个领域走得更远些，知识就变得重要了。

克：当然，这点已经说清楚了。

博姆：但是我有一个问题。心从进化伊始时就处在同一个位置上。无论你管最初的人类叫什么人，心从一开始就在那个位置上。那时它并没有任何知识。

克：不，我不接受这个看法。你为什么这么说？一旦形成，心就已经困在知识中了。你会这么认为吗？

博姆：我认为这一点是思想结构所固有的。

克：正是如此。

博姆：首先，获得关于外界的知识，然后再把这些知识应用到内心，却不明白如此便会受困于其中。因此，心把那些知识扩展到了心理上变成什么的领域中。

问：哦，即使心一开始是崭新的，它也会再次犯同样的错误。

克：不，当然不会。

问：除非它学乖了。

克：不，我不想学到什么。你走的还是老路。我不想学到什么。拜托，请让我稍微探讨一下这个问题。

博姆：我们应该把这一点澄清，因为在其他的场合你说过学习很重要，甚至包括学习观察你自己。

克：当然。

博姆：而现在你的说法有很大的不同，你得说清楚为什么会有这种不同。在这个阶段你为什么放弃了学习的概念？

克：在这个阶段，因为我还在积攒记忆。

博姆：但是曾经有个阶段，了解心灵是很重要的。

克：不要绕回去了。我才刚开始。我已经活了 60 年、80 年或者 100 年。我听过了所有这些——印度的导师、基督教徒、穆斯林；我听过了心理学的所有解释——弗洛伊德、马克思、所有人。

博姆：我认为我们应该再更进一步。我们同意那些都是反面教材，但是除此之外，也许我还观察了自己，了解了自己。

克：了解自己——是的，加上这个。

问：再加上克。

克：再加上克。然后，到了最后，我说这可能是一种错误的看待方式，对吗？

博姆：对。在那样探索了之后，我们最后终于能够发现它也许是错的。

克：也许。也许我只是在推进……

博姆：哦，我会说，在某种意义上，也许那样去探索是必要的。

克：也可能不是必要的。

博姆：也许不是必要的，但鉴于这一整套限制条件的存在，事情必然会那样发生。

克：当然。所以现在我来到了这一步，我说抛弃——我们会在这个词里面放进去——所有那些知识，因为那种方式对我毫无帮助，也就是说我并没有摆脱我的自我中心。

博姆：可是单凭这个还不够，因为如果你说它没起作用，你还可以一直希望或者假想它"可能会"起作用。但实际上你可以看出它就是"行不通"。

克：它行不通。对这一点我很确定。

博姆：说它没起作用还不够，实际上它就是"行不通"。

克：它行不通，是因为它是基于时间和知识的，也就是基于思想的。这些解释也都以思想为基础——获得知识，等等等等。你会这么认为吗？

博姆：到目前为止，我们一直是以知识和思想为基础的。而且不只是思想，还包括习惯性的技巧模式，这也是思想的一种延伸。

克：所以我把那些都抛开——不是随随便便抛开，也不是为了将来得到什么好处，而是看清了同样的模式一遍遍地在重复；各种色彩，各种措辞，各种画面，各种形象——我把那一切统统抛掉。我不再往北走——千百年来我都在往北走——而是停下来然后往东走，这就意味着我的心已经改变了。

问："我"的结构消失了吗？

克：显然是的。

问：不需要对它有洞见吗？

克：不。我暂且还不想引入洞见。

博姆：但是这么做得有洞见才行。我是说，考虑那么去做就是一种洞见。洞见才是起作用的那个东西。

克：我不想引入这个词。

博姆：当你说那整件事都行不通，我认为那就是一种洞见。

克：对我来说是的。我发现它行不通。但是那样的话，我们就又要回去探讨我如何才能获得洞见之类的问题了。

博姆：但是撇开那些，只是说那是一种洞见就好，如何获得它的问题并不是重点。

克：是洞见在说"出局了"。

博姆：对模式说"出局了"吗？

克：不，是彻底了结通过经验、知识和模式不停变成什么的做法。到此为止！

问：你会不会说，此后的那种思考就是一种完全不同的思考了？显然人还是必须思考的。

克：我不确定。

问：哦，你可以给它别的什么称呼。

克：啊，我不会给它任何称呼。请注意，我只是在四处搜寻。已经活了 100 年，我发现每个人都指出了终结自我的方式，而那些方式都是基于思想、时间和知识的。然后我说，抱歉，这些我都知道，我都用过了。我对那种方式有了洞见，因此它消退了。于是心完全打破了那个模式。不再往北走，而是往东走，你就打破了那个模式。

好吧。假设博姆博士拥有了这份洞见，并且打破了那个模式。请让我们帮助另一个人也走到这一步。不要说你必须感兴趣，你必须倾听，那样就又回去了。你明白吗？你如何与另一个人沟通，于是他不必再去经历这整个混乱的过程？什么能让我如此彻底地吸收你所说的话，以至于它进入我的血液里、我的大脑里，进入我的"全部"，于是我就能看清这件事？你会怎么做？还是说，没什么事可做？你明白吗？因为如果你有了那份洞见，就会有激情。那并非只是一种聪明的洞见，也不可能舒服地坐视不管。那是一种激情，它不会让你袖手旁观；你必须行动、给予——无论什么方式。那你会做什么呢？你拥有了那种激情或者这份深远的洞见。那种激情必定会像漫过堤岸的滔滔江河一样奔流不息。

那么，我是一个人，普普通通，相当睿智，博览群书，阅历丰富。我尝试过这个、那个，也尝试过别的，然后我遇到了一个充满了"这样东西"（this）的人，于是我说，我为什么不听他讲讲呢？

问：我想我们确实聆听了。

克：是吗？

问：是的，我想是的。

克：请慢慢慢慢地来。我们能否如此全然地倾听，乃至没有丝毫抗拒，不说"为什么？是什么原因？我为什么要……"你明白我的意思吗？那些我们都经历过了。我们把那个领域蹚了个遍，把每个角落前前后后、东西南北都走遍了。然后某"甲"过来说，瞧，还有一种别样的生活方式，某种全新的东西，那就是"全然"的倾听。

问：如果有抗拒存在，那么我们就没有看到那份抗拒。

克：那就回去上学吧。我这么说并不是无礼。回去上学吧。

问：你是什么意思呢？

克：从头再来探讨一遍你为什么抗拒。

问：但是我们并没有看到抗拒。

克：那我就会向你说明你的抗拒，通过谈话。但你还是退回去了。

问：克里希那吉，当你说到"让我们抛开倾听、理性和思想"，你最初的问题不就已经超越了这些吗？

克：是的，但那只是一个概念。你愿意那么**做**吗？"甲"过来说："瞧，吃掉这个。"

问：如果我能看见它的话，我会把它吃掉的。

克：噢，是的，你可以非常清楚地看到它。我们说过，不要退回到模式中去。看到！然后你说，我如何才能看到？那还是旧模式。只是看到！"甲"拒绝进入那个模式。

问：解释的模式？

克：是的，知识，那一切。他说："过来，不要退回去。"

问：克里希那吉，说到这世界上一个常见的情况，有很多人用类似的说法让我们去看、去抛开思想；如果我们真的去看这件事的话，会看到的。这就是传道者们告诉我们的。那么区别在哪里呢？

克：不，我不是一个传道者。我抛开了那一切。我抛开了教堂、神明、耶稣、佛陀、奎师那；我抛开了那一切，马克思、恩格斯、列宁、斯大林（笑），抛开了所有的分析师、所有的专家，抛开了所有人。你瞧，你没有这么做。"甲"说："这么做。""啊"，你说："不，我不能那么做，除非你展示给我超越那一切之外还有别的东西。"然后"甲"说："很抱歉。"这能说明些什么吗？

博姆：是的。我想我们可以说把所有的知识都抛在身后。但知识会披上很多狡猾的外衣，我们并没有发现。

克：当然。你充满了这种洞见，因为有那种洞见，你抛弃了所有的知识。而另一个人还在知识的池塘里划桨。然后你说离开那里。一旦钻进了各种解释，我们就退回到老把戏里去了，于是你拒绝解释。

你知道，各种解释一直是人们借以渡到对岸的小船。而对岸的人说根本就没有船。"甲"说："直接过河！"他提出了一个不可能实现的要求，不是吗？

博姆：如果这件事没有立刻发生，那它**就是**不可能的。

克：对极了。他在让我做一件我不可能做到的事。我遇到了"甲"，而他是岿然不动的。我要么得绕过他、避开他，要么就得跨过他。这些事我都不能做。但是"甲"完全拒绝进入文字游戏中。那么我，这个一直在玩文字游戏的人，该怎么办呢？"甲"不会丢下我不管，也就是说他可能人会走开，但我已经遇到了某种岿然不动的东西，而它会日日夜夜都与我同在。我无法与它抗争，因为丝毫没有可以抓握的东西。

那么，我会怎样？——当我遇到了某种极其坚实、岿然不动又极其真实的东西，我身上会发生什么呢？我们从未遇到过类似的东西——这就是问题所在吗？我们可以登上喜马拉雅山，但珠穆朗玛峰永远在那里。同样，人类也许从未遇到过某种不可改变的事物，某种彻头彻尾岿然不动的东西。我要么会对它感到无比困惑，要么就会说："好吧，对此我什么也做不了，还是走开好了。"要么它就是某种我必须探究——你明白吗——我必须领悟的东西。到底是哪一个呢（笑）？

这里有个坚实的东西，我遇到了它。如我所说，我也许会赶紧逃开，我通常就是这么做的。要么就膜拜它，要么就试图弄明白它究竟是什么。当我做所有这些事的时候，我就回到了旧模式里面。所以我抛弃了那些。当我遇到了"甲"，他是岿然不动的，我看到了那种东西的本质是什么。我作为一个人，是变动的，而他岿然不动。与那种东西接触就产生了某些作用，也必然会产生作用。这不是什么神秘的、玄乎的东西，而是非常简单的，不是吗？

问：先生，它的作用就像是一块磁铁，但它并不会打破什么。

克：不，那是因为你还没有抛开那种模式。那并不是"甲"的错。

问：我没说是"甲"的错。

克：不，隐含的意思就是这个。因此你又退回去了，你依赖了。

问：那发生了什么呢？

克：我说，你遇到了"甲"，这时会发生什么呢？

问：你说过会努力去弄明白。

克：啊，你又回去了，迷失了。你又回到了旧模式当中。你看到了它，你感受到了它，你认识它，你认出了它。无论你用哪个词，它都在那里。

博姆：哦，你难道不能说，"甲"传达了"不再继续旧模式"的绝对的必要性，因为你发现它是绝对行不通的。

克：可以，用你自己的话来说。好的。

博姆：因此那是不可改变的、岿然不动的——这是你的意思吗？

克：是的，我是变动的，"甲"是岿然不动的。

博姆：嗯，"甲"**背后**的东西，"甲"身上运作的东西，是岿然不动的。你是这个意思吗？

克：那个在起作用的东西起初是一种震撼，毫无疑问。我一直在变动、变动、变动，然后我遇到了一种岿然不动的东西。突然有什么发生了，显然如此。你可以看到什么发生了。"甲"没在成为什么，而我在成为什么。"甲"经历了各种解释，诸如此类，他也说明了"成为"是痛苦的。我只是在快速地用几句话简短结说。然后我遇到了那个东西，所以就有了敏感性——好吧，我们来换个说法。之前有各种解释，"抛弃"所有的解释就让我变得敏感了，也更警觉了。当我遇到了"甲"这样的东西，自然会有一种与解释或者理解无关的回应。对它有一种回应，必然会有。各种解释曾被一遍遍地给出，我听过了，但是要么它们让我变得迟钝，要么我开始发现解释完全没有任何价值。所以在这个过程中，我变得对任何一句解释都出奇地敏感。我都过敏了！

这里面也有一种危险，因为，你知道的，人们都说当你去找古鲁，他会给你教导；所以保持安静就好，你会接收到的。这是一个幻觉，你知道的。好吧，我说的够多的了。

博姆：我可以说，当一个人发现这整个时间和知识等的过程是行不通的，它就会停下来。这就让一个人变得更敏感了，对吗？

克：是的，心变得敏锐了。

博姆：那整个活动都成了拦路虎。

克：是的，心理知识让我们变迟钝了。

博姆：它们一直让大脑用不必要的方式活动。

问：所有的知识吗？

博姆：哦，不。你可以说，在某种程度上，知识并不会让你变迟钝，我认为，如果清楚地知道我们的核心处并没有此类知识，并且从那里开始的话……

克：是的。你记得我们在讨论中也说过，那个基础不是知识。

博姆：你瞧，它首先创造了空无。

克：就是这样。

博姆：但空无还不是那个基础，并不直接就是那个基础。

克：没错。你瞧，这些我们都探讨了，这些我从磁带上听过，也都印在了书上，我说，是的，我明白了。通过阅读，我解释过了，我获得了知识。然后我说，我必须拥有那个。

博姆：危险就在于通过书本传达这些太难了，因为那样太固化了。

克：但这就是通常发生的情况。

博姆：但是我想，可以沟通的最主要的一点就是，看到知识所有的形式——包括隐微的和明显的——都无法解决心理问题，而是只会让问题变得更糟。但此时就有另一种形式的能量涉入了进来。

克：你看到目前发生的是什么情况了吗？如果有任何麻烦出现，我就去找心理医生。有任何家庭问题，我就去找能告诉我该怎么办的人。我周围的一切都被安排好了，让我变得越来越无助。这就是实际发生的事。

# 第五章

## 存在的基础与人类的心灵

### 1980 年 4 月 12 日，美国加利福尼亚，欧亥

大卫·博姆：也许我们可以更深入地探究一下那个基础的本质，无论我们能否达到它，也无论它对人类是否感兴趣。还有，大脑的外在行为能否发生变化。

吉度·克里希那穆提：我们能否从这个角度来着手探索这个问题：我们为什么要抱持观念？而那个基础是个概念吗？这是我们必须首先搞清楚的。为什么观念变得如此重要？

博姆：也许观念之间的区别，以及超越观念之外的是什么，这些都还不清楚。观念通常不仅仅被当作观念来对待，我们觉得它们并非观念，而是现实。

克：这就是我想搞清楚的。那个基础是个概念吗？或者是种想象，是个幻觉，是个哲学概念吗？抑或是某种绝对的事物，也就是说没有东西再超越其外了？

博姆：你怎么能判断没有东西再超越其外了呢？

克：我正要慢慢说到那一点。我想弄清楚我们是不是从一个概念出发去看待它、感知它或者洞察它的。因为归根结底，整个西方世界——可能也包括东方世界——都是奠基于概念的。整个世界观、宗

教信仰，一切都奠基于此。然而，我们是从那个视角去探究心智的运作过程呢，还是作为一种哲学探索来进行？——"哲学"在这里的含义是对智慧的热爱、对真理的热爱、对探索的热爱。当我们讨论，当我们想要探究、解释或者弄清楚那个基础是什么时，我们是在那么做吗？

博姆：哦，也许并不是所有的哲学家都把自己的探索奠基于概念，尽管哲学无疑是通过概念来教授的。毫无疑问，哲学是很难教授的，除非借助概念。

克：那么一颗宗教心灵和一颗哲学心灵之间的区别是什么呢？你明白我想传达的意思吗？我们能否由一颗被知识所训诫的心出发去探索那个基础？

博姆：哦，从根本上讲，我们说那个基础本质上是未知的。因此我们无法从知识开始，于是我们建议我们要从未知开始。

克：是的。比如说，"甲"说存在这样一个基础。而我们所有人，"乙"和"丙"说，那个基础是什么，证明它，展示它，让它自己呈现出来。当我们问出这样的问题，我们用的是一颗有所追寻的心，还是一颗拥有对真理的这份激情、这份爱的心？还是说，我们只不过是就此聊聊天而已？

博姆：我认为那颗心中有着对确定性的需求：证明它，我想确定。所以并不存在探索。

克：假设你说存在这种东西，存在那个基础，它是岿然不动的，等等。而我说我想探明真相，向我展示它，证明它。既然我的心经由知识取得了进化，被知识高度驯化了，那它究竟能不能触碰到那个基础呢？因为那不是知识，也不是由思想拼凑而成的。

博姆：是的，一旦我们说证明它，我们就在企图把它变成知识。

克：正是如此！

博姆：我们希望把它变成无比确定的知识，这样就不会有丝毫疑虑。然而，在硬币的另一面，也存在着自欺和幻觉的危险。

克：当然。只要存在任何形式的幻觉，也就是欲望、快感或恐惧的投影，那个基础就不可能被触碰到。那么我如何才能感知到那个东西？那个基础是个要去研究的概念吗？还是说，它是一种无法探究的东西？

博姆：是的。

克：因为我的心被经验和知识所训练、所约束，它只能在那个领域里运作。然后有人过来告诉我说，这个基础不是一个观念，不是一个哲学概念，不是可以由思想拼凑或感知的东西。

博姆：它无法被经历，它无法透过思想来感知或者理解。

克：那我还有什么？我该怎么办？我只有这颗被知识所制约的心。我怎样才能抛开那一切？我，一个受过教育、博览群书、阅历丰富的普通人，如何才能感受到这样东西，触碰它，领会它？你告诉我语言无法传达它，你告诉我必须拥有一颗摆脱了所有知识的心，技术知识除外。可你是在要求我做一件不可能办到的事情，不是吗？如果我说我会努力而为，那同样也脱胎于自我中心的欲望。那我该怎么办呢？我认为这是一个非常严肃的问题。这是每个认真的人都会提出的问题。

博姆：至少会暗自提出。他们不一定会说出来。

克：是的，暗自提出。那么，你，站在河对岸，告诉我说：没有船可以渡河，你也不能游过去。事实上你什么也不能做。总的来说，确实会归结到这里。那我该怎么办？你在让我，你在让心——不是普世心，而是……

博姆：……个别心。

克：你在让这颗个别心避开所有的知识。这点在基督教或者犹太教的世界里曾经说到过吗？

博姆：我不了解犹太教的情况，但在某种程度上，基督教徒作为我们和上帝之间的中间人，告诉你要将信心交付给上帝，献身给耶稣。

克：是的。而"吠檀多"的意思就是知识的结束。可是作为一个西方人，我说那对我来说毫无意义。因为从古希腊开始，我所生活的文化就一直在强调知识。但是当你跟一些东方人谈话时，他们会承认在他们的宗教生涯中，知识必须终止的时刻必须来临，心必须摆脱知识。但这只是一种概念上的、理论上的理解。而对一个西方人来说，这完全没有任何意义。

博姆：我想西方也有类似的传统，只是不那么普遍而已。例如，中世纪有一本书叫《未知的云》（*The Cloud of Unknowing*）就是在那个脉络上的，尽管那并不是西方思想的主流。

克：不是主流。那么我该怎么办呢？我要如何对这个问题下手？

我想把它搞清楚。它给了生命意义。不是我的智力通过发明某些幻象、某些希望、某些信仰来赋予生命意义，而是我隐约看到了这份领悟，触碰那个基础，就赋予了生命无比非凡的意义。

博姆：嗯，人们用"上帝"这个概念来赋予生命意义。

克：不，不。上帝不过是个概念罢了。

博姆：是的，但这个概念包含了某种与东方的看法类似的东西：上帝是超越已知的。大部分人都是这样认为的，尽管有些人不是。所以还是存在某些类似的看法的。

克：但是你告诉我那个基础并不是思想创造的。所以你无论如何都无法借助思想任何形式的操控来遇到它。

博姆：是的，我明白。但我想说的是存在这样一种问题、危险或者幻觉，也就是人们会说："是的，非常对，得通过直接经验到耶稣我们才能遇到它，不是通过思想，你瞧！"我没办法准确表达他们的看法。也可能是"上帝的恩典"？

克：上帝的恩典，是的。

博姆：某种超越思想的东西，你知道的。

克：作为一个受过良好教育的、认真思考的人，我拒绝接受那一切。

博姆：你为什么拒绝接受？

克：因为首先那已经变得司空见惯了，"司空见惯"的意思是每个人都那么说！而且其中还可能有一种由欲望、希望和恐惧产生的巨大幻觉。

博姆：是的，但看起来有些人确实发现这很有意义，尽管那可能是个幻觉。

克：可是如果他们从没听说过耶稣，他们就不会经验到耶稣。

博姆：这点听起来很有道理。

克：他们会经验到他们被灌输的一些别的东西。在印度，我是说……

提问者：但是，难道各个宗教里那些更加认真的人不是也说，从根本上讲，上帝或者无论叫什么，绝对之物、那个基础，是无法透过思想来经验的吗？而且他们也许会进一步说，它是完全无法被经验到的。

克：噢，是的，我说过它是无法被经验到的。"甲"说它是无法被经验到的。现在，假设我对此一无所知。这儿有一个人说存在这样一种东西。我聆听他的讲话，而他不仅仅通过他自身的存在来传达它，还通过语言来传达。尽管他告诉我要小心，词语并非事物本身，但他就是使用语言在传达：这种浩瀚到思想无法捕捉的东西是存在的。于是我说，好吧，你非常仔细地解释过了，可我的大脑已经被知识所局限、所束缚了，它如何才能从那一切中把自己解放出来？

问：它能通过了解自身的局限来解放自己吗？

克：所以你在"告诉"我思想是局限的。证明给我看！不是通过谈论记忆、经验或者知识，那些我都明白，但我就是无法捕捉到"它是局限的"那种感觉，因为我看到了大地的美，我看到了一座建筑、一个人和大自然的美。我亲眼看到了那一切，但是当你说思想是局限的，我"感受"不到这一点。它不过是你跟我说过的一大堆词句罢了。道理上我理解了，但我对它没有感觉，里面没有芬芳传来。你要如何向我证明——不是向我证明；你要如何帮助我——不是帮助——协助我拥有这种感受：思想本身是脆弱的，是一种如此渺小的东西？于是它就进入了我的血液。你明白吗？一旦它进入了我的血液，我就拥有了它。你就不必再多加解释了。

问：可是，不去谈论那个基础——它目前太遥不可及了——而是直接去看心能够做些什么，这不是更可行的做法吗？

克：那就是思想了。

问：心在思考。

克：我只有这些。思想，感情，恨，爱——这些你都知道。都是心的活动。

问：哦，我会说我们不知道，我们只是"以为"我们知道。

克：我生气的时候我知道，我受伤的时候我也知道。这不是一个概念，我有那份感受。我内心带着那份伤害。我受够了各种研究，因为我一辈子都在做这个。我研究过印度教、佛教、基督教、伊斯兰教，我说我研究过了、学习过了、了解过了它们。我说那些都不过是一堆辞藻罢了。我，作为一个人，怎样才能对它拥有那份非同寻常的强烈感受呢？如果我没有热情，我就没法探索。我想拥有这份热情，它能把我从这个封闭狭小的空间里爆破出来。我在自己周围建了一堵墙，这堵墙就是我自己。而人类跟这个东西一起生活了数百万年。我一直试图通过学习、通过阅读、通过求助古鲁，通过做各种事从中脱离出来，但我依旧锚定在这里。而你谈到了那个基础，因为你看到了某种非常激动人心的东西，它看起来是如此生机勃勃、如此非同寻常。而我在这里，锚定在这里。你，"看到了"那个基础的人，必须做些会爆发、会彻底打破这个中心的事。

问：是"我"必须，还是"你"必须做些什么？

克：帮帮我！不是通过祈祷之类乱七八糟的东西。你明白我想说的意思吗？我禁欲过，我冥想过，我弃世过，我许下过这样那样的誓言。那些事情我都做过了，因为我已经活了一百万年。可是到了这一百万年的末尾，我依然留在了原地，留在了起点。这对我来说是一个巨大的发现，我以为经历了那一切，我已经离开起点向前推进了，但是我突然发现我又回到了我出发的同一个起点。我有了更多的经验，我见过了世面，我画了画，我演奏了音乐，我跳过了舞。你明白吗？但是我又回到了最初的起点。

问：那就是我与非我的问题了。

克："我"。我对自己说，我该怎么办呢？人心与那个基础又有什么关系呢？或许，如果我能与它建立起某种关系，它就可以彻底打破这个中心了。这并不是一个动机，不是一种欲望，也不是一项奖励。我发现如果心能与"那个东西"建立起关系，我的心就变成了那个东西，对吗？

问：可是心那时不就已经变成了那个东西吗？

克：噢，不是的。

问：但是我想，当你说完全没有欲望，这就已经消除了最大的困难。

克：不，不。我说的是我已经活了一百万年……

问：可那就是一种洞见。

克：不。我不会那么轻易就承认那是洞见（笑）。

问：好吧，我这样来表达：那是一种远远超越了知识的东西。

克：不，你没领会我说的重点。我的大脑已经活了一百万年。它经历了所有的事情，它做过佛教徒、印度教徒、基督教徒、穆斯林，它做过各种东西，但它的核心依然如故。然后有个人过来说，瞧，存在一个基础，它真是……了不起！那么我要退回到我所知道的那些，比如，宗教等当中去吗？我摒弃了那一切，因为我说那些我都经历过了，到最后它们对我而言全都只是灰烬。

博姆：嗯，所有那些东西都是企图借助思想来建立一个显而易见的基础。看起来人们是借助知识和思想，建立了他们自以为的基础。可那并不是真正的基础。

克：那不是。因为人在上面已经花了一百万年。

博姆：只要知识进入了那个基础，它就必然是假的？

克：当然。那么，那个基础和人心之间有没有关系呢？在提出这个问题的同时，我也发觉了这样一个问题所隐藏的危险。

博姆：嗯，你也许会树立一种幻觉，就跟我们之前经历过的一模一样。

克：是的。我们之前已经弹奏过那首曲子了。

问：你是说，那份关系不能由你来建立，而是它必须自己到来？

克：我正在问这个问题。不，也许必须由我来建立一种关系。我的心现在处于一种不会接受任何东西的状态。我的心说，那一切我之前都经历过了。我受过苦，我寻找过，我审视过，我探究过，我跟对这类事情很精通的人一起生活过。

所以我在问这个问题，同时也充分意识到它潜藏的危险，就像当印度教徒说神就在你心中、梵就在你心中一样，那可真是个美妙的想法！但是那一切我都经历过了。

所以我问，人心与那个基础是不是没关系，如果只有一个单向的通道，由它到我……

博姆：无疑那就像是上帝的恩典了，那也是你发明出来的。

克：那个我是不会接受的。

博姆：你不说关系是单向的，你也不说它"不是"单向的。

克：也许。我不知道。

博姆：你什么也不说。

克：我什么也没说。我"想要"的只是爆掉那个中心。你明白吗？让那个中心不复存在。因为我看清了那个中心是所有伤害、所有神经质的结论、所有幻觉、所有辛劳、所有努力、所有苦难的根源——一切都源自那个核心。一百万年过后，我还是没能除掉它，它并没有消失。所以说究竟有没有关系呢？善与恶之间有什么关系吗？考虑一下。没有关系。

博姆：那取决于你说的关系是什么意思。

克：联系，接触，沟通，在同一个房间里……

博姆：……来自同一个根源。

克：是的。

问：但是那样的话，我们是不是就会说，既存在善也存在恶？

克：不，不。我们来用另一个词："整体"和"非整体"。这并不是一个"概念"。那么，两者之间有关系吗？显然没有。

博姆：没错，如果你说在某种意义上那个中心只是一个幻觉的话。幻觉是无法与真相产生关系的，因为幻觉的内容与真实的东西无关。

克：就是这样。你瞧，这是一个了不起的发现。我想要与那个东西建立起关系。"想要"：我在用便捷的词语来传达某些意思。这个微不足道的小东西想要与那种无限建立关系。它办不到。

博姆：是的，不只是因为那个东西的无限，而且因为事实上这个东西并不真实。

克：是的。

问：可是我并不明白这一点。他说那个中心并不真实，但我看不出那个中心是不真实的。

博姆："不真实"的意思是，并不是真的，而是个幻觉。我是说，某种东西在起作用，但它并不是我们所知道的内容。

克：这点你明白了吗？

问：你说那个中心必须爆破。它没有爆破，是因为我没看到它的虚假。

克：不。你没领会我的意思。我已经活了一百万年，我做过了所有这些事。可到最后我还是回到了起点。

问：所以你说那个中心必须爆破。

克：不，不，不。心说这个中心真是太过狭隘了，而它对此完全无能为力……它祈祷过，它做了所有的尝试，但那个中心依然健在。然后有个人告诉我存在这样一个基础，于是我想与它建立起关系。

问：他告诉我存在这样东西，也说了那个中心是个幻觉。

博姆：等一下，太快了。

克：不，等一下。我知道它就在那里。随便你管它叫什么，幻觉、真相、固定物——无论叫什么，它就在那里。而心说这还不够，它想捕获那个东西，想与它建立关系。然后那个东西说："抱歉，你无法与我建立关系。"仅此而已！

问：那颗想与那个东西建立联系、建立关系的心，还是同一颗心，也就是"我"吗？

克：不要走岔了，拜托。有些东西你没领会。这些我都经历过了，我都知道，我可以跟你来来回回地论证。我有一百万年的经验，而这给了我一定的能力。然后我意识到在这一切的末尾，我和真理之间还是没有关系。而这对我来说是一种无比强烈的震撼。那就像是你把我打晕了，因为我一百万年的经验一直在说去追求它、寻找它，为它祈祷，为它奋斗，为它呐喊，为它牺牲。这些我都做过了。然后突然有人指出我无法与那个东西建立关系。我流过泪，离开了家人，我为它抛弃了"一切"。可是"那个东西"说："没有关系。"然后我会怎样？这就是我想说明的。你明白我说的意思吗？我身上发生了什么？——对于一颗一直那样生活、为了寻找那样东西做了一切尝试的心，当那个东西说："你与我没有关系。"这是最不可思议的事了……

问：那对"我"是一种巨大的震撼，如果你那么说的话。

克：对你来说是这样的吗？

问：我想曾经是的，然后……

克：不要！我在问你，发现你的大脑、你的心、你的知识毫无价值，这对你来说是一种打击吗？你所有的研究，你所有的努力，你数年来、数个世纪以来积累的一切，都彻头彻尾地毫无意义？美德、禁欲、控制，一切——到了最后，你说它们统统毫无价值！你明白这会对你产生什么作用吗？你不明白。

博姆：我的意思是，如果这所有的东西都不在了，那它们就不会产生什么影响了。

克：没错，你没有关系。你做过什么、没做什么，完全没有任何价值。

博姆：在最根本的层面上没有价值。它有相对的价值，只在某个特定框架内有相对的价值，而它本身是没有价值的。

克：是的，思想有相对的价值。

博姆：但总的来说那个框架没有价值。

克：没错。那个基础说："你在世上所做的一切都没有意义。"这是一个观念吗？还是一个事实？"观念"的意思是，你告诉了我，可我依然如故，奋争、渴望、探求。还是说，那是一个事实，也就是说，我突然意识到我所做的一切都是徒劳无益的。（长长的停顿）所以我们必须非常小心，以确保这不是一个概念，也不把它诠释成一个概念或者一个观念，而是完完全全地接收到它的冲击！

问：你瞧，克里希那吉，数百年来，或许从人类存在开始，他就一直在追寻他所谓"上帝"，或者那个基础。

克：作为一个概念。

问：但是然后科学心灵出现了，它也说那只是一个概念，是非常愚蠢的。

克：噢，不！科学心灵说，通过研究物质，我们也许会遇到那个基础。

博姆：是的，有很多人那样认为。有些人甚至还要加上研究大脑，你知道的。

克：是的。那才是研究大脑的目的所在，而不是用枪炮把对方轰出地球。我们说的是"好科学家"，不是那些政府御用的科学家，而是那些说"我们研究物质、大脑之类的东西，是为了探明是否存在某种东西超越了这一切"的科学家。

问：可是很多人，很多科学家会说他们已经找到了那个基础，那个基础是空的，它是空无，它是一种对人类漠不关心的能量。

克：那么，那对他们来说只是个想法呢，还是一个事实，可以影响他们的生活、他们的血液、他们的心灵、他们与世界的关系？

问：我认为那只是个想法而已。

克：那就很抱歉了，那些我早就经历过了。一万年前我就是个科学家了！你明白吗？我早就经历了那一切。如果那只是个想法，我们就可以一起来玩那个游戏了。我可以传球给你，球到了你的场地，然后你再回传给我。我们可以玩儿那个。但我已经结束了那种游戏。

博姆：因为，总的来说，人们关于物质的发现，似乎并没有从内心深刻地影响他们。

克：没错，当然没有。

博姆：你可能认为，如果他们看到了整个宇宙的统一性，他们就会有不一样的行动，但是他们没有。

问：你可以说他们的生活还是受到了一些影响的。你瞧，整个共产主义的信条就是建立在观念之上的，他们以为那是事实，可无论那是什么，都不过是一个物质过程罢了，本质上是虚无的。于是人们必须得依照那些辩证法的原则去组织他们的生活和社会。

克：不，不，辩证法的原则是一些相互对立的观点——人们希望借助观点去发现真相。

博姆：我认为我们应该先把这些放在一边。"辩证法"这个词的含义也有不同的看待方式——它也意味着把现实看作变动的活动，不把事物看成固定的，而是从运动和相互联系的角度来看待它们。但是我认为你可以说，无论人们用何种方式来看待，在他们看到这种统一性后，也没有从根本上改变他们的生活。在俄国，即使没有变得更糟，也和其他地方一样固守着同样的心智结构。无论人们在何处进行了这种尝试，都没有从根本上真正影响他们的感受方式和思维方式，还有生活方式。

问：你瞧，我刚才想说的是，否定掉对那个基础的追寻，对人们并没有产生任何震撼性的影响。

克：不！我对那些不感兴趣。发现这个真相，给了我极大的震撼：所有的教会、祈祷、书籍都完全没有意义，除了我们如何才能建立一个更好的社会等。

博姆：如果我们能够把这一步有序地实现，那就会有巨大的意义——建立一个美好的社会。但是，只要那个中心依然是无序的，我们就无法让那种意义正确地发挥作用。我想更准确的说法是，这一切当中有着某种潜在的巨大意义。但是那种意义无法影响那个中心，也没有任何迹象表明它曾经影响过。

问：你瞧，我不明白的是，有很多人终其一生也从未追求过那个你所谓"基础"。

克：他们不感兴趣。

问：哦，我不那么确定。你会怎么接近这样一个人呢？

克：我对接近任何人都不感兴趣。我做的所有工作——我所做的一切——那个基础都说是毫无价值的。如果我能丢下那一切，我的心就成了那个基础。然后我从"那里"出发去行动，我从"那里"出发去创建社会。抱歉！

博姆：我想你可以说，只要你还在借助知识这个手段去某处寻找那个基础，那么你就挡在了路上。

克：那么回到现实中来，人为什么要这么做呢？

博姆：做什么？

克：积累知识。除了在某些领域需要拥有知识以外，为什么这副知识的重担持续存在了这么久？

博姆：因为从某个角度讲，人类一直试图通过知识来建立一个坚实的基础。知识曾试图建立一个基础。这就是实际发生的情况之一。

克：那意味着什么呢？

博姆：那还是意味着幻觉。

克：意味着圣人、哲学家来教导我——在知识中，并且通过知识——来找到那个基础。

博姆：通过运用知识来创建一个基础。

问：你瞧，从某种意义上讲，过去有过很多个时期人类是困在迷信当中的。而知识是有助于消除那种状况的。

克：噢，不。

问：一定程度上是的。

克：知识只会妨碍我看见真理。我坚持这一点。它没有清除我心中的幻觉。知识本身也许就是幻觉。

问：也许是，但它也的确清除了某些幻觉。

克：我想清除我们抱持的所有幻觉，而不只是其中一些。我除掉了我关于国家主义的幻觉，我除掉了关于信仰、嫉妒、这个和那个的幻觉。到最后，我意识到我的心就是个幻觉。你瞧，对我来说，在活在一千年之后，发现这一切都彻头彻尾地毫无价值，真是一件了不起的大事。

博姆：当你说你已经活了一千年，或者一百万年，你的意思是不是，在某种意义上，人类的所有经验都是……

克：……就是我。

博姆：就是我。你是这么感觉的吗？

克：是的。

博姆：你又是如何感受到它的呢？

克：我们是如何感受任何一件事情的呢？等一下。我会告诉你的。这并不是同情或者同理心，也不是一件我想得到的东西，它是一个**事实**，一个绝对的、不可改变的事实。

博姆：我们有没有可能分享那份感受呢？你瞧，这似乎就是缺失的那一步了，因为你反复说过很多次，说这是整件事情中非常重要的一部分。

克：也就是说，当你爱一个人时，是没有"我"的——那才是爱。同样，当我说我就是全人类，事实就是如此；这不是一个想法，也不是一个结论，而是我的一部分。

博姆：我们可以说那是这样一种感觉：我经历了那一切，你描述的那一切。

克：是人类经历了那一切。

博姆：如果别人经历了那些，那么我也经历了那些。

克：当然。我们没有意识到这一点。

博姆：没意识到，我们把自己分离了开来。

克：如果我们承认我们的大脑并不是我个人特有的大脑，而是经过千百年进化而来的大脑……

博姆：我们可以说为什么这一点不那么容易交流：每个人都觉

得他大脑的内容在某种程度上是个人的，**他**并没有经历那一切。比如说，几千年前有个人详细探究了科学或者哲学。而那又是如何影响我的呢？这一点并不清楚。

克：因为我困在了这个自我中心的、狭小的牢房里，拒绝去看外面。但是你作为一个科学家、一个宗教人士，过来告诉我说，你的大脑就是全人类的大脑。

博姆：是的，而且所有的知识都是全人类的知识。所以从某种意义上来说，我们就拥有了所有的知识。

克：当然。

博姆：尽管不那么具体。

克：所以你告诉了我那些，然后我明白了你的意思，不是从字面上、道理上理解了，而是明白了事实的确如此。但是，只有当我放弃了各种世俗的东西，比如，国籍的划分之类的东西，我才能领会那些。

博姆：是的，放弃了分别，我们才能看清经验是属于全人类的。

克：这一点是如此显而易见。你去到印度最原始的村庄，那里的农夫会告诉你他所有的问题，他的妻子、孩子，还有贫穷。那里的情况和别处完全一样，只不过他穿着不一样的衣服、裤子、和服，或者随便什么衣服罢了！对"甲"来说，这是一个无可争议的事实：事实的确如此。

他说，好吧，在这一切的末尾，在过了这么多年之后，我突然发现这一切都是一场空。你瞧，我们不肯接受这一点，我们都太聪明了。我们是如此之深地浸淫在争执、辩论和知识当中。我们看不到一个简单的事实，我们拒绝看到它。然后"甲"过来说："看到它，它就在那里。"然后思想机制立刻运转起来说：证明它。然后他们说："保持安静。"于是我就去练习安静！我已经这么做了一千年。这完全是条死胡同。

所以只有一件事，那就是发现我所做的一切都毫无用处——都是灰烬！你瞧，这并不会令人沮丧。这正是它的美妙之处。我想这就像凤凰一样。

博姆：从灰烬中重生。

克：诞生于灰烬之中。

博姆：从某种意义上讲，摆脱了那一切，就是自由。

克：某种全新的东西诞生了。

博姆：嗯，你之前说过，心就是那个基础，就是未知。

克：那颗心吗？是的。但不是这颗心。

博姆：在那种情形下，它已经不再是同一颗心了。

克：如果我穿过了那一切，然后来到了这一步，也就是必须了结那一切，此时它就已经是一颗崭新的心灵了。

博姆：这一点清楚了。心就是它的内容，内容就是知识，而没有了那些知识，它就是一颗崭新的心灵了。

# 第六章

## 洞见能否带来脑细胞的突变？

### 1980 年 4 月 15 日，美国加利福尼亚，欧亥

大卫·博姆：你曾经说过洞见会改变脑细胞，我想知道我们能否探讨一下这个问题？

吉度·克里希那穆提：大脑鉴于自身的构成方式，一直是沿着一个方向运转的：记忆、经验、知识。它一直在那个领域中最大限度地运转着，而大多数人对此都感到满意。

博姆：嗯，他们不知道任何别的东西。

克：而且，他们也把知识放在了无比重要的位置上。如果一个人关心根本的转变，那他要从哪里开始呢？比如，某"甲"觉得自己一直在沿着人类设定的某个特定方向前进。他往那里走了一个又一个世纪，然后他问自己，什么是彻底转变，它存在于环境中还是人际关系中，它是不是一种完全不在知识范畴内的爱。要从哪里开始呢？你明白我的问题吗？除非内在这里，我的内心里发生某种突变……大脑，我可能"以为"自己改变了，但那只是一种表面的改变，而非一种深刻的改变。

博姆：是的。这里隐含的意思是，事情的现状不仅仅牵涉心灵，还牵涉神经系统和身体。一切都被设定在了某个特定的方向上。

克：当然。那就是我的意思，整个活动都被设定在了某个特定的方向上。然后循着那个模式，我可以修改、调整、美化得多一点、少一点，诸如此类。然而，如果一个人关心的是根本的改变，他要从哪里开始呢？就像我们前几天所说的，我们一直依赖环境或者社会以及各种戒律来改变我们，但我认为这些都在同一个方向上。

博姆：由于这些在一定程度上都来源于心灵和身体被设定的那个方向，所以它们不会改变任何东西。有一整个结构嵌入了大脑中、身体中、整个社会之中。

克：是的，是的。那我该怎么办呢？"甲"该怎么办呢？而在问出这个问题的同时，又有什么可改变的呢？

博姆：你说"有什么可改变的"，这究竟是什么意思呢？需要得到改变的是什么吗？

克：是的，这两个问题都包括在内：有什么需要得到改变的，又有什么可改变的？总的来说就是，有什么要改变的？"甲"发现沿着这条路，他可以改变某些东西，但若要远远超越那些，他该怎么办呢？我相信人是问过这个问题的。你肯定问过。但是显然突变并没有发生。那么"甲"该怎么办？他意识到了一场彻底的革命、内心革命的必要性。他洞察到他改变得再多，也还是同一种东西在延续，他向自己内心探询得再多，那份探询依然是老一套，凡此种种。所以，除非"甲"找到一条改变大脑本身的出路，否则有什么要改变的吗？

博姆：可是什么能改变大脑呢？

克：就是这样。大脑已经被设定在某个模式中几千年了！我认为已经不再是"我应该改变什么"的问题了，迫在眉睫的是我得改变。

博姆：所以说我们都同意必须发生改变，但问题依然是：大脑如何才能改变呢？

克：一个人必须走到这一步才行。如果这个问题提给你这个科学家，或者作为一个参与科学研究的人，你会如何回答呢？

博姆：我认为科学无法解决这个问题，因为它走得还不够深入。它的探究无法深入大脑的结构中去。关于大脑和心灵的关系，也有很多问题被提了出来，科学目前还无法解决。有些人会说超越大脑之外一无所有……

克：……完全是物质的，那些我都了解。

博姆：如果不是物质的，那科学暂时就没什么发言权了。可能有些人会做些尝试，但总的来说，科学在处理物质问题方面一直是极其成功、极其系统的。在其他领域的任何尝试都不甚了了。

克：于是你告诉"甲"，洞见可以改变脑细胞，等等。对此我直接的回应就是：如何才能做到呢？每个人都会这么问。这不是一个信念问题，也不是从一个模式换到另一个模式的问题。所以你让我没有了任何方向，对吗？你没有留给我可以穿透这个问题的任何工具。

博姆：除了在提出那个问题时，你"暗示"了存在某种超越大脑的东西，是我们不"知道"的。这个说法本身就隐含了洞见在某种程度上是超越大脑之外的，否则它就改变不了大脑。

克：是的。那么我如何才能捕捉到它呢？也许我无法捕捉到它……

博姆：……而是它如何才能出现？你说某种非物质的东西能够影响物质。这就是其中隐含的意思。

克：我不确定。

博姆：我想澄清了这一点会让你的问题变得更明晰。如果你不澄清的话，或多或少会让人觉得困惑。

克：你只告诉我说，洞见会带来改变，会让大脑发生突变。然后，你解释了洞见是什么，它不是渐进式的知识的产物，不是渐进式的时间，也不是一种记忆，你指出，那种洞见也许才是大脑真正的行动。

博姆：好吧，我们换个方式来表达。大脑有很多种活动，其中包括了记忆，以及你刚才提到的所有那些活动。此外，还有一种更为内在的活动，但它依然是大脑的活动。

克：那样就还是一回事。

博姆：你瞧，这么说，意思似乎还是不太清楚。

克：是的。我们必须非常清楚它不是渐进式的知识的产物，也并非来自意志力的运用。

博姆：同意。我想人们通常能明白洞见发生于电光石火之间，而非来自意志力。那些认真思考过这个问题的人能明白这一点。同时，化学反应、药物可能也无法带来洞见。

克：我想大部分关心这个问题的人都能明白这一点。但是我，也就是"甲"，如何才能拥有这份洞见呢？我明白了你的逻辑，也明白了你的道理。

博姆：在一定程度上，这个问题可能会让人们觉得不安。其中的逻辑是什么，什么会让这种改变发生在大脑中，并不清楚。它是某种超越大脑的东西，还是在大脑更深处的东西？这是问题之一。

克：当然。

博姆：逻辑上并不是很清楚。

提问者：你是说，大脑有一种功能的启动可以置其内容于不顾？

克：是的，不顾及过去，不顾及内容。

博姆：这是一个好问题。大脑有没有一种功能，是独立于其内容而存在的？也就是不受内容制约的，可是这也许依然是一项生理功能呢？

克：我明白。这就是问题所在吗？除了意识及其内容，大脑中有没有一种活动是未被意识所染指的？

博姆：被内容，是的。

克：内容就是意识。

博姆：是的，但有时候你用这个词指的是另外一个意思。有时候你会暗示说可能存在另一种意识。所以如果我们称之为"内容"，会更清楚一些。

克：好的。大脑未被内容所染指的一部分。

博姆：是的，这就意味着大脑是有可能改变的。大脑要么完全被其内容所控制，要么在某种程度上并没有那么受限，而是具有某些……

克：这是一个危险的概念！

博姆：可这就是你说的意思。

克：不。我看到了这个说法的危险，我看到了其中的危险：对自己承认大脑有一部分……

博姆：……一种活动……

克：好的，大脑有一种未被内容所沾染的活动。

博姆：这是一种可能发生的活动。也许是它还没有被唤醒。

克：它还没有被唤醒。没错。

问：但是危险在哪里呢？

克：这非常简单。危险就在于，我承认我内心有上帝，有某种超凡脱俗的东西，某种超越了内容进而对内容产生作用或者无视内容而产生作用的东西。

问：然而是大脑的哪个部分看到了危险呢？

克：让我们慢慢来。大脑的哪个部分看到了危险？当然是内容看到了危险。

问：是吗？

克：噢，是的，因为内容觉察到了它玩的所有把戏。

博姆：这跟很多老把戏是类似的。

克：是的。

博姆：那些把戏我们以前探讨过了——假定内心存在上帝，想象内心存在上帝。这里的危险是显而易见的。

问：可是，看到这个危险之后，大脑能否依然做出那个表述？因为那个表述也许可以指向正确的方向。

博姆：即使那是危险的，也许还是有必要那么做；那样也许就上了正轨。

克：无意识，也是内容的一部分，它可以捕捉到这一点，然后说"是的"——所以它立刻看到了危险。

问：它看到了自己的陷阱。

克：是的，它看到了自设的陷阱，于是它避开了那个陷阱。这就是理性：避开陷阱就是理性。有没有一种活动是完全独立于内容的？那样的话，那种活动还是大脑的一部分吗？

博姆：那是大脑自然的活动吗？大脑中的物质。

克：那是什么意思？

博姆：哦，如果有这样一种自然的活动，它可以用某种方式唤醒，那么那种活动就可以改变大脑了。

克：但是你会说它还是物质吗？

博姆：是的。可能存在不同层次的物质，你瞧。

克：这就是我想探明的。好的。

博姆：但是，你瞧，如果你这么认为的话，就可能存在一种更深层的物质，它是不受内容制约的。例如说，我们知道，总的来说，宇宙中的物质是不受我们大脑内容制约的。可能存在一种更深层的物质并没有受到那样的制约。

克：所以那还是物质，精练的或者"超级的"，无论什么形容词，那应该依然属于内容。

博姆：你为什么这么说呢？你瞧，你得慢慢来。你是说物质就是内容?

克：是的。

博姆：本来就是？但是这一点得说清楚，因为并没有那么显而易见。

克：我们来慢慢澄清这一点。我们来讨论一下。这个问题非常好。思想就是物质。

博姆：哦，好的，思想是内容的一部分，物质过程的一部分。它是否作为物质独立存在，并没有那么清楚。你可以说水是物质，你可以把水从一个杯子倒入另一个杯子，它具有一种独立存在的实质。但是，思想自身是否作为物质独立存在，这点并不清楚，除了和大脑这样的物质在一起的情况，思想可以发生在大脑里。这点清楚了吗？

克：我不太明白。

博姆：如果你说水是物质，这很清楚。那么，如果你说思想是物质，那么思想就必须具备类似的独立存在的实质。你可以说空气是物质，对吗？或者水是物质。而波并不是物质，它们只是一个发生在物质中的过程。这个清楚了吗？

克：是的。波是一个发生在物质中的过程。

博姆：一个物质过程。思想是物质，还是一个发生在物质中的过程呢？

问：我能否问一下，电被认为是物质吗？

博姆：目前的看法是，由于存在着电子，它是物质，但它也是一种物质运动，是一个过程。

问：所以它同时是两种东西。

博姆：哦，你可以产生电波，等等。

问：波应该是物质，但电子运动不是。

博姆：电子运动就像波一样，只不过电是由粒子组成的。

克：我们现在问的是什么问题呢？

博姆：思想是一种物质，还是，它是另外的某种物质中，比如，大脑中的一个过程？

克：它是大脑中的物质过程。

博姆：是的，科学家通常会同意这个说法。

克：我们来紧扣这个问题。

博姆：如果你说它是物质，他们就会觉得很困惑了。

克：我明白。

问：它并不是独立于脑细胞而存在的。它是驻留在大脑里的。

克：也就是说，思想是大脑中的一个物质过程。这应该是对的。那么那个物质过程可能独立存在吗？

博姆：独立于什么？

克：独立于某种并非物质过程的东西。不，等一下。我们必须慢慢来。思想是大脑中的一个物质过程。这点我们都同意了吗？

博姆：是的，关于这点你可以得到非常广泛的共识。

克：那我们的问题就成了：大脑中的那个物质过程能够为自身带来改变吗？

博姆：是的，这就是问题所在了。

克：为它自身。而如果那种物质自身可以发生改变，那就依然是一个物质过程。对吗？

博姆：是的。思想显然始终是一个物质过程。

克：因此那不是洞见。我们必须回到这一点上去。

博姆：好的。那你是说洞见不是一个物质过程。

克：慢慢来。我们必须小心地使用正确的词语。思想是大脑中的一个物质过程，从那个物质过程中生发出来的其他任何活动，都依然是物质过程。

博姆：是的，必定是。

克：好的。那有没有另外一种不是物质过程的活动呢？

博姆：毫无疑问这个问题人们已经问了无数个世纪。物质之外是否存在灵魂？

克：灵魂，圣灵！大脑有没有另一种活动是与物质过程无关的？

博姆：嗯，它不能依赖于物质过程。洞见不能依赖于物质过程，因为那样的话它就只是另一个物质过程罢了。

克：洞见不能依赖于物质过程，也就是思想。

博姆：但是这话你曾经反过来说过，你说物质过程可能会依赖于洞见，可能会被洞见改变。

克：啊，等一下。物质过程依赖于洞见，但洞见不依赖于那个过程。

博姆：那很多人会不明白非物质的东西怎么会影响物质的东西。

克：是的，没错。

博姆：可能大家很容易同意非物质的东西不会被物质所影响，但是然后这个过程是怎么反过来运作的呢？

克：你是怎么认为的？大脑，思想，连同其内容，都是一个物质过程。从中而来的任何活动都依旧是那些的一部分。那么，洞见也是那些的一部分吗？

博姆：我们已经达成了共识，它是独立于那些的，它不可能是其中的一部分。但它依然可以在物质过程中发生作用。这才是最关键的事情。

克：是的，没错。洞见独立于物质过程，但它依然可以对物质过程产生作用。

博姆：我们来稍微探讨一下这点。通常来说，在科学中，如果 A 可以作用于 B，那么通常 B 也会互相作用于 A。我们从来没有发现"A 作用于 B，但 B 从不作用于 A"的情况。

克：我明白，我明白。

博姆：这就是你提出的难点之一。在其他地方我们都找不到这种情况；在人际关系中，如果我可以作用于你，你也可以作用于我，对吗？

克：是的，我们知道人际关系是互动的。

博姆：是的，相互关系。

克：而那些关系中有回应之类的事情发生。然而，如果我对你的作用不加回应，那么我就是独立于你的。

博姆：但是，你瞧，科学通常的发现是，不可能有单方面的作用。

克：没错。所以我们继续坚持认为物质过程必然会与非物质过程产生关系。

博姆：至少是作用。"关系"在这里是个模棱两可的词。如果你说"作用"，会更清楚一些。

克：好吧。物质过程必定能够作用于非物质过程，非物质过程也必然作用于物质过程。

博姆：可是那样就让它们变成一回事了。

克：就是这样！

问：不一定。我们可以设想洞见是一种比大脑的物质过程广大得多的运动，因此这更广大的运动可以作用于小一些的运动，但是小的不能作用于大的。

克：是的，我们说的是一回事。

博姆：小运动对大运动没有显著作用。你可以设想这样一种情形：如果你把一块石头丢入海洋，海洋会把它吞没，却不会有显著的变化。

克：是的。

问：那么它们依然有一种双向的作用，只是其中一种作用更显著而已。

克：不，不是。不要太快就进入那个结论，我们得小心一点儿。爱与恨没有关系。

博姆：这里又出现了"关系"这个词。你会不会，比如，说恨对爱没有作用？

克：它们是独立存在的。

博姆：独立存在，它们对彼此没有作用。

克：啊，发现这一点是一件非常重要的事。爱是独立于恨而存在的。有恨的地方，爱就无法存在。

博姆：是的，它们不能并肩存在、相互作用。

克：它们不能。所以，当科学家们说，如果 A 与 B 有关系，那么 B 必然与 A 有关系，我们在反对这个说法。

博姆：并不是所有的科学家都那么认为，也有一些持相反的观点。我不想引入亚里士多德……

克：引入他好了！

博姆：他说有一个不动的行动者，上帝绝不会为物质所动，他不会受物质影响，但是他会产生作用。你明白吗？这算是一个很古老的观点了。亚里士多德的时代之后，科学就抛出了这个概念，说那是不可能的。

克：如果我能看清爱是独立于恨而存在的，恨就不可能对爱产生作用了。爱也许会对恨产生作用，但只要恨在，爱就不可能存在。

博姆：哦，那是两种可能性了。你说的是哪种？

克：那两种可能性是什么？

博姆：你说一种可能性是爱也许会对恨产生作用，另一种可能性是它们对彼此完全没有作用。

克：是的。

博姆：可究竟是哪一种呢？

克：我明白。不，爱不能对恨产生作用。

博姆：好的，它们没有关系。但是也许洞见可以，你瞧。

克：我们必须对这一点非常清楚才行。暴力和没有暴力是两个完全不同的因素，其中一个不能对另一个产生作用。

博姆：在那种情况下，你可以说其中一个的存在就是另一个的不存在，绝不可能两个共同起作用。

克：没错。

博姆：它们不能同时存在。

克：完全正确。我会坚持这一点。所以，当这个物质过程在运行，另一个就无法存在。

博姆：这里的"另一个"指的是什么？洞见吗？

克：是的。

博姆：这就否定了我们之前说过的内容，那就是洞见会对物质过程产生作用。

克：现在，慢慢来，是的。有了暴力，另一个——我讨厌用"非暴力"这个词——就不在了。

博姆：和平或者和谐？

克：有了暴力，和平便无法存在。但是有了和平，还会有暴力吗？不，当然不会。所以和平是独立于暴力而存在的。

问：你说过很多很多次：智慧是可以对思想产生作用的；洞见可以影响思想，但反之则不然。对此你也给出了很多例子。

克：智慧可以消除愚昧，但愚昧无法染指智慧，对吗？有了爱，恨就绝不会存在。爱能消除恨吗？

博姆：我们说过这似乎是不可能的，因为恨看起来是一个独立存在的力量。

克：当然是的。

博姆：它有自己的动力，你知道的，它自己的力量，它自己的运动。

问：结合之前对洞见的探讨，我就不太明白爱和恨的这种关系了。

博姆：似乎有两个不同的领域。

问：思想是一种运动，而洞见似乎是不动的，一切看起来都止息了，同时它又可以观察到运动。

博姆：这正是我们想说明的一个概念：某种不会被其他任何东西所影响的东西。

问：那你不就是在说，通过考察爱和恨，发现既存在善，也存在恶，而恶是一种完全分开的、独立存在的力量吗？

博姆：嗯，它是独立于善而存在的。

问：但那个过程是发生在头脑中的呢，还是与洞见有关？

博姆：我们就要说到这一点了。

问：就拿光明和黑暗来说。光明出现，黑暗就消失了。

博姆：善与恶，爱与恨，光明与黑暗——当其中一个在，另一个就不可能存在，你知道的。我们目前所说的就是这些。

问：你是说在单个的大脑中吗？

博姆：在任何一个大脑中，是的，或者在任何一个组织中，或者其他任何地方。只要一个组织内部有恨发生，就不会有爱存在。

克：我刚刚想到了一件事。爱没有原因，恨有原因。洞见没有原因。物质过程，比如思想，是有个原因的。对吗？

博姆：是的，它是因果链条的一部分。

克：没有原因的东西究竟能不能作用于有原因的东西呢？

博姆：也许会。没有原因的东西为何不能作用于有原因的东西，我们找不到任何理由。没有明显的理由。反之则不然。有原因的东西是不能作用于没有原因的东西的，因为否则的话这个说法就不成立了。

克：没错。但是显然洞见的行动对物质过程会产生一种非同寻常的影响。

博姆：它也许会，比如说，消除一些原因。

克：由于洞见是没有原因的，所以它会对有原因的东西产生明确的影响。

博姆：哦，不一定就有这样的结果，但那是可能的。

克：不，不是，我没有说那是可能的。

博姆：我是说，为什么一定会这样，我们并没有看得很明白。当我们说"可能"这个词的时候，并没有什么矛盾。

克：好吧，我明白了。只要我们清楚"可能"这个词的意思。我们必须很小心。爱是没有原因的，而恨有个原因。这两者无法共存。

博姆：是的，确实如此。这就说明了为什么爱和洞见之间是有区别的。这也说明了为什么如果某种东西没有原因，它不一定会对有原因的东西产生作用。这就是我想说的意思。

克：我还想探索得更深入一点儿。爱是洞见吗？

博姆：就我们目前看来，两者不是一回事。爱和洞见并不是等同的，对吗？不完全是一回事。

克：为什么？

博姆：洞见也许是爱，但是你瞧，洞见也是发生在电光石火间的。

克：毫无疑问它是一道闪光。而这道闪光就改变了整个模式，对它产生作用，可以利用那个模式，用来论证、推理、使用逻辑，诸如此类。我不知道我有没有表达清楚。

博姆：我认为一旦那道闪光发挥了作用，模式就不同了，进而就会变得理性。那道闪光让理性成为可能，因为在此之前你可能是糊涂的。

克：对，是的！亚里士多德可能就是通过逻辑得出了这一切。

博姆：哦，他可能拥有的是某种洞见！我们不知道。

克：我们不知道，但我在对此提出疑问。

博姆：我们真的不知道他的心智是如何运作的，因为只有不多几本书幸存了下来。

克：通过读这些书，你就能知道他拥有了洞见吗？

博姆：我实际上并没有直接读过亚里士多德的书；很少有人读过，因为太难懂了。大多数人读的是其他人对亚里士多德的评论。他的一些说法是人所共知的，比如，"不动的行动者"。而且至少他说过一些说明他很智慧的话。

克：我想说的是，洞见绝不会是局部的；我说的是整体的而非局部的洞见。

问：克里希那吉①，你能否解释一下这一点？你说的"非局部"的洞见是什么意思？

克：艺术家可以拥有局部的洞见，科学家也可以拥有局部的洞见，但我们说的是整体的洞见。

问：你知道艺术家也是一个人，所以……

克：但他捕捉到的洞见是局部的。

问：它被导向了某种艺术形式。所以你的意思是，它照亮了一个有限的领域或者课题。这就是你所说的"局部的洞见"的含义吗？

克：是的。

问：那什么是整体的洞见呢？它涵盖的是什么呢？

克：整体的人类活动。

博姆：这是一点。但是早前我们问过，这份洞见会不会照亮大脑、大脑的活动。经过那样的照亮，大脑的物质活动似乎就会改变。这么说对吗？我们必须澄清这一点，然后才能提出整体的问题。我们是不是说，洞见是一种能够照亮大脑活动的能量？而且在这样的照耀下，大脑本身就开始有不一样的行动了。

克：你说得非常对，就是这样。这就是实际发生的情况，是的。

---

① 在印度，"吉"用在人名或者称呼之后用来表示尊敬。

博姆：我们说这光亮的源头并不在物质过程当中，它没有原因。

克：没有原因。

博姆：但它是一种真正的能量。

克：它是纯粹的能量。是否存在没有原因的行动？

博姆：是的，也没有时间。原因就隐含了时间。

克：也就是说，这道闪光彻底改变了物质过程设下的模式。

博姆：你会不会说，物质过程通常是在一种黑暗中运行的，所以它让自己走上了错误的道路？

克：在黑暗中，是的。这点很清楚。物质过程在愚昧中、黑暗中运转。而这道洞见的闪光照亮了整个领域，也就是说愚昧和黑暗都被驱散了。我坚持这一点。

博姆：那么，你就可以说，黑暗和光明由于显而易见的原因是无法共存的。然而，光明的存在本身就改变了黑暗的进程。

克：非常对。

问：但又是什么促成了那道闪光呢？

克：我们还没有说到那里。我想一步步地探讨这个问题。之前发生的是，物质过程在黑暗中运转，并且带来了困惑和世上存在的所有混乱。但这道洞见的闪光消除了黑暗。也就是说，物质过程此时不在黑暗中运行了。

博姆：对。但是现在我们来澄清另一点。当那道闪光过去了，光明还继续存在。

克：光明还在那里，闪光就是光明。

博姆：闪光是瞬间发生在某个时刻的，但是随后，因为你是从那里开始行动的，所以光明依然存在。

克：你为什么要把闪光和光明区分开来呢？

博姆：就是因为"闪光"（flash）这个词隐含的意思是在某一刻发生的某种东西。

克：是的。

博姆：你瞧，我们说了洞见只持续存在于那一刻。

克：我们必须慢慢来。

博姆：好吧，这是个用词问题。

克：只是个用词问题吗？

博姆：也许不是，但是如果你用"闪光"这个词，就会类比到闪电，在一瞬间发出光芒，但是随后下一刻你又身处黑暗中了，直到另一道闪电再出现。

克：不是那样的。

博姆：那是怎样的？那就像灯突然亮了然后一直亮着吗？

克：不是。因为当我们说"亮着"或者"熄灭"，我们就是在用时间思考了。

博姆：我们得澄清这一点，因为这是每个人都会问的问题。

克：物质过程在黑暗、时间、知识、愚昧等之中运行着。当洞见发生，就驱散了黑暗。我们说的就是这些。洞见驱散了那黑暗。而思想，这个物质过程，不再运转在黑暗中了。因此那光明改变了——不是，是终结了——愚昧。

博姆：所以我们说这种黑暗实际上是嵌入思想内容中的某种东西。

克：内容就是黑暗。

博姆：没错。然后光明驱散了那愚昧。

克：没错，驱散了内容。

博姆：但我们还是要非常小心，因为我们依然拥有通常意义上的那些"内容"，我们知道各种事情。

克：当然。

博姆：所以我们不能说光明驱散了"所有"内容。

克：它驱散了黑暗的核心。

博姆：是的，黑暗的源头、制造者。

克：也就是自我，对吗？它驱散了黑暗的中心，也就是自我。

博姆：我们可以说自我，即内容的一部分——内容的那部分就是黑暗的中心，是它制造了黑暗并且维持着黑暗——被驱散了。

克：是的，我坚持这一点。

博姆：我们现在可以看到，这就意味着脑细胞中发生了一种生理变化。那个中心，作为中心的那部分内容，是所有脑细胞的一种特定的设置、形式、排列，它以某种方式改变了。

克：显然是的！你瞧，这具有无比重大的意义，对于我们社会中的关系，对于一切。那么，下一个问题就是，这闪光如何才能出现？我们从另一个角度来切入。爱如何才能出现？和平如何才能出现？和平是没有原因的，而暴力有原因。当我的整个生活都布满了因果，那没有原因的东西如何才能出现呢？不，没有"如何"，对吗？"如何"就隐含了原因，所以说没有"如何"。

问：你是说，因为它没有原因，所以它是某种只是存在着的东西？

克：不，我不会说它只是存在着。这是个危险的说法。

问：在某个时候，它必须存在。

克：不，一旦你说它存在，它就不在了。

博姆：你瞧，危险就在于那个说法就是内容的一部分。

克：你提出的问题是关于脑细胞的突变的。那个问题是在一系列讨论之后提出的。而我们已经来到了这一步：我们说那道闪光、那光明没有原因，那光明作用于有原因的东西，也就是黑暗。只要自我还在，那黑暗就存在，自我是那黑暗的始作俑者，但光明恰恰驱散了黑暗的中心。仅此而已。我们来到了这一步，于是发生了一种突变。然后我说，"我如何才能得到那洞见的闪光"，"它如何才能发生"，是错误的问题。没有"如何"。

问：没有"如何"，但是黑暗确实存在，光明也存在。

克：先来看看没有"如何"。如果你告诉我如何做到，你就回到了黑暗中。对吗？

博姆：是的。

克：理解这一点，真是一件了不起的事。我会问另一件事，也就是：为什么我们完全没有洞见？为什么这份洞见没有从我们童年时就开始发生？

博姆：哦，因为一贯的生活方式……

克：不，我想搞清楚。是因为我们受的教育吗？因为我们的社会吗？我不相信仅此而已。你明白吗？

博姆：那你是怎么认为的呢？

克：是不是还有别的因素？我在探索这个问题。我们为什么没有它？它看起来是那么自然的一样东西。

博姆：首先，我们会说有某种东西在干扰它。

克：但它看起来是那么自然。对"甲"来说，它非常自然。为什么不是对所有人来说都那么自然呢？为什么它就不可能呢？如果我们谈论阻碍、教育等，那些都属于因果的范畴，然后想除掉障碍又隐含了另一个原因。所以我们一直在那个方向上循环。这一切里面都有一种很不自然的味道。

问：如果你说存在障碍……

克：我不想用那些说法，那是黑暗中的语言。

问：那你可以说，是那些障碍阻碍了洞见发挥作用。

克：当然。但我想离开那些障碍。

博姆："障碍"并不确切，我们用的词是"黑暗的中心"，我们说是它在维持着黑暗。

克：为什么不能每个人都自然而然地拥有这份洞见呢？

博姆：这就是症结所在了。

克：为什么爱对每个人来说不是一件自然的事情呢？我的问题表达清楚了吗？

博姆：我想需要把它说得更清楚些，有些人可能会认为它对所有人来说都是自然的，但在被以某种方式对待之后，他们就逐渐被困在恨当中了。

克：我不相信是那样的。

博姆：那你就得假设小孩子遇到仇恨不会用恨来回应了。

克：是的，没错。

博姆：大多数人都会认为小孩子以恨还恨是很自然的事。

克：是的，今天早上我听到这个说法了。然后我问自己，为什么会这样？现在，请等一下。"甲"曾经被置于各种此类的环境之下，本应会造成障碍的，但"甲"并没有被它们所沾染。这为什么就不可能发生在每个人身上呢？

博姆：我们得说清楚，为什么我们认为不以恨还恨是一件自然的事。

克：好吧，先把话题圈定在这里。

博姆：甚至是在一个人并没有思考过这件事的时候。你知道，孩子是没有能力思考这些的。有些人会说这是本能，动物本能……

克：……也就是恨的本能。

博姆：还有，去反击。

克：去反击。

博姆：动物也会用爱来回应，如果你待他以爱的话，但是如果你用恨来对待他，他就会反击。

克：当然。

博姆：他会变得凶狠异常。

克：是的。

博姆：那么，有些人就会说，人类一开始就像那个动物一样，到后来他才有所领悟。

克：当然。也就是说，人类的出身是具有动物性的，而动物就是猿类或者狼……

博姆：狼也会以爱来回应。

克：而我们说的是，为什么……

博姆：瞧，几乎每个人都觉得我说的是对的，那就是当我们还是小孩子的时候，我们很像动物。而你现在问，为什么所有的小孩子不能直接就不再以恨还恨呢？

克：也就是说那是父母的错喽？

博姆：你隐含的意思是，并不完全是那样的。肯定还有某种更深层的东西。

克：是的，我认为还有另一种截然不同的东西。我想捕捉到它。

博姆：那应该是一种很重要的东西。

克：我们怎样来把它探明呢？我们来个洞见吧！我觉得还有某种完全不同的东西。我们是从因果观的角度来解决这个问题的。人的起源并不是动物，这样说对吗？

博姆：哦，这个不清楚。目前进化论的观点是，一开始是猿类在进步，你可以循着那条脉络找到什么时候他们开始变得越来越像人类的。而当你说人的起源并不是动物，这点并不清楚。

克：如果人的起源是动物，那么那种本能就是很自然的事了，然后又得到了高度的培养。

博姆：是的，那种本能就是原因和结果。

克：原因和结果，然后它就变成了一件自然的事。但是有个人过来问："是这样的吗？"

博姆：我们来试着把这一点搞清楚。

克：我的意思是，科学家和历史学家说过人类是起源于猿类的，而就像所有的动物对爱和恨做出的反应一样，我们人类直接的反应也是以恨还恨。

博姆：反之亦然，以爱还爱。

克：一开始有些人，有五六个人从不以恨还恨，因为他们有爱。然后那几个人当中有那么一两个，把这种东西也植入了人心当中，对吗？那就是，只要有爱，就不会有恨。那也是我们遗传的一部分。那为什么我们培养了以恨还恨的反应呢？我们为什么没有培养另一个？噢，另一个——爱——是无法培养的东西。

博姆：它是没有原因的。培养是依赖于原因的。

克：依赖于思想的。那我们为什么丢失了另一个呢？我们用思想非常精心地培育了以恨还恨、以暴制暴的观念，等等。我们为什么没有沿着另一条路走呢？沿着爱，这个没有原因的东西？你明白我的问题吗？

博姆：明白。

克：这是个无效的问题吗？

博姆：我看不到任何往下推进的路。

克：我没打算往下推进。

博姆：我们得弄明白是什么让人以恨还恨的……

克：对"甲"来说，另一个看起来是那么自然。所以，如果那对他来说如此自然，为什么对其他每个人来说就不自然了呢？对其他人来说也一定是自然的！你知道有个古老的理念，可能如今依然存在于犹太教和印度宗教等之中，那就是，至高无上者的示现偶尔会发生。这听起来是个太轻描淡写的解释了。是人类走错了方向吗？是我们转错了弯吗？

博姆：是的，这个我们之前探讨过了，是转错了一个弯。

克：以恨还恨，以暴制暴，诸如此类。

博姆：还有赋予了知识至高无上的价值。

问：难道不是还有另一个因素，那就是企图培养爱的概念吗？各个宗教的目的一直都是造就爱和更好的人类。

克：不要再去讲那些了。爱没有原因，它无法培养。到此为止。

问：是的，但心并没有看到这一点。

克：可是那些我们都解释过了。我想搞清楚，如果对"甲"来说很自然，为什么对其他人来说就不自然。我想这是一个有效的问题。

博姆：还有一点是说，你可以看到以恨还恨完全没有意义。那我们为什么还继续这么做呢？因为很多人相信，在那一刻他们是在用恨来保护自己的，但那根本不是保护。

克：但是先回到那个问题上，我认为它是成立的。A、B、C是生来就没有因果的，而甲、乙、丙是困在因果中的。为什么？你明白吗？那是少数人、精英的特权吗？不，不是。我们换个角度来看。甲、乙、丙的心是全人类的心，我们讲过这些了。人类的心一直是以恨还恨、以暴制暴、以知识应对知识的。而 A、B、C 也是人类的一部分，不像甲、乙、丙那样以恨还恨！他们也是甲、乙、丙意识的一部分，那一切的一部分。

博姆：为什么会有这种不同？

克：这就是我在问的。一个是自然的，另一个是不自然的。为什么会有这种不同？是谁在问这个问题？甲、乙、丙以恨还恨，是他们在问这个问题吗？还是 A、B、C 在问这个问题？

问：似乎是 A、B、C 在问。

博姆：是的，但你瞧我们刚刚也说了他们是不一样的。我们说他们**确实**不一样，但同时他们也**没有**什么不同。

克：当然。他们没什么不同。

博姆：只有一颗心。

克：就是这样，同一颗心。

博姆：是的，那这同一颗心的另一部分怎么会说"不"呢？

克：这就是整个症结所在了。心的一部分怎么会说我们和别人不一样呢？当然，存在各种各样的解释，到最后我就剩下这个事实了：A、B、C 和甲、乙、丙不一样。而那些是事实，对吗？

问：他们看起来是不一样的。

克：噢，不。

问：他们实际上就是不一样的。

克：绝对是这样的，不仅仅是表面上看起来。

博姆：我认为我们想回过去探讨的是，为什么那些培养恨的人说他们和那些不培养恨的人不一样？

克：他们会那么说吗？

博姆：我想是的，至少他们会承认，如果有人没有培养恨，他们肯定是不一样的。

克：是的，这个很清楚——光明与黑暗，诸如此类。但我想搞清楚我们是不是走在了正确的方向上。也就是，A、B、C 给了我那份礼物，而我没有带着那份礼物。你明白我的意思吗？我带着的是另一个。为什么呢？如果父亲是以恨还恨的，那儿子为什么不用同样的方式来应对呢？

博姆：我想那就是一个洞见的问题了。

克：也就是说，儿子从一开始就有了洞见。你明白我说的意思吗？从小就有，那是什么意思呢？

博姆：什么意思？

克：我还不想进入这个危险的领域！

博姆：那是什么呢？也许你想暂时放下这个话题。

克：这里还缺少了一个因素，我想捕捉到它。你瞧，如果那只是一个例外，那就太愚蠢了。

博姆：好的。那我们同意这个东西在所有人类身上都处于休眠状态。这是你想说的意思吗？

克：我不太确定那就是我想说的意思。

博姆：但我的意思是，那个因素存在于所有人类身上。

克：这也是一个危险的说法。

博姆：可那就是你说的意思。

克：我知道，但是我在质疑。当我非常确定的时候，我会告诉你的（笑）。

博姆：好吧。我们尝试过这个说法，我们可以说，这个说法看起来前景很好，但是有点儿危险。这种可能性存在于所有人类身上，至少有些人见证了它。

克：也就是说上帝在你心中？

博姆：不，只是存在洞见的可能性。

克：是的，一定程度上是这样的。我在质疑这一切。父亲以恨还恨，儿子却不这样。

博姆：这种事情不时会发生。

克：不，从一开始就一直是这样的。为什么？

博姆：那肯定是取决于洞见的，洞见表明了恨的毫无裨益。

克：为什么那个人就没有恨呢？

博姆：是的，为什么？

克：如果这对他来说再自然不过了，那为什么不是对每个人来说都很自然呢？就像水对每个人来说都是很自然的一样。

博姆：嗯，为什么不是每个人一开始就有洞见呢？

克：是的，这就是我在问的。

博姆：那洞见如此强烈，以致哪怕是虐待也不会影响它。

克：没有任何东西可以影响它。这就是我想说的意思。虐待、殴打、被置于各种可怕的境地，都没有影响它。为什么？我们就要得出些什么了。

# 第七章

## 死亡意义甚微

### 1980 年 4 月 17 日，美国加利福尼亚，欧亥

吉度·克里希那穆提：我们可否从上次停下的地方开始探讨？我们是不是说到了，人类的行为依然带着动物的本能？

大卫·博姆：是的，而且似乎动物本能凭借其强度和速度取得了压倒性的优势，特别是在小孩子身上。也许用动物本能来回应，只有对他们来说是自然的。

克：那就意味着，过了一百万年之后，我们依然像我们的祖先一样凭借本能在活动。

博姆：在某种程度上是的。可能我们的行为也被思想弄复杂了，动物本能现在和思想搅在了一起，在某种程度上正变得越来越糟了。

克：糟糕太多了。

博姆：因为所有这些恨的本能如今已经被思想所指挥、所维系，于是它们变得更加难以察觉、更加危险了。

克：而且，这么多世纪以来，我们从没找到一条路、一个方法、一个体系——某种能让我们脱离那条轨道的东西。是这样吗？

博姆：是的。困难之一无疑就在于，当人们开始对彼此感到愤怒时，他们的愤怒会增强，而他们似乎对此完全无能为力。他们也许试

图控制它，但是那行不通。

克：正如我们之前所说，有个人——"甲"——他自然的行为方式就是不基于动物本能做出回应。这样的洞见在人类社会中有什么地位吗？完全没有吗？

博姆：在如今的社会中，它是无法被接纳的，因为社会的组织是基于这个假设的：痛苦、快乐和恐惧会占据统治地位，除非你能控制它们。你可以说，友善也是一种动物本能，因为人们变得友善是出于本能的原因。可能他们变成敌人也是出于类似的原因。

所以我想有些人会说，我们应该保持理性，而不是保持本能。在18世纪有一段时期，也就是"理性时期"，那时他们说人可以是理性的，可以选择保持理性，以期为各处带来和谐。

克：但是人并没有做到！

博姆：对，事情还变得更糟了，导致了法国大革命，导致了恐怖时期，等等。所以在那之后，人们对理性作为实现什么目标或者脱离冲突的手段，就没那么大信心了。

克：那么这把我们带到了哪里呢？我们之前实际上谈的是会真正改变大脑本身性质的洞见。

博姆：是的，通过驱散大脑中的黑暗，洞见就能允许大脑以崭新的方式运转了。

克：思想一直在黑暗中运作，制造了它自身的黑暗，并在其中运转。而洞见，如我们所说，就像打破了黑暗的闪光。那么，当那份洞见清除了黑暗，人是不是就会理性地行动或者运转了？

博姆：是的，那样人就会理性地运作，借助觉知，而不只是借助规矩和道理。但那时会有一种自由流动的理性。你瞧，有些人把理性定义为某些机械的逻辑规则。但是还可以有一种作为对秩序的觉知而存在的理性。

克：所以我们说，洞见就是觉知，是吗？

博姆：它是让觉知成为可能的闪光。

克：对，就是这样。

博姆：它要比觉知更为根本。

克：所以洞见是纯然的觉知，从那份觉知中就会有行动，而行动会受到理性的支撑。是这样吗？

博姆：是的。

克：那就对了。

博姆：而理性是对秩序的觉知。

克：所以你会不会说，那就有了洞见、觉知和秩序？

博姆：是的。

克：但那种秩序不是机械的，因为它不是基于逻辑的。

博姆：没有规则。

克：没有规则。我们这么来表达：它要更好一些。这种秩序不是基于规则的。这就意味着有了洞见、觉知、行动、秩序。然后你就会遇到这个问题：洞见是持续的，还是瞬间闪现的？

博姆：那个问题我们探讨过了，并且认为那是一个错误的问题，所以也许我们可以换个角度来看它。洞见是不受时间限制的。

克：不受时间限制，是的，我们都同意这一点。所以现在我们来探究得更深入一点。我们说过，洞见会消除黑暗，也就是自我的中心，自我制造的黑暗。洞见驱散的正是那个中心。

博姆：是的。有黑暗在，觉知就不可能发生。在某种程度上那就是盲目。

克：对。那然后呢？我是个普通人，有着自己的各种动物本能，还有快乐和痛苦、奖励和惩罚等。我听到了你说的这些，我也看到了你所说的话具有某种道理、逻辑和秩序。

博姆：是的，据我们所见，它是有道理的。

克：它是有道理的。那我如何才能在我的日常生活中拥有它呢？我要如何让它发生呢？你知道这些难以理解的话语，都是受时间局限的。但是那份洞见可能发生吗？

博姆：是的，没有时间，你瞧。

克：有着自己狭隘心灵的人，有没有可能拥有这份洞见，从而打破那种生活模式呢？如我们前几天所说，我们做过了所有这些尝试，试过了各种形式的自我否定，可那份洞见依然没有降临。偶尔会有一点局部的洞见，但那局部的洞见不是完整的洞见，所以局部的黑暗依旧存在。

博姆：那并没有驱散自我的中心。它也许驱散了某个领域中的某些黑暗，但黑暗的源头、缔造者、维系者，依然如故。

克：依然如故。那么，我们该怎么办呢？可这是个错误的问题。这是条死胡同。我们已经说过了那个大体的计划，对吗？而我必须做出行动，或者完全不动。我没有能量，我没有迅速看清它的能力。因为这件事是即刻发生的，而不只是某种我练习然后最终得到的东西。我没有能力，我没有紧迫感，没有迫切性。一切都在跟我作对：我的家庭，我的妻子，社会，一切。难道这意味着我最后不得不出家为僧吗？

博姆：不。出家为僧跟变成别的什么是一回事。

克：没错。成为僧人跟成为商人如出一辙！我看到了这一切，从言语上以及理智上、道理上都明白了，但是我捕捉不到这样东西。探究这个问题还有别的方式吗？我总是在问同样的问题，因为我被困在了同一个模式中。所以有没有一种完全不同的方式？用一种完全不同的方式来对待这整个混乱的生活？有没有另一种看待它的态度？还是说，旧有的方式是唯一的方式？

我们说过，只要那个中心在制造黑暗，思想在那黑暗中运转，就必然会有混乱失序，社会将来还会跟现在一个样。要从中脱离出来，你就必须拥有洞见。只有当出现了一道闪光，一道突如其来的光芒，不仅消灭了黑暗而且消灭了黑暗的制造者，洞见才能到来。

博姆：是的。

克：现在我问，这个问题有没有一种截然不同的看待方式，尽管旧有的反应看起来是那么理所当然。

博姆：哦，有可能。当你说它看起来理所当然，你是想要一种不那么理所当然的方式吗？

克：我说的是，如果那是唯一的方式，那我们就完蛋了。

博姆：你是不能用意志力产生那道闪光的。

克：不能，它无法通过意志力、通过牺牲、通过任何形式的人为努力来产生。那些都出局了，我们知道我们已经了结了那一切。我们也同意对某些人来说——对"甲"来说——这份洞见看起来是如此自然，我们也问了为什么它对其他人来说就不自然。

博姆：如果我们从孩子开始说起，孩子用他的动物本能做出反应，本能强烈到足以把他卷走，这看起来都是很自然的。黑暗会出现，是因为它太势不可挡了。

克：是的，但为什么"甲"的情况就不同呢？

博姆：首先在大多数人看来，动物本能会占上风是很正常的事。

克：是的，没错。

博姆：然后他们会说另一个家伙，"甲"，是不正常的。

克：是的。

博姆：所以这就是人类一直以来的想法，认为如果真有什么人不一样，那他们肯定是非常不正常、不自然的。

克：就是这样。人类一直是以恨还恨的，凡此种种。有那么少数几个人，也可能有不少人，说那是不自然、不理性的。为什么产生了这种分别呢？

博姆：如果我们说快乐和痛苦、恐惧和仇恨是自然的，那么就会认为我们必须抗争才能控制它们，否则它们就会毁掉我们。我们所能期待的最好的状况就是，用理性或者其他方式来控制它们。

克：但是那不管用！像"甲"那样运转方式不同的人，是因为某种奇迹、因为某种奇特的偶发事件才出现的幸运的少数人吗？

博姆：很多人会这么说。

克：但这与我的看法格格不入，我不会接受那个说法。

博姆：好吧，如果实际情况不是这样，那你就得说明为什么会有这种区别。

克：这就是我想探明的，因为"甲"出生于同样的父母。

博姆：是的，总的来说是一样的，那为什么他的表现就不同呢？

克：这个问题被提出很多次了，一遍又一遍地在世界各个不同地方被提了出来。那么，究竟为什么会有这种分别呢？

提问者：这种分别真的有那么绝对吗？你瞧，即使以恨还恨的人也能看出那种做法没有意义，是不自然的，应该是另一番样子才对。

克：应该是另一番样子，但他依然在跟各种想法做斗争。他试图通过运用滋生了黑暗的思想来摆脱它。

问：我只是想说那种分别看起来没有那么彻底。

克：噢，可是那种分别的确是完全的、彻底的。

问：哦，那样的话，为什么人们不说，让我们继续那样生活好了，互相残杀，让我们以此为乐，一直到最后一刻？

克：因为他们除了自己的黑暗，别的什么也看不到。

问：但是他们想从中脱离出来啊。

克：现在，请等一下。他们想从中脱离出来吗？他们真的认识到他们所处的境遇，并且有意从中脱离出来吗？

问：他们对此的态度是摇摆不定的。他们一方面想继续获得它的好处，但同时又有一种感觉那是不对的，那会带来痛苦。

博姆：要么他们发现自己对此是无能为力的。你瞧，到了经历愤怒或快乐的那一刻，他们完全无法脱身。

克：他们无能为力。

问：但是他们想从中脱离出来，尽管他们很无助。有一股比他们的意愿更强大的力量。

克：那我们该怎么办呢？还是说，这种分别是假的？

博姆：这就是重点所在了。我们最好谈谈这两种方式的区别。这种区别并不是根本的。

克：我认为它们没有任何共同点。

博姆：为什么？你说那种区别是假的，尽管人们从根本上是相同的，但他们之间还是产生了一种区别。也许是大多数人转错了一个弯。

克：是的，我们可以这么来表达。

博姆：但是那种区别并不是内在固有的，它不是结构性的，不像一棵树和一块石头之间的区别那样嵌入了内部。

克：同意。如你所说，一块石头和一棵树之间是有区别的，但那种区别并不是像这样的。我们来说得简单点。有两种回应，它们都从源头而来。一个取道这个方向，另一个则取道另一个方向，但源头是同一个。它们为什么没有都往正确的方向移动呢？

博姆：我们还没能解答这个问题。我刚才只是在说，如果一个人理解了这一点，然后回到源头那里，他就不用再转错弯了。在一定程度上，我们不断在转错这个弯，所以，如果我们能理解这一点，那就有可能改变了。而我们其实在不断地从同一个源头起步，不必再回到之前的源头那里。

克：等一下，等一下。

博姆：对你的说法，有两种可能的理解。一种是说那个源头是在时间之中的，在久远的过去我们是一起出发的，然后走上了不同的路。另一种则是说，那个源头是超越了时间的，我们是在不断地一次又一次地转错弯。对吗？

克：是的，一直在转错弯。为什么呢？

问：这就意味着转对弯的可能性一直存在。

克：是的，当然。就是这样。如果我们说我们以前都是从同一个源头开始的，那我们就困在了时间里。

博姆：我们无法回去。

克：是的，那种做法出局了。因此显而易见我们一直在转错弯。

博姆：不断地。

克：不断地转错弯。可是为什么呢？一个人带着洞见生活，另一个人没有带着洞见生活——会一直这样下去吗？生活在黑暗中的那个人，任何时候都可以转换到另一个状态。这就是重点所在了。任何时候。

博姆：那样的话就没什么东西阻碍他了，除非他不断地转错弯。你可以说，黑暗就是他没有发现自己转错了弯。

克：我们是在探究正确的方向，提出正确的问题吗？假设你拥有那份洞见，你的黑暗、黑暗的中心已经被彻底驱散了。而我，一个认真的、相当明智而又不神经质的人，聆听了你所说的话。无论你说了什么，听起来都是那么合理、理性、明智。我质疑这种分别，这种分别是由造成了黑暗的那个中心产生的，是思想造就了它。

博姆：嗯，在黑暗中，思想造成了那种分别。从黑暗中投下了一个阴影，它产生了一种分别。

克：如果我们拥有了那份洞见，我们就会说分别并不存在，可人们不肯接受这一点，因为在他的黑暗中除了分别一无所有。所以说，是生活中黑暗中的我们，造成了那种分别。我们在自己的思想中制造了……

博姆：我们在不停地制造分别。

克：是的，却一直希望能够持续生活在一种没有分别的状态中。然而那种活动，依旧是黑暗中的活动。对吗？

博姆：对。

克：我如何才能驱散这一直持续存在的黑暗呢？这是唯一的问题，因为只要它存在，我就会持续制造分别。你知道，这种情况一直在循环往复。我只能通过洞见来驱散黑暗，同时我又不能通过任何意志力来拥有那份洞见，所以我什么都没有了。那我的问题是什么呢？我的问题是觉知黑暗，觉知造成黑暗的思想，并且看到自我就是这黑暗的源头。我为什么看不到这一点呢？为什么哪怕从逻辑上我都看不到这一点？

博姆：哦，逻辑上很清楚了。

克：是的，但是不知怎的它似乎就是不起作用。那我该怎么办？我头一次意识到是自我在制造不断滋生分别的黑暗。我非常清楚地看到了这一点。

博姆：而那种分别也必定会制造黑暗。

克：反之亦然，循环往复。然后从那些当中，一切又从头开始。我非常清楚地看到了这一点。我该怎么办？所以我不认可分别的存在。

问：克里希那吉，可是，当我们说有人需要洞见，这不就再次引发了分别吗？

克：但是有人，"甲"，拥有了洞见，他也非常清楚地解释了黑暗是如何消失的。我倾听了他，然后他说正是你的黑暗在制造分别。实际上分别并不存在，没有光明和黑暗这样的分别。于是他问我："你能否根除，你能否打消这种分别感呢？"

博姆：通过那么说，通过说你应该那么做，你似乎又把分别带了回来，你瞧。

克：不，不是"应该"。

博姆：从某种意义上你说的是，头脑的思想过程似乎在自发地制造分别。你说，试着把它摒弃，而与此同时这就是在制造分别。

克：我明白。但是我的心能摒弃分别吗？还是说，这是一个错误的问题？

问：只要它还是分裂的，它能摒弃分别吗？

克：不，它不能。那我该怎么办？倾听，本身并不是分别。

"甲"说了一些无比真实、具有无比浩瀚的意义和美的东西，以致我的整个存在都在说："领会它。"这并非分别。

我认识到我就是分别的制造者，因为我活在黑暗中，所以我从那黑暗中诸般造作。但是我聆听了"甲"，他说并不存在分别。然后我认识到那是一句非比寻常的话。对一个一直活在持续的分别中的人说出那样一句话，本身就会有一种立竿见影的作用。对吗？

博姆：我认为一个人必须，如你所说，摒弃那种分别……

克：我会脱离它，我不会摒弃它。"分别并不存在"这句话——我想更深入地理解一下。它已经给我带来了某些领悟。"甲"从这份洞见中说出的话："分别并不存在"，对我产生了巨大的影响。我一直生活在分别里，然后他过来了，在探讨之后，他说分别并不存在。这对我产生了怎样的影响？它必须对我产生某些影响，否则谈话又有什么意义呢？

博姆：然后你也说分别并不存在。这是有道理的。可是从另一个方面看，分别似乎是存在的。

克：我认识到了那种分别，但是"分别并不存在"这句话对我产生了无比巨大的影响。那看起来再自然不过了，不是吗？当我看到了某种岿然不动的东西，它必然会对我产生某些作用。我对它的反应是一种无与伦比的震撼。

博姆：你瞧，如果你谈的是某种就在我们眼前的东西，你说，"不，不是那样的"，那当然会改变你对它的整个看待方式。而现在，你说那种分别不是那样的。我们会试着去看，看看究竟是不是那样的，对吗？

克：我甚至都不会说："是那样的吗？""甲"非常仔细地解释了这整件事，最后他说分别并不存在。而我很敏感，一直在非常仔细地观察，然后意识到我一直生活在了分别中。当"甲"说出了那句话，就打破了那个模式。

我不知道你有没有明白我想解释的意思。那就打破了那个模式，因为他说了一件从根本上来讲最真实不过的事。不存在上帝与人的分别。好的，先生。我坚持这一点。我看到了一件事——那就是，只要恨存在，另一个就不存在。但是，我一边恨着，一边还想要另一个。所以持续的分别就诞生于黑暗中，而那黑暗也是持续存在的。但是我非常认真地聆听了"甲"，他说了一句听起来绝对真实的话。那句话进到了我的心里，他说那句话的行为本身就驱散了黑暗。我并没有努力去除黑暗，但"甲"就是光明。没错，我坚持这一点。

所以这就来到了这一步，那就是，我能否在我持续的黑暗中倾听？在那黑暗中，我能聆听你吗？当然可以。我一直生活在持续的分别中，它带来了黑暗。"甲"过来告诉我说分别并不存在。

博姆：好的。那么，你为什么说你可以在黑暗中倾听呢？

克：噢，是的，我可以在黑暗中倾听。如果不能，那我就完蛋了。

博姆：但这并不是理由。

克：这当然不是理由，而是事实就是如此！

博姆：活在黑暗中是没有意义的。但是现在我们说，在黑暗中倾听是可能的。

克："他，"甲"，给我做了非常非常仔细的解释。而我很敏感，我在自己的黑暗中聆听了他，而那让我变得敏锐、充满活力、警觉。这就是我一直在做的事，我们是一起这么做的。而他说了一句话：绝对不存在任何分别。而我知道我就活在分别里。这句话本身就结束了那种持续的活动。否则，如果这没有发生，我就一无所有了。你明白吗？我就永久地活在了黑暗里。但是荒野中有一种呼唤（笑），聆听那种呼唤就产生了非同寻常的效果。

博姆：聆听触及了那种活动的源头，但观察没有。

克：是的，我观察过，我聆听过，我这一生玩过各种把戏。而现在我发现只有一件事，那就是：存在着持续的黑暗，而我在黑暗中、在这黑暗的荒野中活动，黑暗的中心就是自我。我**彻底地**、完全地看清了这一点，我再也不能反对这个事实了。然后"甲"过来告诉了我这些。在那片荒野中有个声音说有水存在。你明白吗？那并不是希望。我身上立刻就产生了行动。

我必须认识到，黑暗中这持续的活动就是我的生活。我能承认这一点吗，先生？你明白我说的意思吗？带着所有的经验，带着一百万年里积攒起来的所有知识，我能否突然意识到我活在了彻头彻尾的黑暗里？没人愿意承认这一点。因为那意味着我已经走到了希望的尽头，对吗？而我的希望依然是黑暗。未来彻底破灭了，于是我就剩下了这可怕的无尽黑暗，而我就在那里。这意味着，领悟到这一点，就是"成为什么"的终结。我来到了那一步，然后"甲"告诉我，自然而然地，先生……

你瞧，所有的宗教都说分别确实存在，比如，上帝与上帝之子。

博姆：但他们说那是可以被克服的。

克：那是同一种模式的重复。谁那么说过不重要，重要的是，事实上有人在这荒野中说了些什么，在那片荒野中我一直在聆听每一个声音，也聆听我自己的声音，而我的声音之前制造了越来越多的黑暗。然而这才是对的，也就是说，当有了洞见，就没有了分别。

博姆：是的。

克：那不是你的洞见或者我的洞见，它就是洞见而已。当中没有分别。

博姆：是的。

克：这就把我们带到了我们之前提到的基础那里……

博姆：那个基础怎么了？

克：在那个基础中，没有黑暗或者光明的存在。在那个基础中，不存在分别。没有任何东西是脱胎于意志力、时间或者思想的。

博姆：你是说，光明和黑暗并没有分开？

克：对。

博姆：也就是说，两个都没有。

克：两个都没有——就是这样！但是还有别的东西。有一种觉知，有一种不一样的运动，它是"非二元"的。

博姆："非二元"是什么意思？没有分别。

克：没有分别。我不会用"非二元"。是没有分别。

博姆：但尽管如此还是存在运动的。

克：当然。

问：那又是什么意思呢，没有分别？

克：我所说的"运动"是那种并非时间的运动。那种运动不会滋生分别。所以我想回过头去，把话题引向基础。如果在那个基础中，既没有黑暗也没有光明，既没有上帝也没有上帝之子——没有分别——那会怎样？你会说那个基础就是运动吗？

博姆：哦，可能是，是的。不分裂的运动。

克：不，不，不。

博姆：你之前说了存在着运动，对吗？

克：我说黑暗中存在着运动。

博姆：是的，但是我们也说到了那个基础，里边没有光明和黑暗的分别，你说那里也存在着运动。

克：是的。你会不会说那个基础就是无穷无尽的运动？

博姆：是的。

克：那是什么意思呢？

博姆：哦，这很难表达。

克：继续探究下去，我们来表达一下。运动是什么，除了从这到那的运动，除了时间——还有其他的运动吗？

博姆：是的。

克：有，心理上从存在到成为的运动。既有空间运动，也有时间运动。我们说那些都是分裂。有没有一种运动本身是没有分裂的？当你说出了"分别并不存在"那句话，确实存在那种运动吗？

博姆：哦，你是说，当没有了分别，那种运动就出现了？

克：是的，然后我说——"甲"说——那就是基础。

博姆：好的。

克：你会说它既没有终点也没有起点吗？

博姆：是的。

克：起点、终点那些还是意味着时间。

问：我们能不能说那种运动没有形式？

克：没有形式——没有那一切。我想再往下深入一点儿。我问的是，我们说过，当你说了分别并不存在，那就意味着运动中没有分裂。

博姆：它毫无分裂地流动着，你知道的。

克：是的，那是一种没有分裂的运动。我领会了它的意义了吗？我明白那句话的深意了吗？没有分裂的运动，那就意味着没有我们所知的时间和距离。当中完全没有时间因素。所以我想看清，那种运动是否包围着人类？

博姆：是的，包裹着。

克：我想弄清这一点。我关心的是人类，全人类，也就是我。"甲"说了几句话，而我领会了其中一句看起来千真万确的话——分别是不存在的。那意味着分裂的行动并不存在。

博姆：是的。

克：我看到了这一点。然后我又问："那种运动是没有时间的吗？"它看起来就是整个世界了。你明白吗？

博姆：宇宙。

克：宇宙，整个宇宙。

博姆：全部的整体。

克：全部的整体。犹太教不是有一句名言吗："只有上帝能说'我存在'"？

博姆：嗯，那不过是语言组织起来的表达方式。没有必要把它表达出来。

克：对，我明白。你明白我想说明的意思吗？

博姆：是的，只有这种运动"存在"。

克：心能属于那种运动吗？因为那种运动是超越时间的，因而是不灭的。

博姆：是的，那种运动是不会消亡的；只要心参与其中，它也是一样的。

克：你明白我说的意思吗？

博姆：是的。但是当个人死去时，消亡的是什么呢？

克：死亡没有任何意义，因为一旦我懂得了分别并不存在……

博姆：然后那个问题就不重要了。

克：死亡没有任何意义。

博姆：在其他的语境下，它还是有意义的。

克：噢，身体的完结——那完全无关紧要。但是你明白吗？我想领会"分别并不存在"这句话的意义。它打破了我黑暗的诅咒，我看到有一种运动，仅此而已。那意味着死亡意义甚微。

博姆：是的。

克：你完全消除了对死亡的恐惧。

博姆：是的，我明白当心参与到那种运动当中，心就是那种运动了。

克：就是这样！心就是那种运动。

博姆：你会不会说物质也是那种运动？

克：是的，我会说一切都是。我在自己的黑暗中聆听了"甲"，这至关重要。而他的清晰打破了我的诅咒。当他说分别并不存在，他就消除了生死之间的分别。我不知道你是否明白了这点。

博姆：是的。

克：所以一个人永远都不能说："我是不朽的。"那太幼稚了。

博姆：是的，那就是分别。

克：或者"我在寻求不朽"，或者"我在成为什么"。我们完全消除了黑暗中的所有活动。

问：那这个世界的意义何在呢？它还存在某种意义吗？

克：这个世界？

问：人类世界。

博姆：你的意思是，社会？

问：是的，当你说出那句话，"分别并不存在"，还有"生即是死"——那么人类连同他所有的奋争又有什么意义呢？

克：黑暗中的人类。那有什么意义呢？那就像是在一个锁死的房间里挣扎。就是这个意思。

博姆：只有当黑暗被驱散了，意义才会出现。

克：当然。

问：唯一的意义就在于驱散黑暗。

克：噢，不，不是的！

博姆：我们难道就不能说，除了驱散黑暗，还有更多的事可以做吗？

克：我非常认真地倾听了你，这个有洞见的人所说的一切。你所做的就是驱散了那个中心。在黑暗中我可以捏造出许多有意义的事，存在着光明，存在着上帝，存在着美，存在着这个和那个。但那依旧在黑暗的领域中。困在一间漆黑一片的屋子里，我可以虚构出一大堆画面，但我想得到些别的东西。那个人拥有这份洞见，进而驱散了黑暗，他拥有对那个基础即超越时间的运动的领悟——他的那颗心本身是否就是那种运动？

博姆：是的，但它并不是全部。心就是那种运动，但是我们又说运动是物质，运动是心。我们也说过基础也许超越了普世心。你之前说过那种运动，那个基础，是超越了普世心、超越了空无的。

克：那些我们说过。远远超越了。

博姆：远远超越了。但是我们得把这点说清楚。我们现在又说心就是这种运动。

克：是的，心就是这种运动。

博姆：我们没有说这种运动只是心吧？

克：不，不，没有。

博姆：这就是我想澄清的点。

克：心就是那种运动——心的意思是"那个基础"。

博姆：但是你说过那个基础是超越了心的。

克：现在，请等一下。你说的"超越了心"是什么意思呢？

博姆：就是回顾我们前几天探讨的内容。我们说过我们有了那种空无、普世心，然后那个基础是超越了它们的。

克：你会不会说超越那些的就是这种运动？

博姆：是的。心从那种运动中即基础中产生，然后再回归到那个基础中，这就是我们说的意思。

克：是的，没错。心产生于那种运动。

博姆：同时它又消融到那种运动中去。

克：对的。它的存在源于那种运动。

博姆：是的，物质也是一样。

克：所以我想说明的是，我是个面临着这种结束和开始的人，而"甲"消除了那一切。

博姆：是的，那些不再重要。

克：那些不再重要。生命中最大的恐惧之一，也就是死亡，被消除了。

博姆：是的。

克：你知道当死亡不复存在，会对一个人产生什么影响吗？那意味着心不会老化——我说的是普通人的心。我不知道我有没有传达清楚。

博姆：我们慢慢来。你说心不会老化，但是如果脑细胞会老化呢？

克：我质疑这一点。

博姆：可是我们怎么才能知道呢？

克：因为没有了冲突，没有了压力，没有了成为，没有了运动。

博姆：这是一件很难确切沟通的事情。

克：当然。你完全无法证明这些。

博姆：但是另一件事，我们目前所说的这些……

克：……是可以用理性说明的。

博姆：那是理性，同时你也可以感受到它。但是现在你说到了一件关于脑细胞的事，我是没法感受到的。它也许是这样的，可能是这样的。

克：我认为就是这样的。我想探讨一下这个问题。如果心一直生活在黑暗中，并且处于不停的运动中，就会存在脑细胞的耗损、腐化。

博姆：我们可以说这种冲突会导致脑细胞的腐化。但是有人也许会认为，哪怕没有冲突它们可能也会以慢一些的速度腐化。比如说，假设你要活好几百年，可是无论你做什么，脑细胞还是会随时间腐化的。

克：慢慢来探究这个问题。

博姆：我非常乐于接受：当我们去除了冲突，脑细胞的腐化速度会大大降低。

克：腐化可以减缓。

博姆：可能幅度很大。

克：幅度很大，90%。

博姆：这个我们能理解。但是如果你说是 100%，那就很难理解了。

克：90%。等一下。它减缓的幅度可以非常非常大。而那意味着什么呢？一颗没有冲突的心会怎样？那颗没有问题的心是怎样的，它具有怎样的品质？你瞧，假设这样的一颗心生活在纯净无染的空气中，摄入恰当的食物，等等，它为什么就不能活上两百年呢？

博姆：嗯，那是可能的；在非常干净的空气里，吃健康的食物，有些人确实活了 150 岁。

克：但是，你瞧，如果那些活了 150 岁的人没有冲突的话，他们可能还会活得更久一些。

博姆：可能会。我读到过一个案例，说英国有个人活了 150 岁。然后医生们开始对他感兴趣起来，开始约他喝酒吃饭，然后过了几天他就死了！

克：可怜的倒霉鬼！

问：克里希那吉，总的来说你的意思是，任何活在时间中的东西，也会在时间中消亡。

克：是的，但拥有了洞见的心，已经改变了脑细胞。

问：你的意思是，哪怕是大脑这个器官也不再活在时间中了吗？

克：不，先不要把时间引入进来。我们说的是，洞见为脑细胞带来了改变。那意味着，脑细胞不再从时间角度思考了。

问：心理时间吗？

克：当然，这是共识了。

博姆：如果脑细胞没有受到那么严重的干扰，它们就会一直处于有序状态，也许它们就能腐化得慢一些。我们也许可以把年龄的上限从 150 岁提高到 200 岁，只要一个人在所有层面上都过着健康的生活。

克：是的，但是那些事情听起来都太过微不足道了（笑）！

博姆：是的。那似乎并没有太大的区别，尽管是个有趣的想法。

克：如果我再多活上 100 年那又能怎样？我们在试着搞清楚这种非同寻常的运动对大脑产生的作用。

博姆：是的。如果我们说大脑在某种程度上直接包裹在了这种运动中，那就会让它变得有序，生理上就会有一种真正的直接的流动。

克：不只是生理上。

博姆：也包括心理上。

克：是的，两者都有。它必定会对大脑产生一种非同小可的影响。

问：我们之前曾经谈到过能量。不是通常说的那种能量……

克：我们说过那种运动就是完整的能量。现在，这份洞见已经被捕捉到了、看到了，那非同寻常的运动，而它就是那种能量的一部分。我想说得更实际一点。我一直怀着对死亡的恐惧、对无法达成等的恐惧活着。突然我看清了分别并不存在，我懂得了这整件事情。所以我的大脑发生了什么事？你明白吗？

我们来**看到**点儿什么。看到这整件事情，不是从字面上，而是看到这个非凡的真相，这个真理。倾注你全部的心灵和头脑，你看到了这件事情。这"看到"本身必定会影响你的大脑。

博姆：是的，它会带来秩序。

克：不只是生活中的秩序，还有大脑中的秩序。

博姆：人们能证明，如果我们身处压力之下，脑细胞就会开始崩溃。而如果你让脑细胞有了秩序，那情况就完全不同了。

克：我有一种感觉，先生——不要笑话它，它可能是虚幻的，也可能是真实的——我觉得大脑绝不会再失去那种运动的品质。

博姆：一旦拥有了它。

克：当然。我说的是已然经历过了这一切的人。

博姆：所以可能大脑再也不会失掉那种品质。

克：因此它再也不会陷入时间当中。

博姆：它不会再被时间所掌控。从我们所说的内容可以得出，大脑其实没有任何进化，进化不过是个错觉罢了。你不能说人类的大脑在过去的一万年中进化了。你知道，科学、知识进步了，但是如今人们对生活的认识跟几千年前没什么区别。

克：我想探明真相。在我们探究过的那片寂静的空无中，大脑是彻底安止的吗？也就是说，没有一丝活动？

博姆：不是完全没有。你瞧，血液还在大脑里流动。

克：我们说的不是那个。

博姆：那我们讨论的是哪种活动呢？

克：我说的是思想活动、任何一种反应活动。

博姆：好的。并不存在大脑独自发生的活动。你说的是，只存在整体的运动，而大脑不再有思想那样自行其是的活动。

克：你瞧，你已经消除了死亡，那可是一件非同小可的事。所以我说，当死亡不复存在，大脑、心灵又是什么呢？你明白吗？它已经经历了一场外科手术。

博姆：嗯，大脑通常抱有这个想法：死亡一直存在于背景当中，而这个想法不停地袭扰大脑，因为大脑预见了死亡，所以它试图阻止死亡。

克：阻止它自己的消亡，等等。

博姆：它预见了那一切，以为自己必须阻止那件事，但是它做不到。

克：它做不到。

博姆：因而它就有了一个问题。

克：然后与它一刻不停地做斗争。所以那一切都结束了。发生了一件多么非同凡响的事啊！它会对我的日常生活产生怎样的影响呢？因为我必须得生活在这个地球上。我的日常生活就是激进争取，这种永无休止的成为活动，还有奋力求取成功——那一切都消失了。我们日后再来探究这些，今天我们已经领悟了非常多的内容。

博姆：引入日常生活这个问题，你可能就得引入慈悲这个问题了。

克：当然。那种运动就是慈悲吗？

博姆：应该不止于此。

克：就是这样。这就是为什么我们必须十分小心的原因。

博姆：那么很可能慈悲也是从中浮现出来的。

# 第八章

## 洞见能否在他人身上唤醒？

### 1980 年 4 月 19 日，美国加利福尼亚，欧亥

吉度·克里希那穆提：我们之前探讨了"岿然不动"。当一个人之前一直在追随"成为之路"，然后穿越了那一切，也经历了这种空无、寂静和能量，他几乎摒弃了一切，于是来到了这一步，那个基础。那么，这洞见将如何影响他的日常生活？他与社会是什么关系？对于战争和整个世界——一个着实在黑暗中生活和挣扎的世界，他的行动是什么？他会有什么行动？我会说，正如我们那天达成的共识，那就是"岿然不动"。

大卫·博姆：是的，我们之前说过，那个基础是毫无分裂的运动。

克：毫无分裂，是的，没错。

博姆：从某种意义上来讲，说它是"岿然不动"，同时你又说那个基础是运动，这似乎有些不一致。

克：是的，那个基础是运动。你会不会说，一个受过教育、精明世故的普通人，连同他所有令人不快的行为，是一直处在运动之中的？

博姆：嗯，那是某种运动。

克：一种时间中的活动。

博姆：是的。

克：一种成为中的活动。但我们探讨的，是那个已经踏过了那条路——如果我可以用这个说法的话——然后来到了这一步的人。从这里出发，他的行动是什么？我们说过，从那一刻起，就只有不行动，岿然不动。这是什么意思呢？

博姆：如你所说，意思是不再参与这个成为的过程。

克：当然，显然如此。如果他不再参与这个过程，那他的作用是什么？是一种彻底的不行动吗？

博姆：不清楚你为什么会把它叫作"不行动"。我们或许可以认为那是另一种行动，它不是这个成为过程的一部分。

克：它不是成为。

博姆：但它依然可以是行动。

克：他还得活在这个世界上。

博姆：从某个意义上来讲，无论你做什么，都是行动，但他的行动不会被引向那个虚幻的过程，它并未牵涉其中，但是会指向那个虚幻的过程底层的基础。它也许会被引向去思考那个不断脱离基础的转错的弯，对吗？

克：是的，是的。你知道，各个宗教都描述了一个被拯救的、得到启迪的、取得了这种或那种成就的人。他们描述得非常清楚，特别是印度教的那些书里，他如何走路，他如何观察，他如何讲话，他的整个生活状态。我认为那只不过是一种诗意化的描写……

博姆：你认为那是想象？

克：我认为其中有大量的想象。我跟某些人讨论过这一点，他们说不是这样的，不是想象，而是描述的人确切地知道那种状态是怎样的。

博姆：那，他是怎么知道的呢？这点并不清楚。

克：所以，那种人究竟是怎样的呢？他是如何生活在这个世界上的？如果你深入探究的话，这是一个非常有趣的问题。存在的是一种"岿然不动"的状态，我们探讨过的那种"不动"。

博姆：你瞧，你说的"岿然不动"究竟是何含义，并不完全清楚。

克：我也要变得诗意化了，但我在竭力避免这样！尽管这么表达也是正确的，即使以诗意的方式：那就像是田野上的一棵孤树，没有其他的树，只有那棵树，无论那棵树的名字是什么，它就在那里。

博姆：但你为什么说"岿然不动"呢？

克：它就是没有动。

博姆：那棵树当然矗立在那。

克：树是一个活着的、动着的东西。我不是那个意思。

博姆：从某种意义上来讲，树也动，但相对于田野来讲，它是矗立不动的。这是我们得到的画面。

克：你瞧，有个人来找你，因为你已经从始至终这样走过来了。而你如今所在的终结之处，有着一种截然不同的运动，它是超越时间的，诸如此类。我来到你面前，问道："那种心灵状态是怎样的？你曾经走在那条路上，然后终结某些东西，完全走出了黑暗，你现在的心灵处在怎样的状态？"

博姆：如果你说那是"岿然不动"的状态，是不是意味着它是恒定的？

克：它必须是……但你说的"恒定"是什么意思呢？持续吗？

博姆：不，不。

克：那你的意思是……？

提问者：……静止的？

克：噢，不!

博姆：坚定地站立，作为一个整体，浑然屹立，这实际上就是它的字面意思。

克：是这样吗？

博姆：你关于那棵树的画面也是这样的。这就是田野中的那棵树所蕴含的画面。

克：是的，我知道。这个说法太罗曼蒂克、太诗意了，所以变得相当有欺骗性。那是个漂亮的图景，但我们得离开它。那样的心灵——那颗心的品质——是怎样的？它从起点出发，曾经追求成为，然后穿越了那黑暗的中心，抹除了黑暗，那颗心必定是截然不同的了。那么，在这个依然处在黑暗中的世界上，这样的一颗心会做什么，或者不做什么？

博姆：无疑这颗心一件事都不会做，它不会再进入那个世界的运动中去了。

克：同意。

博姆：而且从某种意义上来讲，我们说它是恒定的——不是固定的，而是它不会再动。

克：它不是静止的。

博姆：没错，不是静止的。它是恒定的，从某种意义上来讲也是运动的。有一种恒定，它并非只是静止，同时它也是运动。

克：我们说过"那种"运动不是成为活动。

博姆：是的，是基础的运动，是完全自由的。

克：那颗心发生了什么？我们来稍稍探讨一下。它没有焦虑，也没有恐惧。你知道，"慈悲"和"爱"这些词——它超越了那些。对吗？

博姆：但它们也许会从那个基础中显现出来。

克：那颗心什么都不是，不是任何一样东西，因而清空了知识……抱歉，这一切听起来太……除非我们从一开始就一直紧跟……

博姆：你必须是从头开始一路探索过来的，否则就会不知所云。

克：是的，不知所云。那么，既已清空了知识，它会一直在洞见之光下行动吗？

博姆：即便不是一直，那种洞见的品质也是弥漫着的。

克：是的，这就是我的意思。

博姆：可"一直"就引入了时间，你瞧。

克：去掉那个词。

博姆：我会用"恒定地"。

克：是的，恒定地，我们就用"恒常"这个词。

博姆：这个词稍微好一点，但还是不够好。

克：是的，我们就用这个词吧。它在那光明中，那洞见之光中，恒常地行动。我认为就是这样。那么，这在他的日常生活中意味着什么呢？他要如何谋生？

博姆：确实，这会是另一个问题。你得找到办法活下去才行。

克：活下去。所以，这就是我为什么会问到这件事：随着文明的发展，乞讨就不被允许了。

博姆：那是违法的。你得找到活下去的办法。

克：那么他会怎么办？他没有职业，没有特殊的技能，没有可以用来买东西的钱财。

博姆：那，这颗心难道就不可能赚到活下去所需的足够的钱吗？

克：如何赚到？

博姆：他为什么没有谋生的技能？

克：他为什么要有技能？一个人为什么必须要有谋生的技能？你那么说了，而另一个人说："为什么我要有任何一种技能呢？"我只是在讨论、探究这个问题。

博姆：比如，你得照顾自己，你就需要某种技能。如果你自己待在山洞里，你知道……

克：啊，我不想要山洞！

博姆：我知道。但是，无论是谁，他得住在某个地方，他需要具备某种能够找到所需食物的技能。你瞧，如果每个人都说不需要谋生技能，那人类就会覆灭。

克：我不确定是这样的。

博姆：哦，那样的话会发生什么？

克：这就是我正要说到的。如我们所说，技能意味着知识，经验从知识中产生，于是一个人逐渐发展出一项技能。而那项技能就给了一个人谋生的机会，无论丰俭。但这个人说："也许有另一种不同的生活方式和谋生方式。"我们都习惯了那种生活模式，而他说："瞧，那也许是完全错误的。"

博姆：那取决于你说的"技能"是什么含义。比如，假设他要开车，这无疑是需要某种技能的？

克：是的。

博姆：他是打算连这种技能都不要？

克：我最好仔细探究一下"技能"这个词。

博姆：是的。我是说"技能"也许有个不太好的含义——比如，在赚钱方面非常聪明。

克：所以这个人不贪婪，他不财迷心窍，他不为将来积蓄，他也没有任何保险。但是他得活下去。当我们用"技能"这个词来指开车……

博姆：……或者当个木匠。如果所有那些技能都要消失，生活就会举步维艰。

克：整件事就会垮掉。

博姆：是的。

克：我不确定是这样的。我们的意思是，连那种技能都必须摒弃掉吗？

博姆：不可能是这个意思。

克：没错，那就太愚蠢了。

博姆：但是然后人们就变得非常娴熟地让别人给他们钱了，你知道的（笑）！

克：也许就是这个游戏。也许就是呢！就像我在做的！

问：我倒希望你在这上面更娴熟一些（笑）！

克：已经够用到那天了（笑）！

问：但是，我们现在是不是把生活和技能、技能和工作、生活和谋生分开了？

克：正是如此！我需要有食物，我需要有衣服和住所。

问：但是这种划分是必要的吗？依如今的社会架构，我们确实把生活和工作分开了。

克：这些我们都探讨过了。我们现在谈的是一个已经穿越了那一切，然后回到了这个世界的人，他说："我来了。"他与社会的关系是怎样的？他会做什么？他与社会有任何关系吗？

博姆：嗯，没有一种深刻的或根本意义上的关系，尽管他必须保有一种表面上的关系。

克：好吧，与这个世界有一种表面的联系。

博姆：他得遵守法律，他得看交通信号灯。

克：没错。但我想搞清楚的是：他会做什么？写作？演讲？这就意味着技能。

博姆：毫无疑问，这种技能就不会是有害的了吧？

克：我就在问这个。

博姆：就像其他技能一样，比如，木工手艺。

克：是的，那种技能。但是他会做什么？我想，如果我们能探明那颗已经从始至终穿越了一切的心具有怎样的品质——也就是我们最近这些讨论谈到的那一切——那个人的心灵是截然不同的，然而他依然活在这个世界上，他会如何看待这个世界？你到达了，然后又回来了——这些都是非常粗略的用词——而我就是个普通人，还活在这个世界上。那么你和我有什么关系？显然没有任何关系，因为我活在一个黑暗的世界中，而你不是。所以，你与我的关系只能存在于我从中脱离之时，也就是黑暗终结之时。

博姆：是的。

克：那时只有"那个"，没有关系。但现在你我之间有一种分别。我用我的眼睛去看你，而它们习惯了黑暗和分别。但你不是，同时你又不得不与我保持某种联系。你不得不与我保持一定的关系，无论多么表面，多么轻浅。那种关系是慈悲吗，而不是某种被我诠释成慈悲的东西？从黑暗中我无法判断慈悲是什么。对吗？

博姆：是的，照理是如此。

克：我不知道你的爱是什么，你的慈悲是什么，因为我仅有的爱和慈悲只是这些东西。那我该拿你怎么办？

博姆：我们此刻在谈论谁？对我来说，连我们在谈谁，都是不清楚的！

克：你或"甲"，穿越了那一切，然后回来了。

博姆：那为什么"乙"没有这么做？

克："乙"没有。"乙"问："你是谁？你看起来如此不同。你看待生活的方式是不同的。"那么"乙"会对"甲"做什么？这就是问题，而不是"甲"要对"乙"做什么。我不知道有没有说清楚。

博姆：清楚的，我明白。"乙"会对"甲"做什么？

克：我们之前的问题一直是"甲"会对"乙"做什么，但我想我们提出的是错误的问题。"乙"会对"甲"做什么？我想通常发生的是，"乙"会崇拜、杀死或者忽略"甲"。对吗？

博姆：对。

克：如果"乙"崇拜"甲"，那一切就非常简单了。他会拥有这个世界上所有的"好东西"。但这并没有回答我的问题。我的问题不仅仅是"乙"会对"甲"做什么，还有"甲"会对"乙"做什么？"甲"的请求是："嗨，走出这黑暗，黑暗中没有答案，所以请走出来。"无论我们用什么词，都没关系——走出来，驱散它，祛除它，诸如此类。然后"乙"会说："帮帮我，指条路给我。"于是就又回到了黑暗中。你明白吗？那么"乙"会对"甲"做什么？

博姆：我看不出"乙"有什么太多可做的，除了你刚才提到的：崇拜或者做些别的事。

克：杀掉或者忽略"甲"。

博姆：但是，如果慈悲在"甲"身上运作……

克：是的，"甲"就是那个。他甚至都不会称之为慈悲。

博姆：没错，但我们会这么表达。然后"甲"会尝试找出一个穿透黑暗的办法。

克：等等！所以"甲"的工作是对黑暗下功夫？

博姆：去发现如何穿透黑暗。

克：那样他就可以谋生了。

博姆：哦，有可能。

克：不，我是在很认真地说这件事。

博姆：那取决于人们是否愿意为此给他付钱了。

克：不是开玩笑，认真的。

博姆：有可能。

克：可能"甲"就是老师。"甲"处在社会之外，他与这个黑暗的区域无关，同时对仍受困其中的人说："出来。"这有什么不对？

博姆：没什么不对。

克：这就是他的谋生之道。

博姆：只要行得通，那完全没问题。当然，如果有很多像"甲"那样的人，还是会有些限度的。

克：不，先生。如果有很多像"甲"那样的人，会发生什么？

博姆：这是个有趣的问题。我想会有某种革命性的事发生。

克：正是如此。

博姆：整个社会框架就会改变。

克：是的。如果有很多那样的人，他们不会变得分裂。这就是整个重点，对吗？

博姆：我想，即使只有十个或十五个人是不分裂的，他们就会产生一种历史上前所未见的影响力。

克：巨大的影响！没错。

博姆：因为我认为这种情况——有十个不分裂的人——从未发生过。

克：这就是"甲"毕生的工作，他说那是唯一的事情。十个"甲"那样的一小群人，会带来一种完全不一样的革命。社会会容忍这样的事吗？

博姆：他们拥有那种极高的智慧，所以自会找到做事的途径，你知道的。

克：当然。

博姆：社会会容许的，因为"甲"们会有足够的智慧，不至于激怒社会，等到社会有所反应，为时已晚。

克：没错。你说的是一件实际已经在发生的事了。那你会说，这许多"甲"的职责，就是唤醒人类拥有那种会驱散黑暗的智慧吗？而这正是"甲"的谋生之道？

博姆：是的。

克：另外还有些人在黑暗中培植势力并剥削大众，但也有这些并不会剥削别人的"甲"。好了。这看起来很简单，但我不认为真的有那么简单。

博姆：对。

克：这是"甲"唯一的职责吗？

博姆：哦，那实在是一项艰巨的职责。

克：但我想找出某种远比职责更为深远的东西。

博姆：是的，职责还不够。

克：就是这样。职责之外，他还要做什么？"甲"对"乙"说："来听一听。"于是"乙"潜心探索，假以时日，也许，在某个时候他就醒了过来，离开了黑暗。而这就是"甲"倾尽一生要做的一切了吗？

博姆：那只是某种更为深远的东西的一个结果而已。

克：更深远的就是那些，那个基础。

博姆：是的，那个基础。

克：但是，那就是他在这个世界上所做的全部了吗？只是教人们走出黑暗？

博姆：嗯，这似乎就是当前的首要任务了，也就是说，如果这件事不发生，那么整个社会迟早会崩塌。我们也可以问问，在某种意义上，他是否还需要具有更深的创造性。

克：那是什么意思？

博姆：哦，不太清楚。

克：假设"甲"是你，而你有一个可以运作的浩瀚领域，不只是教导我，而且拥有一种时间之外的无比非凡的运动。也就是说，你有着无比充沛的能量，而你把这一切都缩减成了教我走出黑暗。

博姆：那只是其中的一部分。

克：那剩余的部分做什么呢？你明白吗？我不知道有没有把意思传达清楚。

博姆：嗯，这就是我曾经试图建议探讨的，在此之外，是否有某种创造性的行动发生。

克：是的，在此之外，你可以写作，你可以讲道，你可以治疗，你可以做这个、做那个，但所有这些行为都是相当微不足道的。然而你还有别的一些什么。我是否把你，"甲"，降减到来适应我的琐碎了？你无法被降减。我的琐碎说："你必须做些什么。你必须讲道、写作、治疗，必须做些什么来帮我脱离黑暗。"对吗？你在某个最低的限度上配合，但你拥有的是远远超出那些的东西，某种无限的东西。你明白我的问题吗？

博姆：明白。然后会怎样？

克：那无限将如何作用于"乙"？

博姆：你是说，有某种更直接的作用？

克：要么有某种直接的作用，要么"甲"就在做一件截然不同的事，可以影响到人类的意识。

博姆：那会是什么事？

克：因为"甲"不"满足"于只是布道、演讲。他本身就是那无限，那无限必定会有一种行动，必定会做些什么。

博姆：你说"必定"，意思是感觉需要去那么做，还是，你说"必定"指的是必要性？

克：它必定会。

博姆：它必须那么做。但是它会如何影响人类呢？你知道，当你这么说的时候，会让人们以为有某种弥漫开来的超觉作用。

克：这正是我尝试描绘的。

博姆：不只是通过言辞、通过行为或手势。

克：我们先抛开行为，那很简单。不只是那些，因为那无限必定会……

博姆：……必须行动？有一种更直接的作用？

克：不，不。好吧。那无限需要有其他的活动。

博姆：其他层面的其他活动？

克：是的，其他活动。这在印度教的教义里被诠释成了各个不同等级的意识。

博姆：有不同层面或不同等级的行动。

克：那也都是些微不足道的事。你怎么看，先生？

博姆：哦，由于意识源于那个基础，这种活动是从那个基础发出来影响全人类的。

克：是的。

博姆：你知道，很多人会发现这很难理解。

克：我对很多人不感兴趣。我想理解——你，"甲"，和我，"乙"——那个基础，那种无限，不会受限于一件如此狭隘琐碎的事。它不可能。

博姆：那个基础，从物质角度讲，包含了整个宇宙。

克：是的，整个宇宙，而把那一切降减为……

博姆：……这些琐细的活动……

克：……就太愚蠢了。

博姆：我想这就引出了这个问题：人类在宇宙中或那个基础中的意义是什么？

克：是的，没错。

博姆：因为，即便是我们一直在做的这些小事中最为出色的那些事，在那个尺度上也意义甚微，对吗？

克：是的，这只是刚刚开启了序章。我想"甲"在做一件事——不是在做，而是他的存在本身……

博姆：……他就让某些事成为可能？

克：是的。当你去读爱因斯坦的作品，他已经让某些事成为可能，那些是人类之前从未发现的事。

博姆：这点我们很容易就能看到，因为那些是通过社会的常规渠道运作的。

克：是的，这点我明白。除了那些小事，"甲"还带来了什么？把它诉诸言语，听起来味道就不对了。"甲"拥有那无限的智慧、那种能量、那某个东西，而他必定会在一个比人所能想到的广阔得多的层面上运作，那必定会影响那些依然活在黑暗中的人的意识。

博姆：可能是这样。问题是，这种影响会以任何方式展现出来吗？你知道，显而易见的那种。

克：显然不会。如果你有听电视里或收音机里的新闻，就知道全世界正在发生着什么，显然那种影响并未显现。

博姆：这就是难点所在了，也是世人颇为关注的一个问题。

克：但它必定会有影响，必然会。

博姆：你为什么说必然会？

克：因为光明必定会影响黑暗。

博姆：也许"乙"会那么说。活在黑暗里，他其实不确定是否会有这样的影响。他也许会说可能会有影响，但我想看到它显现出来。什么也没看见，而且依然身处黑暗，他就会问："我该怎么办？"

克：这个我明白。所以你是说，"甲"唯一的活动就只是写作、教导之类？

博姆：不是。只是说，大有可能存在更为广阔的活动，但就是没有显现出来。要是我们能看到就好了！

克：它要怎么显现？这个想要得到证明的"乙"，怎么才能看到？

博姆："乙"可能会说这样的话：很多人都给出过类似的陈述，其中有一些人显然是错的。但有我想说那可能是对的。你知道，迄今为止，我认为我们所说的这些事情是合情合理的，人们也一定程度上能够理解。

克：是的，这些我都明白。

博姆：而现在你说了一些更为深远的东西。有些其他的人也说过类似的话，但我觉得他们在错路上，他们，或者至少那些人当中的一部分人，是在愚弄他们自己。

克：不。"甲"说，我们一直是逻辑非常清晰的。

博姆：是的，但到了这个阶段，逻辑完全不能让我们走得更远了。

克：这是非常理性的呀！这些我们都探讨过了。所以"甲"的头脑并不是以一种非理性的方式在运转的。

博姆：你可以说，既然看到了这件事情是很理性的，至此，"乙"也许有了某些信心可以走得更远。

克：是的，这正是我想说的。

博姆：当然，只是没有证据。

克：没错。

博姆：那我们可以探索一下吗？

克：这就是我想做的。

问："甲"其他的活动是怎样的？我们说过他有教导的职责，但"甲"还有其他的活动。

克：他必定会有，也必须有。

问：可，那是什么呢？

克：我不知道。我们正尝试探明。

博姆：我们说，不知怎的，他让那个基础的活动在人类的整个意识中成为可能，没有他，那个活动就不可能发生。

克：是的。

问：他与"乙"的联系不只是言辞层面的。"乙"有聆听，但还有另一种品质……

克：是的，但"甲"说那一切都是琐碎的小事。当然，这一点已经明白了，但"甲"说还有某种更广大的东西。

问："甲"的影响可能远远比能诉诸语言的部分大得多。

克：我们正试着弄清那个必须运作的更广大的东西是什么。

问：那是在"甲"的日常生活中出现的某种东西吗？

克：是的。在日常生活中，"甲"显然做着一些相当琐细的事——教导，写作，记账，诸如此类。但这就是全部了吗？这看起来太愚蠢了。

博姆：你是说，在日常生活中，"甲"看起来跟旁人并没有太大的不同？

克：没错，显然是这样。

博姆：但有另一些事情在发生，但是没有显现出来，对吗？

克：就是这样。当"甲"演讲时，也许有些不同，他也许以不同的方式在说一些事情，但……

博姆：……那不是根本的，因为有太多人说得跟别人不一样了。

克：我知道。但这个人从一开始穿越了那一切！如果这个人有那整体的能量可以调动，把它降减为这些琐碎的小事，就显得太可笑了。

博姆：我来问个问题。为什么那个基础会需要这个人作用于人类？从某种程度上来讲，为什么那个基础就不能直接作用于人类，把事情厘清？

克：啊，等一下，等一下。你是问，为什么那个基础要求行动？

博姆：为什么它需要一个特定的人来影响人类？

克：噢，这个我很容易就能解释。那是存在的一部分，就像日月星辰。

问：那种无限可以直接作用于人类吗？它一定要知会一个人，让他进入人类的意识吗？

克：我们谈的是另一件事。我想弄清楚是怎么回事，如果"甲"说："我不要被降减到只去写作和演讲，那太琐碎渺小了。"而另一个问题是，为什么那个基础需要这个人？它不需要他。

博姆：但是当他在这里的时候，那个基础会用到他。

克：仅此而已。

博姆：哦，那个基础有可能做些什么来厘清这乱局吗？

克：这正是我想探明的。这就是为什么我说——只是说法不同——那个基础不需要这个人，但这个人触碰到了那个基础。

博姆：是的。

克：所以那个基础在使用他，就说是"运用"他吧。他是那个运动的一部分。仅此而已吗？你明白我的意思吗？我问的是错误的问题吗？他为什么还要做任何事情呢？除了这个？

博姆：嗯，也许他什么都不做。

克：就是那个什么都不做，也许就是行动。

博姆：什么都不做，让那个基础的行动成为可能。也许就是这样。任何有特定目标的事都不做……

克：没错。没有任何可以用人类语言来诠释的特定内容。

博姆：是的，但在什么都不做的状态中，他又是极其活跃的。

问：对那个人来说，是否有一种超越时间的行动？

克：他就是那个……

问：那我们就无法要求从那个人那里得到一个结果。

克：他不想要什么结果。

问：但"乙"想要一个结果。

克：不。"甲"说，如果我只关心宣讲，那就是一件很渺小的事。但是还有一个广阔的领域，它必定会影响整个人类。

博姆：有一个可能不太恰当的比方，但是我们可以考虑借用一下。在化学中，催化剂只需要保持原样，自己完全不用参与，就可以让某些反应发生。

克：是的。这就是正在发生的事吗？连这个都是一件小事。

博姆：是的。

问：即便在那种情况下，"乙"还会说什么都没发生，因为世界还是一团糟。所以，这个世界上究竟有没有什么证据可以证明那个人的活动？

克："甲"会说他很抱歉，但那根本不是什么问题。我对证明任何东西都不感兴趣。那不是一个可以被展示、被证明的数学题或技术问题。"甲"说，他从人的起点走到了人的终点，他说有一种没有时间的运动，那个基础就是宇宙，是寰宇，是一切。而那个基础并不需要这个人，但这个人邂逅了它。他还是这个世界上的一个人，他说："我写作，做这个或做那个。"不为证明那个基础，也不为做到任何事。"甲"做那些，只是出于慈悲。但还有一种更为广袤的运动，它必定在这世界上发挥着作用。

问：那个更广大的运动通过"甲"在起作用？

克：显然如此，"甲"说另外还有某种东西在运作，但无法诉诸言语。他问："我该怎么办？"那是一个像"乙"这样的人完全无法理解的事。他会立刻把它诠释成某种虚幻的事物。但"甲"说还有别的东西，否则这一切就太幼稚了。

博姆：我想人们现在通常倾向于持有的看法是，宇宙没有意义，它照旧运转，事情就那样发生着，它们都完全没有意义。

克：对还在这里的人来说，它们都没有意义，但对在那里的人来说——相对而言——则充满了意义，而且不是思想编造出来的意义。

好了，我们先把诸如广袤之类的东西放在一边。"甲"说，可能会有十个拥有了这种洞见的人，这也许会影响整个社会。那不是共产主义、社会主义，也不是这种或那种政治重组。它也许是完全不同的，而且是基于智慧和慈悲的。

博姆：嗯，如果有十个，他们也许会找到广泛铺开的途径。

克：这就是我尝试探明的。我无法理解它。

博姆：你这是什么意思呢？

克："甲"引入了宇宙，但我把它诠释成了某种琐碎的东西。

博姆：你是说，如果全人类看到了这一点，就会有大不同？

克：噢，是的，当然！

博姆：那会是新的？

克：那会是人间天堂。

博姆：那就像是一种新型的有机体。

克：当然。但是，你瞧，我不满足于此（笑）。

博姆：哦，你不满的是?

克：我不"满足"于让那种无限降减为几个词语。那看起来太愚蠢、太荒唐了。你瞧，"乙"关心的是这些概念："教给我"，"证明给我看"，"那有什么好处？""那会影响我的未来吗？"你明白吗？他关心的是那些。而且他看"甲"时，用的就是早已习惯了这种琐碎的眼神！所以他把那种无限降减，来适应他的琐碎，并把它供入寺庙，于是完全丢失了它。但"甲"说，那些我看都不会看一眼，还有某种如此无限的东西，请务必去看看它。但"乙"总是通过想要证明、证据或者奖赏的方式，对它加以诠释。他关心的始终是那些。（停顿）"甲"带来了光明，这就是他所能做的一切。这难道还不够吗？我想我们最好就此打住了。

博姆：带来光明，于是允许其他人也能够面向那种无限？

克：你瞧，是这样的吗？我们只看到一小部分，但那一小部分是展向无限的。那意味着无穷无尽。

博姆：无穷无尽，是的。什么的一小部分？

克：我们把无限仅仅看作一件很小的事，而那无限就是整个宇宙。我实在忍不住会觉得它必定会对"乙"、对社会产生某种无限深远的影响。

博姆：毫无疑问，对此的洞察必定会产生影响，但看起来暂且还没有体现在社会的意识中。

克：我知道。

博姆：但你是说，影响还是在的？

克：是的。

问：你是说，对哪怕一小部分的洞察，就是无限了？

克：当然，当然。

问：它本身就是转变的因素？

克：我想我们最好就此打住了。

博姆：你认为这样的一件事，有可能让人类的进程脱离它所走的这条危险之路吗？

克：是的，我是这么认为的。但是若要让人类脱离毁灭的进程，必须有人能够倾听，对吗？得有人——十个人——必须倾听！

博姆：是的。

克：倾听那无限的呼唤。

博姆：于是那无限也许会改变人类的进程。个人是做不到的。

克：是的。个人是做不到的，显然如此。但"甲"，本来也是"个人"，但是他踏过了那条路，然后说："来听一听。"但是没有人听。

博姆：那，有没有可能发现如何让人们倾听呢？

克：不，那就又回去了！

博姆：你是什么意思？

克：不要动，你没什么事可做。

博姆：什么事都不做，是什么意思？

克：事，就是思想。作为"乙"，我意识到，无论我做什么——无论我牺牲、练习还是弃世——无论我做什么，都依然活在那个黑暗的圈子里。所以"甲"说："不要动，你没什么事可做。"你明白吗？但这被"乙"诠释为："好吧，我等着。你做所有的事，我坐等就好，看看会怎样。"我们必须探究这个问题，先生，否则在"乙"看来，这一切都太无望了。而对"甲"并非如此。

# 第九章

## 衰老与脑细胞

### 1980 年 6 月 1 日，英国汉普郡，布洛克伍德庄园

吉度·克里希那穆提：我想和你，如果可能也和那拉扬[①]一起，详细探讨一下人类的大脑究竟发生了什么。我们有着高度发达的文明，同时却依旧蒙昧野蛮，自私也被各种灵性外衣层层包裹。但无论如何，在内心深处，依然有一种可怕的自私。人类的大脑经历了千万年的进化，却走到了颇具分裂性和破坏性的这一步，这一点我们都知道。所以我好奇人的大脑——不是某个特定的大脑，而是人类的大脑——是否正在腐化，它是否正走在一条缓慢但持续的下坡路上？或者说，在人的一生中，有没有可能在大脑中带来一种整体的更新，脱离那所有的腐朽，带来一种新鲜、原初、纯净的重生？对这件事我一直很好奇，想来探讨一下。

我认为人类的大脑并非某个特定的大脑，它并不属于我或其他任何一个人。它是进化了几百万年的人类的大脑。并且，在那个进化过程中，它积累了海量的经验、知识，以及所有的残忍、粗俗和暴虐的自私。它有没有可能褪去这一切，成为别的什么？因为显然它一直是

---

① G·那拉扬先生，时任印度瑞希山谷学校校长。

在模式中运作的。无论是宗教模式、科学模式、商业模式，还是家庭模式，它始终在一个非常渺小、狭窄的圈子里运行、运转。这些圈子互相冲撞，看起来简直没完没了。那么，什么能够打破这些模式的形成过程，于是不会再落入另外的新模式，而是打破这些模式的整个体系，无论它们令人愉快还是令人不快？毕竟，大脑已经承受了太多冲击、挑战和压力，如果它不能更新自己或者让自己重生，就几乎没有任何希望了。你明白吗？

大卫·博姆：你瞧，一个难点或许就出现了。如果你考虑的是大脑结构，但我们是无法从生理上进入那个结构的。

克：从生理上我们不能，我知道。这一点我们讨论过了。那接下来该怎么办呢？脑科专家可以去观察它，拿一个人已经死去的脑子来研究，但这并不能解决问题，对吧？

博姆：对的。

克：那一个人该怎么办，既然知道无法从外在去改变大脑？科学家、脑科专家和神经生理学家给出了各种解释，但他们的解释、他们的研究，并不能解决这个问题。

博姆：嗯，没有证据显示他们能够解决。

克：没有证据。

博姆：有些研究生物反馈的人，认为他们可以影响大脑，比如，通过把一部仪器连接到颅内的电势区，然后就能够观察它们。你也可以改变你的心跳、血压和其他体征。这些人带来了些许希望，也许可以做到某些事情。

克：但他们并没有成功。

博姆：他们并没有走多远。

克：而我们不能坐等这些科学家和生物反馈者——抱歉！——来解决问题。那我们该怎么办？

博姆：接下来的问题就是，大脑能否觉知它自身的结构。

克：大脑能够觉知它自身的活动吗？大脑能否不只是觉知它自身的活动，而且它本身有没有足够的能量来打破所有的模式，从中脱离出来？

博姆：你得问问大脑需要在多大程度上是自由的，才能突破那些模式。

克：你是什么意思？

博姆：哦，你知道，如果你说大脑一开始是困在模式中的，那么它也许就不够自由。

克：显然它是受困的。

博姆：依我们所见，确实如此。它也许不够自由，所以无法突破。它也许没有足够的力量。

克：这就是我之前说过的：没有足够的能量，没有足够的力量。

博姆：是的，它也许没有能力采取突破出去所需的行动。

克：于是它成为自己的囚徒。然后呢？

博姆：然后就完了。

克：就这么完了吗？

博姆：如果上面所说的属实，那就是完了。如果大脑无法突破出去，那么或许人们就会选择尝试一些其他的办法来解决这个问题。

那拉扬：当我们说到大脑的时候，从某种意义上来讲，它是与感官和神经系统连接在一起的，生物反馈就是在那里发生的。是否有另一种工具连接着大脑，能对大脑产生一种不同的影响？

克：你用那个词指的是什么意思？某个另外的因素？

那：人体系统本身当中某个另外的因素。因为，显然，大脑是通过各个感官在获得滋养的，但这依然不够。是否另外还有某个内在的因素，在带给大脑能量？

克：你知道，我正想讨论这个问题。大脑不停地被各种问题、被抓取、被执着等所占据。它一直处在一种占据状态中，这也许就是那个核心因素。而如果它不被占据，它会变得懒散吗？如果它没有被占据，它能保有打破模式所需的能量吗？

博姆：那，首先有一点是，如果大脑不被占据，有人可能会认为大脑只是放松了。

克：变得懒惰，等等诸如此类！我说的不是这个意思。

博姆：如果你的意思是不被占据但依然活跃……

克：当然，我就是这个意思。

博姆：那我们就得探究一下这种活动的性质了。

克：是的。这个大脑被冲突、挣扎、执着、恐惧和快感如此严重地占据着。而这种占据给大脑带来了它自身的能量。如果不被占据，大脑是不是就会变得懒惰、迟钝，进而失去了它的弹性，就像过去那样？还是说，那种不被占据的状态会带给大脑打破模式所需的能量？

博姆：是什么让你说这种情况可能会发生的？我们前几天讨论到，当大脑因智力活动和思想而忙碌，它就不会衰败和萎缩。

克：只要它在思考、活动、活着。

博姆：以理性的方式思考——那它就能保持强健。

克：是的，这也是我想探明的。只要它理智地运作、活动、思考……

博姆：……它就能保持强健。如果它开始了不理智的活动，那就会垮掉。而且，如果它困在例行公事里，就会开始坏死。

克：正是如此。如果大脑困在任何一种例行公事里——例行公事的冥想或者牧师的常规惯例。

博姆：或者农夫的日常生活……

克：……农夫等，它就必然会逐渐变得迟钝。

博姆：不仅如此，而且似乎生理上也会萎缩。

克：是的。

博姆：可能有些细胞会死掉。

克：它生理上会萎缩，而与此相反的一种情况就是永远被事务所占据——任何一个做例行工作的人都是这样的……思考，思考，思考！而我们相信那也能防止萎缩。

博姆：无疑，从已经做出的那些测试结果看，经验也似乎证明了确实如此，

克：是的，确实，就是这样。

博姆：大脑到某个年纪就开始萎缩了，这是他们发现的，而且就

像当身体不被使用时的情况一样，肌肉开始失去它们的灵活性……

克：那就多加锻炼！

博姆：嗯，他们说既要锻炼身体，也要锻炼大脑。

克：是的。如果大脑被困在任何模式、任何常规、任何指令中，就必然会萎缩。

博姆：我们能否探究一下是什么让它萎缩的？

克：这很简单，是因为重复。

博姆：重复是机械的，并不能真正用到大脑的全部能力。

克：我注意到，那些年复一年冥想的人，是世界上最迟钝的人。在那些律师和教授身上，这种情况也有充足的证据。

那：据说理性的思考能够延缓衰老。但理性的思考本身有时候也会变成一种模式。

博姆：有可能。局限在一个狭小领域中的理性思考，可能也会变成模式的一部分。

克：当然，当然。

博姆：但是有没有另外的方式呢？

克：我们来探究一下这个问题。

博姆：但是我们首先来厘清身体方面的问题。你知道，如果一个人进行了大量的身体锻炼，身体确实会保持强壮，但也可能会变得机械。

克：是的。

博姆：因而会有负面影响。

那：那各种传统的宗教手段呢——瑜伽，谭催，昆达里尼等？

克：我知道。噢，它们必定会导致萎缩！就因为如今发生的那些事情。以瑜伽为例，它过去没这么庸俗，如果我可以用这个词的话。它过去只严格地被授予极少数人，那些人不关心昆达里尼之类的东西，而只关心过一种道德的所谓精神生活。你知道，我想探明这个问题的根源。

博姆：我认为有些事情是与此相关的。似乎人类在组成社会之前，与自然近距离地生活，就不可能生活在例行公事里。

克：没错，确实不可能。

博姆：但那时根本不安全。

克：所以，我们是不是说大脑本身变得异常活跃——没有困在模式里——如果它活在一种不确定的状态中？同时又没有变得神经质？

博姆：我认为当你说到没有变得神经质，事情就更清晰了，否则不确定就会变成一种神经质。但我更愿意表达为，大脑没有确定性地活着，不想要确定性，也不想要某些知识。

克：那我们是说，知识也会让大脑萎缩？

博姆：是的，当它不断重复以及变得机械时。

克：但，是知识本身的问题吗？

博姆：哦，这里我们就得非常小心了。我认为知识有一种变得机械的倾向，也就是说，它会变得固化，但我们可以一直不停地学习，你知道的。

克：但那是从一个中心进行的学习，是作为一个积累过程的学习！

博姆：带有某种固定性的学习。你知道，我们把学到的东西当作固定的，然后再从那里继续学习。如果我们能够学习，却不把任何东西当作永远固定的抓住不放……

克：学习，但不添加。我们可以这么做吗？

博姆：可以，我认为到了一定程度，我们就得丢掉我们的知识。你知道，知识也许只在某个范围内有效，超出那个范围就不再有效了。它就变成了阻碍。你可以说，我们的文明正在崩塌，就是因为知识太多了。

克：当然。

博姆：我们没有抛弃变成了阻碍的东西。

那：有很多种知识是累加式的。你无法进行下一步，除非你知道了前面的东西。你会不会说，那种知识是重复性的？

博姆：不会，只要你还在学习。但是，如果你牢牢抓住某些原则或者那个中心，说它不可更改，那么那些知识就会变得机械。但是，比如说，假设你得谋生。人们必须把社会组织起来，诸如此类，他们就需要知识。

克：但是在那里我们就是越积越多的。

博姆：没错。我们也可以扔掉一些。

克：当然。

博姆：有些知识变成了阻碍，你知道的。学习是不断前进的。

克：是的，但我问的是，除此之外，知识本身的问题。

博姆：你的意思是没有这些内容的知识？

克：是的，一颗想要知道的心。

博姆：它只想得到知识。这是你的意思吗？就为了知识本身？

克：是的。我想质疑这整个拥有知识的想法。

博姆：但，意思还是不太清楚，因为我们都接受我们需要某些知识。

克：当然，在某些层面上。

博姆：所以你质疑的究竟是哪种知识，并不清楚。

克：我质疑的是会留下知识、留下印记的经验。

博姆：好的，但是哪种印记呢？心理印记？

克：心理上的，当然。

博姆：你质疑的是这种知识，而不是有关技术和物质等的知识。但是，你知道，当你单独用"知识"这个词的时候，通常是包括全部知识的。

克：我们说了知识在一定层面上是必要的，在那里你可以增增减减，然后保持变动。但我质疑的是，心理上的知识本身是不是一个让大脑萎缩的因素。

博姆：你说的心理上的知识，是什么意思？关于心灵的知识，关于我自己的知识？

克：是的，关于我自己的知识，并且活在那种知识里，一直积累那种知识。

博姆：所以，如果你一直积累关于自己或者关于关系的知识……

克：是的，关于关系。就是这样。你会不会说，这样的知识会促使大脑或者会让大脑变得有些不活跃，让它萎缩？

博姆：让它落入窠臼。

克：是的。

博姆：但一个人需要看清这种会带来这么多麻烦的知识究竟是怎么回事。

克：这种会带来这么多麻烦的知识究竟是什么？在关系中，这种知识会制造麻烦。

博姆：是的，因为它固化，所以会变成阻碍。

克：如果我对某人有个意象，那个知识显然就会妨碍我们的关系。它会变成一个模式。

博姆：是的，关于我自己、关于他以及我们关系如何的知识，会形成一个模式。

克：因此就会变成例行公事，从而失去活力。

博姆：是的，我发现那个领域的例行公事比日常工作领域的例行公事还要危险。

克：没错。

博姆：如果普通工作中的例行公事能让大脑萎缩，那么在那个领域可能会有更坏的作用，因为影响更大。

克：在心理问题上，大脑能否完全摆脱这种知识？瞧！假设我是个商人，我上了汽车、巴士、出租车或者地铁，然后想着我要做什么，生意场上我要见谁。我的心一直是活在那个领域中的。然后我回到家，那里有我的妻子和孩子们，还有性生活之类。那也变成了我行动所依据的心理知识。所以既有我生意上的知识，也有关于我妻子和关系中我的反应的知识。这两个是矛盾的，除非我没有发觉它们，只是继续生活。如果我发觉了这两者，它们就会变成一个干扰因素。

博姆：人们也会发现这种生活本身是一种例行公事，于是心生厌倦，然后就开始……

克：……离婚，然后这整个闹剧就开始了！

博姆：他们也许希望通过被别的事物占据，就能摆脱那种厌倦。

克：是的，通过上教堂，诸如此类。任何逃避都是一种占据。所以我问的是，这种心理知识是不是一个让大脑萎缩的因素。

博姆：嗯，它可能是一个因素。

克：它就是。

博姆：如果有关你职业或技能的知识会是一个因素的话，那这种心理知识就更强大了。

克：当然，强大多了。

那：当你说到心理知识，你就在心理知识和……比如说，科学知识或事实类的知识之间做了一个区分？

克：当然，这点我们说过了。

那：但我有点儿怀疑这个说法：科学知识和其他类型的事实类知识帮助扩展了大脑，让它变得更宽阔了。这些知识本身并没有什么深远的意义，尽管可以延缓衰老。

克：博姆博士已经把这点说清楚了。理性思考变成了例行公事而已，我逻辑清晰地思考，然后我学会了这个窍门，但我一直不停地重复这种思考。

那：这就是大部分形式的理性思考中所发生的事。

克：当然。

博姆：我认为这样就会有一种依赖，需要不断面对无法预期的问题。

克：当然。

博姆：你知道，律师可能会觉得他们的大脑能坚持得更久，因为他们一直在面对各种不同的问题，所以他们无法完全按照惯例思考！

克：但是等一下！他们也许有带着不同问题的不同客户，但他们是依据固定的知识来行动的。

博姆：他们会说，不完全是这样，他们不得不找到新的资料，诸如此类。

克：他们并没有完全例行公事地运转，但基础依然是知识——之前的判例和书本知识，还有跟各个委托人打交道的经验。

博姆：但是那样你就得说，大脑会有另外一种更微妙的退化发生，而不只是萎缩。

克：没错，这就是我想说明的。

博姆：你知道，当一个婴儿出生时，脑细胞之间的交叉连接很少，然后这些连接会慢慢增加，再往后，当一个人步入老年，连接又开始减少。所以这些交叉连接的品质可能出了问题。假设，比如说，我们太经常地重复它们，它们就会变得太过固化。

那：所有的大脑活动都只限于理性的形式吗？还是说，有些活动的品质会有不同？

博姆：哦，据我们所知，大脑有一大部分处理的是身体的活动，包括肌肉、各个器官等，这一部分不会随年纪而萎缩，尽管那个处理理性思维的部分，如果不使用的话，确实会萎缩。然后可能还有一些其他的活动是完全未知的，也就是说，实际上关于大脑我们所知甚少。

克：我们说的是，我们只使用了大脑的一部分。实际只有局部的活动、局部的占据，无论理性还是不理性。但是，只要大脑被占据，它就必然处在那个局限的领域里。你会这么认为吗？

博姆：那当它不被占据时，会怎样？我们可以说，它可能会倾向于把大部分时间用于被一系列有限的机械活动所占据，而这会造成大脑组织某种微妙的退化，因为任何类似的事都会影响大脑组织。

克：我们是不是说，衰老是一种机械的生活方式、机械的知识的结果？于是大脑就没有了自由，没有了空间？

博姆：就是这个意思，只是不一定会被所有研究大脑的人接受。他们的研究表明，脑细胞从 30 或 40 岁左右就开始以一个稳定的速度死掉，但这可能是一个因素。我不认为他们的测量手段好到能够有效测试大脑是如何被使用的。你知道，那些只是非常粗略的测量手段，是建立在统计数据上的。而你想提出的是，大脑的这种死亡或退化来自对大脑错误的使用方式？

克：没错，这就是我尝试说明的。

博姆：好的，在这一点上，是有些来自科学家的证明的，尽管我认为他们知道的并不多。

克：你知道，如果可以简而言之的话，科学家、脑科专家是从外部来研究事物的，而不是把他们自己当成豚鼠来研究。

博姆：大部分是这样的，你知道的，除了那些研究生物反馈的人，他们是在尝试用一种非常直接的方式来研究自己的。

克：是的，但我觉得我们没时间等那些了。

博姆：那种做法太慢了，而且也不太深入。

克：所以让我们回到这个认识上来：任何重复的、方向狭隘的活动，任何方法，任何例行公事，无论是否符合逻辑，都会影响大脑。这一点我们已经非常清楚地理解了。在某个层面上，知识是必要的，但是关于一个人自己、关于个人经验之类的心理知识，会变成被墨守的成规。我对自己抱有的形象，显然也会变成成规，那些都会促成大脑的萎缩。这些我都非常清楚地懂得了。而任何一种占据，除了机械的……不，不是机械的……

博姆：……生理上的。

克：除了生理上的占据，被自我占据就会带来大脑的萎缩。那么，这个过程如何才能停止？而如果真的停止了，会有一种新生吗？

博姆：我想某些大脑科学家会怀疑脑细胞能够得到更新，我不知道关于实际是否如此，有没有任何证据。

克：我认为它们可以得到更新。这就是我想说明的。

博姆：那我们得探讨一下。

那：你的意思是说，心灵跟大脑是不同的，心灵是有别于大脑的？

克：不是。

博姆：你之前说到过普世的心。

那：心灵的含义是，它可以到达那个心灵，它不是大脑。你觉得这可能吗？

克：我不太明白那是什么意思。我会说那个心灵是包含了一切的。当它无所不包——包含了大脑、情感，包含了所有的一切——当它是完全完整的，本身是不分裂的，就会有一种普世的品质。对吗？

那：一个人可以到达它吗？

克：不是"一个人"。不，你无法触及它。你不能说，我到达了它。

那：我说的只是到达。一个人并不占有它，而是……

克：你无法占有天空！

那：没错，我的意思是，有没有一种方式可以向它敞开，心有没有一种运作方式，可以通过教育让那个整体变得可达？

克：我认为是有的。我们可以马上就到达，如果我们能紧扣这个问题的话。我们现在问的是，大脑能否自我更新，焕发新生，再次变得年轻，完全没有任何萎缩。我认为可以。我想开启一个新的篇章，来讨论一下这个问题。心理上，人类获得的知识在让大脑变残疾。弗洛伊德、荣格之流，最新近的心理学家，最新近的心理治疗师，都在帮忙让大脑萎缩。抱歉！我无意冒犯……

那：那有没有办法忘掉这些知识呢？

克：不，不，不是忘掉。我发现了心理知识都做了些什么，我也发现了其中的浪费，我发现了如果我照那条路走下去的话，会发生什么。这些都是显而易见的。所以我完全不再走那条路了。我完全摒弃了分析。那是我们之前学到的模式，不只是从新近的心理学家和心理治疗师那里学来的，也是通过一百万年来分析、内省、说"我必须"和"我一定不能""这是对的"和"那是错的"这些传统学来的。你知道，这整个过程。我本人不做这些，所以我抛弃了那整个方法。

我们已经来到了这一步，那就是直接的感知和即刻的行动。我们的感知通常是被知识、被过去所指引的，也就是其实是知识在感知，然后随着行动的产生，还是从那里出发去行动的。这就是造成大脑萎缩和衰老的一个因素。

有没有一种感知是不受制于时间的？于是就有了即刻的行动？我说清楚了吗？也就是说，通过时间进化的大脑，只要依然活在时间的模式里，它就会变得衰老。如果我们能够打破那个时间的模式，大脑就突破了它自身的模式，于是另一些事就会发生。

那：大脑如何突破时间的模式呢？

克：我们会说到那里的，但我们首先来看看是否同意上面所说的。

博姆：哦，你是说，大脑就是时间的模式，而这一点可能需要澄清。我认为你所说的分析，指的是某种以过去的知识为基础的过程，而这些知识塑造了我们的感知，在那个过程中，我们采取了一系列的步骤，试图积累关于这整件事的知识。而现在你说那是时间的模式，我们得突破它。

克：如果我们都同意事实确实如此的话，大脑就是在时间模式里运转的。

博姆：那我们就得问问，可能有其他的模式吗？

克：但是等一下……

博姆：可能有什么其他的运动吗？

克：不。我们首先需要明白这一点，不是只从字面上，而是真的看到实际发生着什么。那就是，我们的行动，我们的生活方式，我们的整个思维，都受限于时间，或者都伴随着时间中的知识而来。

博姆：确实，我们关于自己的思考，任何分析自己的企图，考虑我们自己，都涉及这个过程。

克：这个过程，是个时间过程，对吗？

那：这是个难点。当你说到知识和经验，它们也是一种能够绑住你的内聚能量或内聚力。

克：那又是什么意思？被时间绑定！

那：被时间绑定，而且……

克：……于是千百年来的模式还在重复。

那：是的。但我说的是它有某种内聚力。

克：当然，当然。所有幻觉都有超乎寻常的活力。

那：极少有人能突破。

克：看看所有那些教堂就知道了，它们有多么无限的活力。

那：不止如此，除了那些教堂，在个人生活中，它也有某种把人拉回去的内聚力。一个人无法从中脱离。

克：你说的把你拉回去是什么意思？

那：它有一种磁石般的吸引力，好像能把你拉回去。你无法摆脱它，除非你有某种可以借以行动的工具。

克：我们这就来弄清楚这个问题有没有另一种切入方式。

博姆：当你说另一种工具，那是什么意思并不清楚。这整个工具的概念都包含了时间，因为只要你使用任何工具，那都是一个你在计划的过程。

克：时间，就是这样。

那：我用"工具"这个词指的是有效。

克：它并不是有效的，恰恰相反，它是破坏性的。所以，我有没有看清它的破坏性这个真相？不是只看到这个理论、这个概念，而是看到这个事实。如果我看到了，那会怎样？大脑是通过时间进化的，也一直在那个时间过程中运作、生活、行动、相信。但是，当一个人意识到这一切都在促使大脑变得衰老，当一个人看到了这个真相，然后下一步会怎样？

那：你是说，看到它的破坏性，这个看到本身就是一个解放的因素？

克：是的。

那：不需要有一个额外的工具？

克：不需要。不要用"工具"这个词。没有其他的因素了。我们关心的是结束这种萎缩和衰老，我们在问大脑本身、脑细胞、这个整体能否脱离时间。我谈的不是永生不朽以及所有那类东西！大脑能否完全走出时间？否则腐化、萎缩和衰老就是在所难免的，即便衰老的迹象还没显现出来，脑细胞就已经在变得虚弱了，诸如此类。

那：如果脑细胞是物质的和生理意义上的，它们或多或少总是会随时间萎缩的，这件事其实是无能为力的。脑细胞，作为一种生理组织，在物质形态上不可能是不朽的。

博姆：可能萎缩的速度会大大减缓。如果一个人活了一些年头，而他的大脑在他死前很久就开始萎缩了，那么他就是变得衰老了。而如果衰败能够减缓的话，那么……

克：……不只是减缓，先生。

博姆：嗯，还有新生。

克：处在一种不被占据的状态中。

博姆：我想那拉扬说的是，任何物质系统都不可能永存。

克：我说的并不是永存——尽管我也不确定它是否能永存！不，这是很严肃的问题。我并不是在拖谁的后腿。

博姆：如果身体里和大脑里的所有细胞都能新生，那这个整体就能无穷无尽地存在下去。

克：瞧，我们如今正通过喝酒、抽烟、纵情声色等在破坏身体，我们活得极其不健康，对吗？如果身体处于极佳的健康状态，一直得到很好的保养——也就是没有激动的情绪，没有承受压力，身体没有任何退化，心脏也正常工作——那为什么不能永存呢！

博姆：呃……

克：那意味着什么？没有旅行，以及诸如此类……

博姆：没有刺激。

克：如果身体待在一个安静的地方，我相信它就能比现在多存活很多年。

博姆：是的，我认为确实如此。确实已经有很多在安静的地方人能活 150 年的例子。我想这就是你要说的意思。你并不是真的在说永存对吧？

克：身体被照料得很健康，同时，由于身体也会影响心智、神经、感官等，它们也能被照料得很健康。

博姆：如果大脑能够得以恰当地运转……

克：是的，没有任何压力。

博姆：你知道，大脑对整个身体的组织具有强大的影响力。脑垂体控制着身体的整个腺体系统，同时身体的所有器官又被大脑所控制。当大脑开始衰退，身体也就开始衰退了。

克：当然。

博姆：它们是一起工作的。

克：它们是共进退的。所以，这个大脑能否——它不是"我的"大脑——它经过了数百万年的进化，有了各种破坏性的或者快乐的经验……

博姆：你是说它是一个典型的大脑，而不是一个特定的大脑，不是某个人特有的？当你说"不是我的"，你是说任何大脑都是属于全人类的，对吗？

克：任何大脑。

博姆：它们从根本上都是相似的。

克：相似的，这是我之前说过的。这个大脑能摆脱这一切，摆脱时间吗？我认为可以。

博姆：或许我们可以讨论一下摆脱时间是什么意思。你知道，一开始说到大脑摆脱时间，可能听起来有点疯狂，但是，显然，我们都知道你并不是说钟表停下不走了。

克：科幻小说之类的！

博姆：重点就在于，从心理上摆脱时间，究竟是什么意思？

克：意思是没有明天。

博姆：可是我们知道是有明天的。

克：但是心理上……

博姆：你能表述得更确切一些你说的"没有明天"是什么意思吗？

克：活在时间里是什么意思？我们先说另一面，因为然后我们就可以回来说这个了。活在时间里是什么意思？希望，思考过去，活在过去，根据过去的知识行动，意象，幻觉，偏见——它们都是过去的产物。那一切都是时间，而这在世界上制造了混乱。

博姆：那，假设我们说，如果我们心理上没有活在时间中，我们可能还是需要借助钟表来安排我们的行动。如果有人说，"我没有活在时间里，但我必须去赴约。"就会令人感到困惑。你明白吗？

克：当然。你不能永远坐在这儿。

博姆：所以你说，我在看表，但心理上我没有延展说下小时满足了欲望之后，我会有什么感受。

克：我只是在说我们现在活在时间领域里的方式。在那里，我们带来了各种问题和苦难，对吗？

博姆：是的，但是需要说清楚为什么这必然会造成苦难。你是说，如果你活在时间的领域里，苦难就是不可避免的。

克：不可避免的。

博姆：为什么？

克：很简单。时间建造了自我，这个"我"，由社会、父母、教育所维系的我的形象，它是通过数百万年建立起来的。这一切都是时间的产物，而我就是从那里行动的。

那：是的。

博姆：然后从心理上走向未来。也就是，朝向某个未来的存在状态。

克：是的，也就是说，那个中心一直在成为什么。

博姆：努力变得更好。

克：更好，更高尚，或者别的什么。所以那一切，心理上一直想要成为什么的努力，就是一个时间因素。

博姆：你是说，想要成为什么的努力造成了痛苦？

克：显然是的，这很简单。这一切都是分裂性的。它分裂了我和他人，所以你有别于我。而当我依赖某人的时候，然后那个人走了，我就感觉孤独、悲惨。这一切都在上演。所以我们才说任何分裂的因素，也就是自我的本质，必然会导致苦难。

博姆：你是说，自我通过时间得以建立，然后自我引入了分裂和冲突等？但是，如果没有心理时间，那么也许这整个架构就会崩塌，某些截然不同的事就会发生？

克：正是如此，这就是我想说的。于是大脑自身就突破了。

博姆：哦，那是下一步了——说大脑突破了那个窠臼，然后也许就新生了。不一定符合逻辑，但依然可能会是这样的。

克：我认为确实是符合逻辑的。

博姆：哦，从逻辑上讲，它会停止退化。

克：是的。

博姆：而你进一步补充说，它会开始新生？

克：你很怀疑的样子。

那：是的，因为整个人类的困境就是受制于时间的。

克：这个我们都知道。

那：社会，个人，这整个架构。

克：我知道，我知道。

那：这种局限的力量太强大了，乃至任何虚弱的东西都起不了作用。

克：你说的"虚弱"是什么意思？

那：那股力量太强大了，所以想要突破出来的东西必须拥有更强大的能量。

克：是的。

那：而似乎没有哪个人能够产生足够的能量突破出来。

克：但是你本末倒置了，如果我可以指出的话。当你用"个人"

这个词，就已经偏离"我们的大脑是普世的"这个事实了。

那：是的，我承认。

克：个体性并不存在。

那：大脑就是这样被制约的。

克：是的，这些我们都探讨过了。它就是这样被时间所制约的。时间就是制约，对吗？不是时间造成了制约，时间本身就是制约因素。

那么这个时间因素能否不复存在？我们说的是心理时间，而不是通常意义上的物理时间。我说是可以的。我们说过，当经由时间建立的自我不复存在时，苦难的终结便可发生。对此，一个实际正在经历痛苦的人也许会反对，也必然会反对。但是，当他从那种打击中走了出来，如果有人跟他指出来发生了什么，如果他愿意听，也愿意看看其中清醒的理性，而不竖起一堵抗拒之墙，那么他就已脱离那个领域了。大脑就已经脱离那个受限于时间的因素了。

那：暂时地。

克：啊！当你用到"暂时"这个词，那就又意味着时间了。

那：不，我的意思是那个人又滑回到时间里去了。

克：不，他不会。如果他看到了某个东西是危险的，就像眼镜蛇或者其他任何危险一样，他就不会回去了。他不可能再回去。

那：这个比喻有点儿难理解，因为那个结构本身就是危险。人不经意间就滑进去了。

克：瞧，那拉扬，当你看到一个危险的动物，立刻就会行动。那也许是过去的知识和经验的结果，但马上就会有自我保护的行动。但是心理上我们也察觉到了危险。如果我们就像发觉身体危险一样觉察到了这些危险，就会有一种不受限于时间的行动。

博姆：是的，我想你可以说，只要你能够感知到这种危险，你知道你会立刻做出反应。但是，你瞧，如果你要用动物来打比方的话，有可能那是一个你觉得危险的动物，但是它也许换了个外形，你就看不出它是危险的了！

克：是的。

博姆：所以会有滑回去的危险，如果你没发现这个时间的幻觉很可能会换个形态再出现。

克：当然。

博姆：但我认为你想说的最主要的一点是，大脑并不属于任何个人。

克：是的，绝对是这样。

博姆：所以，说某个人会滑回去，就没什么意义了。

克：没错。

博姆：因为那就已经否定了你所说的。不如说危险在于大脑可能会滑回去。

克：大脑本身可能会滑回去，因为它并没有看到危险。

博姆：它并没有看出以其他形式出现的幻觉。

克："圣灵"的形态可是变化多端的！时间是这一切真正的根源。

博姆：时间和表现为个体性的分别，从根本上讲是同一个结构。

克：当然。

博姆：尽管这一点一开始并不明显。

克：我想知道我们是否看清了这一点。

博姆：或许这个问题值得探讨一下。为什么心理时间和个体性是同一个幻觉，同一个结构？个体性是指，自己作为定位于此处或某处的一个人的感觉。

克：有所定位，而且是分开的。

博姆：与他人是分开的。他向外延伸到某个边界，他的领地扩展到某个边界，同时他也有个在时间中延续的身份。如果他说，"今天我是这个人，明天我是另一个人"，他就不会认为自己是一个个体了。所以似乎我们用"个体"指的是处在时间中的某人。

克：我认为个体性这个想法是个如此荒唐的谬论。

博姆：是的，但很多人也许会发现很难认为那是个谬论。人们有一种共同的感觉，那就是作为一个个体，我至少从出生就开始存在了，如果不是更久的话，然后持续存在到死，还有可能到死后。这整个作为个体存在的想法，就是处在时间中的，对吗？

克：显然是的。

博姆：处在心理时间中，而不只是钟表时间。

克：是的，我们说的就是这个。所以，时间制造了个体性，这个幻觉能够被打破吗？这个大脑能明白这些吗？

博姆：我认为，如那拉扬所说，任何一个大脑中都有一股巨大的动力，一直在不停滚动、前行。

克：这股动力能停下吗？

那：到这里难点就出现了。遗传密码对一个人来说是内在固有的。你似乎或多或少在无意识地运转，被这过去的动力所驱使。然后电光石火间，你突然看到了某种真实的东西。但难就难在，它也许只运作了一天——然后你就又困在了旧有的动力里。

克：这个我知道。但我说的是大脑不会再受困了。一旦心或大脑觉知到了这个事实，它就回不去了。它怎么可能回去？

那：那就必定有另一种防止它回去的方式。

克：不是防止，那也意味着时间。你还是在从防止的角度思考。

那：防止的意思是某个人为的因素。

克：这个人就是不理性的，对吗？而只要他还在不理性地运转，他就会对所有理性的因素说"我拒绝去看"。

那：你的意思是，那个看到本身就能防止你滑回去。这是人的一种状态。

博姆：我想知道我们能否进一步探讨一下这个防止的问题。它可能很重要。

那：有两个方面。你看到了某件事的谬误，这看到本身就能防止你滑回去，因为你看到了它的危险。

博姆：从另一种意义上讲，你说你没有要滑回去的诱惑，因此你不必预防。如果你真的看清了，就不需要有意识地防止了。

那：那时你没有退回去的诱惑。

克：你不可能回去。举例来说，如果我看到了所有那些宗教类无稽之谈的谬误，那就结束了！

博姆：我提出的唯一一个问题就是，你可能并没有那么彻底地看清以其他形式出现的这个问题。

那：它可能以不同的形态出现……

博姆：然后你就又一次被诱惑了。

克：心是觉知的，它不会再受困。但你说它又被困住了。

那：是的，以其他的形态和形式。

克：等一下，先生。我们刚才说了，那种感知是时间之外的，是即刻看到了时间的整个结构。用句好用的老话来说就是，对时间的本质有了洞见。如果有了那份洞见，本来是时间的一部分的脑细胞本身，就土崩瓦解了。脑细胞为自身带来了一场剧变。你也许会不同意，你也许会说："证明一下。"我说这不是一个证明的问题，这是一个行动的问题。去做，去弄清楚，去尝试。

那：你那天也说过，当意识清空了它自身的内容……

克：……内容就是时间……

那：……那就会带来脑细胞的转变。

克：是的。

那：当你说意识清空了它自身的内容……

克：……那就不是我们所知的意识了。

那：是的。你用了"洞见"这个词。这两者之间有什么联系？

博姆：哪两者之间？

那：意识和洞见。你之前说当意识清空了它自身的内容……

克：小心一点。意识是由它的内容组成的，而内容就是时间的产物。

博姆：内容也正是时间。

克：当然。

博姆：它也是关于时间的，而且实际上是由时间组成的，也是与时间有关的。

克：那，如果你对此有了洞见，这整个模式就消失了，打破了。洞见与时间无关，与记忆无关，与知识也无关。

那：那是谁有了这份洞见？

克：没有"谁"。只是有了洞见。

那：有了洞见，然后意识清空了它自身的内容……

克：不，先生，不。

那：你是说，内容的清空本身就是洞见？

克：不，我们说时间是构成意识的一个因素。是它构成了意识，意识也思考时间。这一堆都是时间的产物。对这整个运动的洞见——那不是"我的"洞见——会带来大脑的转变，因为那洞见不受制于时间。

博姆：你是说，这些心理内容在生理上是大脑中的某种结构？为了让这些心理内容有存身之处，大脑多年来建立了很多脑细胞之间的连接，就构成了这些内容？

克：没错，没错。

博姆：然后电光石火间有了洞见，看到了这一切，发现那些东西是没必要存在的。于是那些东西就开始消散。散掉之后，就没有内容了。然后无论大脑做什么，都完全是另一回事了。

克：让我们来进一步探索下去。然后就有了全然的空无。

博姆：嗯，清空了那些内容。但是，当你说完全空无，你的意思是清空了里面所有的内容？

克：没错。那空无有着巨大的能量，它就是能量。

博姆：所以你是否可以说，大脑因为有那些互相纠缠的连接，于是锁住了很多能量？

克：没错，浪费了能量。

博姆：而当它们开始消散的时候，能量就有了。

克：是的。

博姆：你会不会说，　此时无论物理能量还是别种能量，都是非常充足的？

克：当然。现在，我们可以更细致地继续探讨，但是，这个问题的主因和根源，究竟是一个概念还是一个事实？我生理上用耳朵听到了这一切，但我也许会把它变成一个概念。如果我听到了这些，不只是用耳朵，而是用我的整个存在，用我自己的整个结构本身，那会怎样？如果那样的倾听并未发生，那这一切就只会变成一个概念，我余生就只会在玩弄概念中不停打转。

现在，我们在这里或多或少是一群"被动受制的听众"。但是，如果这里有个科学家，生物反馈研究者或者其他的脑科专家，他会接受这些吗？他哪怕会听一下吗？

博姆：有些科学家可能会听，但显然大部分不会。

克：没错。那么，我们如何才能触动人类的大脑？

博姆：你知道，这一切对大部分科学家来说都显得相当抽象。他们会说可能是这样的，这是个动听的理论，但我们没有证据。

克：当然。

博姆：他们会说，这不会让他们感觉很兴奋，因为他们看不到任何证据。他们会说，如果你有更多的证据，我们稍后会回来，然后开始感兴趣。而你无法给出任何证据，因为无论发生了什么，没人能用眼睛看到。

克：我明白。但我问的是：我们该怎么办？人类的大脑——不是"我的"大脑或"你的"大脑——已经进化了一百万年。一个"生物学上的怪胎"能够从中脱离出来，但你如何才能普遍地触及人类的心灵，让它看到这一切？

博姆：我认为你得沟通你所说的那些事的紧迫性和必然性。如果一个人看到了些什么，然后你解释给他听，进而他看到那些事就发生在他自己眼前，于是他说："确实如此。"

克：但是那需要有人来听呀，得有人说："我想领会这些，我想了解这些，我想一探究竟。"你明白我说的意思吗？而显然这是生活中最为困难的事之一。

博姆：嗯，这就是这个被占据的大脑的运作方式——它被自己所占据，无法倾听。

那：事实上，问题之一正是这种占据很早就开始了。当你还年轻时，这种占据就已经很有力量了，然后持续终生。我们如何才能通过教育让这一切清晰起来？

克：一旦你看到不被占据的重要性——作为一个巨大的真相看到——你就会找到方式、方法，通过教育来创造性地提供帮助。没人可以被告知如何去做、拷贝和模仿，因为那样的话他就迷失了。

博姆：那问题就在于，怎么才能跟这个一直抗拒、不肯聆听的大脑去沟通呢？有办法吗？

克：如果我拒不肯听，那就没办法。你瞧，我认为冥想在这一切中是个重要因素。我认为我们一直在冥想，尽管普通人不会接受这是冥想。

博姆：他们太经常地使用这个词了……

克：……以致它完全失去了本有的含义。但真正的冥想是这个意思：清空意识。你明白吗？

博姆：明白，但我们得说清楚。早前你说过，冥想会在洞见中发生。现在你是说，冥想对洞见是有所助益的？

克：冥想就是洞见。

博姆：它已经是洞见了。那它是你做的某种工作吗？洞见通常被认为像电光石火一样，而冥想是更有持续性的。

克：我们必须非常小心。我们说的冥想是什么意思？我们可以摒弃各种体系、方法、公认的权威、禅修，无论是藏式的、印度教的还是佛教的，因为这些显然只是传统、重复和受限于时间的无稽之谈。

那：你认为它们之中有没有一些是原始的，也许过去曾经有过原初的洞见？

克：如果有过，它们就不会属于基督教、印度教、佛教了。它们什么都不会属于。我的意思是，谁知道呢？而冥想就是这种洞察，是这种没有任何过去的运动。

博姆：唯一要澄清的一点是，当你用到"冥想"这个词，你指的是某种不只是洞见的东西，你知道的。

克：远远不止。洞见把大脑从过去、从时间中解放了出来。这是一个非同寻常的陈述……

博姆：你的意思是，如果你要冥想，就得先有洞见？

克：是的，没错。冥想，而没有任何一种成为。

博姆：没有洞见，你就无法冥想。你不能把冥想当成是达到洞见的先导步骤。

克：没错，那立刻就包含了时间。为了拥有洞见，需要一个程序、一个体系、一个方法，那纯属无稽之谈。对贪婪或恐惧的洞见，就把心灵从中解放了出来。于是冥想就有了一种截然不同的品质。它与所有那些古鲁的冥想都毫无关系。所以，我们是否可以说，要有洞见，就必须有安静？

博姆：哦，那是同一回事。我们似乎在绕圈子。

克：暂时是这样。

博姆：我的心是安静的。

克：所以安静的洞见涤净了、冲刷掉了那一切。

博姆：那整个占据的架构。

克：是的。那么冥想——究竟是什么？没有我们所知的那种运动，没有时间的运动。

博姆：那有没有另一种运动？

克：我不认为我们能够用言辞来衡量那种无限的状态。

博姆：但是你之前说过，尽管如此，还是需要找到某些语言来表达，尽管那是不可说的！

克：是的。我们会找到恰当的语言的。

# 第十章

## 宇宙秩序

### 1980 年 6 月 7 日，英国汉普郡，布洛克伍德庄园

吉度·克里希那穆提：我们那天讨论结束的时候说到了，当心灵完全清空了思想积攒的一切，真正的冥想就开始了。但我想更深入地探究一下这个问题，退回去一点点，搞清楚心灵、大脑究竟能否从所有幻觉、从一切形式的欺骗中解脱出来。另外，它能否拥有自己的秩序———一种并非由思想或者把事物放入其恰当位置的尝试或努力引入的秩序。还有，无论大脑被打击和各种刺激损坏得有多严重，它能否彻底治愈自己。

所以，我们首先从这个问题开始：有没有一种秩序不是人为的或者由思想建立的——它不是在干扰之下算计出来的结果，那样的话就依然是旧有制约的一部分了。

大卫·博姆：你指的是心灵吗？我的意思是，你可以说大自然的秩序就是它自身本有的。

克：大自然的秩序确实是秩序。

博姆：是的，那不是人为的。

克：但我说的不是这个。我不确定我要说的就是那种秩序。存在宇宙秩序吗？

博姆：哦，从某种意义上来说，那还是同一回事，因为"宇宙"（cosmos）这个词的含义就是秩序，而且是整体的秩序，包括了宇宙的秩序和心灵的秩序。

克：是的。我想探明的是，有没有一种秩序是人类永远不可能设想的？因为任何概念都依然在思想的模式之内。

博姆：那，我们要如何探讨这个问题呢？

克：我不知道。我认为我们可以探讨。什么是秩序？

那拉扬：有数学秩序，这是所有学科都公认的最高形式的秩序。

克：数学家们会同意数学是完备的秩序吗？

那：是的，数学本身就是秩序。

博姆：我认为那取决于具体数学家的看法。但是有一位著名的数学家，叫冯·诺依曼，他把数学定义为"关系之间的关系"。他实际的意思是，关系就是秩序。数学是在秩序本身的领域之中运行的秩序，而不是在某个物体上运行的秩序。

克：是的，这就是我尝试探明的。

博姆：所以最有创造力的那些科学家对此有个看法，那就是数学可以叫作纯粹的秩序。但是，当然它也是有限的，因为它必须通过模型或者方程，用数学的方式来表达。

克：当然。如我们所知，秩序是失序的一部分吗？

博姆：我们说的失序是何含义，就是另一个问题了。对于失序，不可能给出一个前后统一的定义，因为它违反了秩序。实际发生的一切都有个秩序，但是如果你愿意，可以把某些事情叫作失序。

克：你是说，发生的任何事都是秩序？

博姆：具有某种秩序。如果身体没有很好地运转，即使得了癌症，癌细胞里还是有某种秩序的，它只是依照另一种模式在生长而已，只不过趋势是搞垮身体。但无论如何，这整件事情是有某种秩序的。

克：是的，是的。

博姆：它并没有违反自然规律，尽管在某个相对的语境下，你可以说那是失序，因为，如果我们谈的是身体的健康，那么癌症就可以叫作失序。但它本身……

克：癌症有它自身的秩序。

博姆：是的，但那与身体成长的秩序是不相容的。

克：没错。那我们说的秩序是什么意思？有秩序这回事吗？

博姆：秩序是一种观感，我们无法抓住秩序。

那：我认为我们通常提到秩序的时候，是与某个框架或某个领域有关的。秩序始终包含了这个意味。但是，当你说到秩序的秩序，就像在数学领域那样，我们就脱离了这种有限的方式。

博姆：你知道，大部分数学家是从数的次序开始的，比如，一、二、三、四，然后在此基础上建立起一个层级体系。但是你可以看出数的秩序是个什么含义。例如，其中有一系列恒定的关系。在数的次序中，你能看到秩序最简单的例子。

那：而零的发现，就建立了一种新秩序！数学秩序和自然中的秩序，是一个更大领域的一部分吗？还是说，这些只是局部的形式？

克：你瞧，大脑、心灵是如此矛盾、伤痕累累，乃至于它找不到秩序。

博姆：是的，但是它想要哪种秩序呢？

克：它想要一种在其中它感觉安全、不会受伤、不会受到打击、不会感觉到身体和心理痛苦的秩序。

博姆：秩序和数学的整个要义就在于没有矛盾。

克：但大脑是处在矛盾中的。

博姆：所以有什么地方出错了。

克：是的，我们说过大脑转错了一个弯。

博姆：你知道，如果身体的生长出了错，我们就会生癌细胞，那就意味着有两种互相矛盾的秩序——一种是生癌的秩序，另一种是身体的秩序。

克：是的。但是，心灵、大脑，能否彻底摆脱所有组织化的秩序？

博姆：你用"组织化的秩序"，指的是一种固化的或者被强加的模式？

克：是的，被强加的或者自我强加的。我们正试着探究大脑究竟能否摆脱一切强加、压力、伤害、疤痕，还有把它往不同方向挤压的生命中的一切琐碎。如果它不能，冥想就没有任何意义。

博姆：你可以更进一步说，如果你不能摆脱那一切，生命也许就没有意义。

克：不，我不会说生命没有意义。

博姆：如果模式无休止延续的话……

克：如果还像之前的千万年那样无休止地延续下去，生命确实没有意义。但是若要发现它究竟有没有意义——而我认为它确实有——大脑是不是就必须完全从这一切中解脱出来？

博姆：那，我们所说的失序，其根源是什么呢？那差不多就像是大脑里面生了一种癌症，它运行的方式和大脑的健康是相悖的。

克：是的。

博姆：并且随时间而加重，一代接一代，日益壮大。

克：每一代都重复着相同的模式。

博姆：它似乎在通过传统在每一代人中不断累积。

克：这个被设定的、不断累积的模式如何才能终止，如何才能被打破？

博姆：我们可以问另一个问题吗？大脑为什么提供这种东西得以生长的土壤？

克：可能只是因为传统或者习惯。

博姆：但是大脑为什么要待在其中呢？

克：它觉得安全。它害怕新事物出现，因为在旧有的传统里，它找到了庇护。

博姆：那我们就得质疑大脑为什么欺骗它自己了。这个模式隐含了这个事实：大脑在失序这件事上欺骗了自己，它似乎无法看清这一点。

那：我认为秩序背后有智慧在运用秩序。我为某个目的建立了一种秩序，当这个目的完成之后，我就把那个秩序或模式抛在一边。所以秩序里有一种智慧，是那种智慧建立了秩序。这就是通常的含义。但你指的是另外一些东西。

克：我问的是这个代代相传的模式能否被打破，还有，尽管这个模式带来了种种冲突和苦难，为什么大脑还是接受了它。

那：我用另一种方式说的是同一件事。当某个秩序完成了它的目的，它能否被抛在一边？

克：显然不能。我们说的是心理上，这一点就是没能做到。大脑还在继续重复恐惧、悲伤、痛苦。这一切都变成家常便饭的一部分了！它是不是受到的制约太过深重，乃至于看不到出路？还是说，因为不停重复，大脑已经变得太迟钝了？

那：重复的动力就在那里。

克：是的。那种动力让心变得怠惰、机械。在那种机械的惰性中，它找到了庇护，说："一切都好，我可以继续。"这就是大部分人的做法。

博姆：这就是失序的一部分。那种想法就是失序的表现。

克：当然。

那：你会把秩序和智慧联系到一起吗？还是说，秩序是某种自己存在的东西？

博姆：智慧包括了秩序，它需要我们以一种有序的、没有矛盾的方式来感知秩序。但是我认为，在我们这次讨论的语境下，我们自己并没有创造这种秩序，我们并没有施加这种秩序，而是它是自然存在的。

克：是的。所以让我们说回来。我是个普通人，我发现我被困住了。我的整个生活方式和思考方式，我的各种态度和信念，都出自这漫长的时间。时间是我的全部生活。过去我无法改变，我从中得到了庇护。对吗？

博姆：哦，我认为如果我们谈的是所谓普通人，我们会发现他并不真的明白时间是一件发生在他身上的事。

克：我说的是，一个普通人在跟另一个人详谈之后，能够发现他的整个生活都是基于时间的。心在时间中——在过去中寻得了庇护。

博姆：那究竟是什么意思呢？它是如何寻得庇护的？

克：因为过去无法改变。

博姆：是的，但人们也会思考未来。通常的看法是未来是可以改变的。共产主义者说了："放弃过去吧，我们要改变未来。"

克：但是我们无法放弃过去，即使我们认为我们可以。

博姆：那么，如果即使那些试图不从过去寻求庇护的人，也无法放弃过去，那看起来无论我们怎么做，都会被困住。

克：那么，下一步就要问，为什么大脑要接受这种生活方式呢？为什么不把它打破呢？是因为懒惰吗？还是因为毫无打破的希望？

博姆：那还是同一个问题——从过去走向未来。

克：当然。那么大脑该怎么办？这个问题适用于大多数人，不是吗？

博姆：我们还没弄明白为什么，当人们发现他们的行为是失序的或者不理性的，他们试图放弃过去，可是做不到。他们为什么做不到呢？

克：等一下，先生。如果放弃了过去，我就不存在了。如果我放弃了我所有的记忆，我就什么都没有了，我就什么都不是了。

博姆：我认为某些人，比如，马克思主义者的看法会稍有不同。马克思说过，有必要转变人类的生活状况，而这会消除过去。

克：但是他们并没有做到，也无法做到。

博姆：那是因为当人试图去改变，他依旧是从过去出发开始下手的。

克：是的，这就是我想说的意思。

博姆：如果你说，完全不要依赖过去，那么，就如你问到的，我们该怎么办？

克：我就什么都不是了：这就是我们为什么不可能放弃过去的原因吗？因为我的存在，我的思维方式，我的生活，所有的一切，都是来自过去的。如果你说，抹掉那一切，那我还剩什么？

博姆：我认为你可能会说，显然我们也得从过去留下某些东西，比如，有用的知识。

克：那些我们都讨论过了。

博姆：但是你可能会问，假设我们留下过去里面有用的部分，抹掉过去中造成矛盾的所有方面呢？

克：抹掉在心理上会造成矛盾的那些。那还剩下什么？只是去办公室上班吗？什么都没有了。这就是我们为什么无法放弃的原因吗？

博姆：里边还是有个矛盾的，因为如果你说，"还剩下什么？"你就依然是从过去发问的。

克：当然。

博姆：你是不是只是在说，当人们谈到放弃过去，他们偏偏没有在那么做，而只是把注意力转向了实际是在逃避问题的另一个问题上？

克：因为我的整个存在就是过去，它做了些改变或调整，但依然扎根于过去之中。

博姆：那么，如果你说，"好的，放弃那一切，那么将来你就会拥有某种完全不同的东西，而且更好"，那人们会被吸引过来吗？

克：但"更好"依然是来自过去的。

博姆：但是人们希望至少能得到些许保证。

克：就是这样。可就是什么都没有。普通人想要某种可以抓住的东西。

博姆：他也许觉得他并没有抓住过去不放，而只是在伸手去抓别的东西。

克：如果我去抓什么，它就依然是过去。

博姆：是的，它根植于过去，但这一点通常并不明显，因为人们会说那是一个宏大的、新的革命性的状况。

克：只要我的根在过去，就不可能有秩序。

博姆：因为过去弥漫着失序。

克：是的。那么，我的心灵、我的头脑，愿意看到如果我放弃了过去，就会完全一无所有吗？

博姆：而且没什么可抓的。

克：什么都没有，没有任何活动。于是有人在我眼前挂了一根胡萝卜，而我很愚蠢，就跟着它走了。但是，如果我没有胡萝卜，没有奖惩，这过去如何才能被消除？因为，否则我就依然活在了人造的时间领域里。那我该怎么办？我愿意面对那绝对的空无吗？

博姆：对不愿意或者觉得没有能力面对这些的人，你会说什么？

克：我不会费心去管那些。如果有其他人说，"我没法去做所有这些荒唐事"，我会说，"那就照旧好了"。

但是我愿意彻底放开我的过去。那意味着没有努力，没有奖惩，没有胡萝卜，什么都没有。大脑愿意面对这非同寻常的、对它而言全新的状态，一种空无的存在状态。而这可怕到令人战栗。

博姆：连这些话都有其根植于过去的含义，而这就是恐惧的来源。

克：当然。这一点我们已经明白了，词语并非事物本身。我的大脑说它愿意那么做，愿意面对这绝对的一无所有和空无，因为它已经亲自看到，它寻得庇护的所有地方都是幻觉……

博姆：我认为这就引出了你之前提到的一件事——大脑所受的损坏或伤疤的问题。

克：就是这样。

博姆：没有被损坏的大脑就有可能相当容易地放开过去。

克：瞧，我能发现是什么对大脑造成了损害吗？无疑，因素之一就是强烈的、持续的情绪，比如，仇恨。

博姆：可能一闪而过的情绪不会造成太大的损害，但是人们会让它持续。

克：当然。仇恨、愤怒和暴力不止会冲击大脑，还会伤害大脑，对吗？

博姆：还有过度兴奋。

克：当然。还有毒品之类。自然的回应不会损伤大脑。而现在大脑受到了损伤，比如，它因为愤怒而受到了损伤。

博姆：你甚至可以说，神经的连接方式可能是错误的，而且那些连接已经太过固化。我认为有证据可以证明这些东西确实会改变大脑结构。

克：是的，那么我们能否对这整个干扰的本质有所洞察，于是那洞见就改变了受伤的脑细胞？

博姆：嗯，也许会让它们开始痊愈。

克：没错，让它们开始痊愈。那种痊愈必定是即刻发生的。

博姆：那也许会花些时间，也就是说，如果错误的连接已经形成，就需要花些时间来重新分配那些物质。而这个过程的开始，在我看来，是即刻发生的。

克：好的。我能那么做吗？我听了"甲"讲话，我也认真读过书，那一切我都思考过了，然后我发现愤怒、暴力、仇恨——任何过激的情绪——都会损伤大脑。对这整件事的洞见就带来了脑细胞的突变。就是这样。同时，神经以及它们所有的调整，都会尽可能快速地进行。

博姆：癌细胞上面发生过类似的事情。有时候癌症突然就停止加重了，转而往相反的方向发展，原因未知。但是那些细胞里肯定发生了某种变化。

克：有没有可能是脑细胞从根本上改变了，于是癌化过程就停止了？

博姆：是的，从根本上停止了，然后开始消解。

克：消解，是的，正是如此。

那：你是说，洞见让那种正确的连接开始启动，同时停止了错误的连接？

博姆：甚至是消解了错误的连接。

那：于是带来了新的开始，而且就发生在此刻。

博姆：一瞬间的事。

克：这就是洞见。

那：但不涉及时间，因为正确的运动此刻已经开始了。关于过去，我还有另一件事想问：对大多数人来说，过去就意味着快乐。

克：不只是快乐，还有对一切的记忆。

那：只有当快乐开始变得陈旧或者带来麻烦时，一个人才开始讨厌快乐。人始终想要得到快乐。

克：当然。

那：有时候很难区分快乐和它带来的陈旧感或者麻烦。

克：快感始终是过去，在发生的这一刻是没有快感的。它稍后才会出现，当它被记起的时候。所以记忆就是过去。但我愿意面对一无所有，也就是把那一切都抹除！

那：但我想说的是，一个人即使明白你在说什么，他还是被困在这个领域中的。

克：因为他不愿意面对这种空无。快乐不是慈悲，快乐不是爱，快乐在慈悲中没有位置。但是，也许如果有了这种突变，慈悲要比快乐强烈得多。

博姆：即便只是对秩序的感知，可能也比快感强烈。如果人们真的关心一件事，在那一刻快感是没有作用的。

那：但是，当一个人被快感主导时，那会怎样？

克：这个问题我们已经讨论过了。只要他不愿意面对这非同寻常的空无，他就会继续旧有的模式。

博姆：你瞧，我们不得不说这个人也有个受损的大脑。是大脑损伤导致了对延续快感的重视，此外还有恐惧、愤怒和仇恨……

克：但是当有了洞见，受损的大脑就被治愈了。

博姆：是的，但我认为很多人能明白仇恨和愤怒是受损大脑的产物，但很难发现快感也是受损大脑的产物。

克：噢，是的，但那当然是的。

博姆：我们能否说有一种真正的喜悦，它不是受损大脑的产物，但它容易和快感混淆？

那：如果快感促成了愤怒，而愤怒也是受损大脑的一部分。

克：对快感的需求也是。那么，过去对大脑具有多么严重的破坏性，对于这一点你是否有了洞见？大脑自身能否看到这一点，能否对这一点有洞见，进而从中脱离出来？

那：你是说，秩序的开始来自洞见？

克：显然是的。让我们从这里继续。

那：我可以换个方式来表达吗？有没有可能积攒一定量有些模式化的秩序，但不是人为的，于是就能促发一定量的洞见？

克：啊！你无法通过虚假找到真理。

那：我是故意那么问的，因为很多人似乎缺乏洞见所需的能量。

克：你对谋生、对挣钱、对你真正感兴趣的任何事，都极其热衷。如果你对这种转变有极为浓厚的兴趣，你就会有能量。

我们可以继续吗？我，作为一个人，已经发现这份洞见抹除了过去，大脑也愿意活在一无所有中。对吗？我们已经从不同的方向好几次来到了这一步。现在，让我们继续。此时，没有思想拼凑的任何东西。没有任何思想活动，除了技术方面的思想、知识，它们有其自身的位置。但是，我们谈的是没有任何思想活动的头脑的心理状态，那里完全空无一物。

博姆：你的意思是也没有感受？你知道，思想和感受的活动是一起发生的。

克：等一下。你这里说的感受是什么意思？

博姆：哦，通常人们会说，好吧，没有思想，但是他们有各种感受。

克：我们当然有各种感受。你拿针扎我的那一瞬间……

博姆：那些是感官知觉。此外还有各种内在的感受。

克：什么样的内在感受？

博姆：很难描述它们。那些容易描述出来的感受显然都是错误的那种，比如，愤怒和恐惧。

克：慈悲是一种感受吗？

博姆：可能不是。

克：没错，它不是一种感受。

博姆：尽管人们可能会说他们"感觉"很慈悲！连那个词本身都隐含了它是一种形式的感受。慈悲里面包含了"激情"这个词，那是一种感受。这是一个很难回答的问题。我们也许可以质疑一下我们通常作为感受认出的是什么。

克：我们来稍微探讨一下这个问题。我们说的感受是什么意思？感官感受？

博姆：哦，人们通常不是那个意思。你知道，感官感受是和身体联系在一起的。

克：所以你说的是不属于身体的感受？

博姆：是的，或者——在老年间——会被描述为灵魂的东西。

克：灵魂，没错。那是一种方便的逃避，但那毫无意义。

博姆：没错。

克：什么是内在的感受？快感？

博姆：哦，只要你给它贴上那个标签，显然就是不恰当的了。

克：那什么是恰当的？一种非语言状态？

博姆：可能是一种非语言状态……类似于一种不固定的、无法被命名的感受。

那：你是说它不是感受，它类似于感受，但它不是固定的？

博姆：是的。我只是在考虑，如果我们说没有思想的话，那种情况可能会存在。我在试着澄清这一点。

克：是的，没有思想。

博姆：那究竟是什么意思？

克：它实际的意思是，思想就是运动，思想就是时间。对吗？在那种空无中，没有时间或思想。

博姆：是的，而且可能内在没有某个实体的存在感。

克：绝对的，当然。存在的只是一堆记忆，是过去。

博姆：但是那种存在，不只是思想在思考它，而且也感觉到它就在那里，你内心有某种感受。

克：一种感受，是的。但是没有任何存在，什么都没有。如果感觉有某种持续的存在……

博姆：是的，即使看起来不可能把它诉诸言语……那可能是一种没有欲望的状态。我们怎么能知道这种状态是不是真的、真实的？

克：这就是我在问的，我们如何知道或者意识到确实如此？换句话说，你想要证据吗？

那：不是证据，而是对那种状态的交流。

克：现在，等一下。假设某人有了这特别的慈悲，他如何才能把它传达给我？如果我活在快感以及此类东西里，他就没办法！

那：没错，但我准备好了倾听他。

克：准备好了倾听，但是以怎样的深度呢？只要还是安全的、安稳的，你就愿意往前走。

那：不，那不一定。

克：那个人说内心没有任何存在。而一个人终其一生都在成为，都是这个存在，诸如此类。而在那个状态中，他说内心根本没有任何存在。换句话说，也就是没有"我"。对吗？而你说："展示给我看。"它只能通过它具有的某些品质、某些行动来展示。一颗彻底清空了存在感的心，会有怎样的行动？哪个层面上的行动？物质世界里的行动吗？

那：一部分是这样。

克：大部分是这样。好吧，这个人有了这种空无，其中没有任何存在。他不是从个人中心的利益出发去行动的。他还在这个日常生活的世界上行动，你可以判断他是不是一个伪君子，他是不是说了些什么，然后下一刻就自相矛盾，或者他是不是真正活在这种慈悲里，而不只是说："我觉得很慈悲。"

博姆：但是如果一个人没有处在同样的状态下，他是分辨不出来的。

克：没错。这就是我想说的。

那：我们无法判断他。

克：没错，你不能。那么，他要如何用言语向我们传达那种独特的心灵品质？他可以描述它，围绕它，但他无法给出它的精髓。比如说，博姆博士可以和爱因斯坦讨论，他们在同一个层面上，而他和我只能讨论到某一步，然后就进行不下去了。如果一个人拥有这种"不存在感"、空无感，那么另一个人可以走得很近，但永远无法进入或者遇到那颗心，除非他也拥有它！

那：对于一个开放的人，有没有任何一种并非通过言语的沟通方式？

克：我们刚才说到了慈悲。正如大卫刚刚指出的，它不是"我觉得很慈悲"。那是完全错误的。（停顿）你瞧，毕竟在日常生活中，这样的一颗心是不带着"我"、不带着"自我"行动的。因此，它也许会犯错，但立刻就会纠正，它不会一直带着那个错误。

那：它不会胶着于其中。

克：不会胶着于其中。但是在这里我们必须非常小心，不能为犯错找借口（笑）！

于是我们就来到了之前讨论到的这一步：那么冥想是什么？对吗？对一个在成为什么或者有存在感的人来说，冥想没有任何意义。这是一个非同寻常的陈述。那么，当有了这种既不存在也不成为的状态，冥想是什么？它必须是完全无意识的，完全不约而至的。

博姆：你的意思是没有任何有意识的企图？

克：是的，我想是这样的。你会不会说——我希望这听起来不会显得很傻——整个宇宙，宇宙秩序，是处在冥想中的？

博姆：嗯，如果它是活的，那我们也许就不得不那样去看待它。

克：不，不。它就处在一种冥想状态中。

博姆：是的。

克：我认为是这样的。我坚持这一点。

博姆：我们应该试着更深入地探究一下什么是冥想。它在做什么？

那：如果你说宇宙处在冥想中，它的显现是否就是秩序？我们可以分辨出来哪些能够显示宇宙冥想的秩序？

克：日升，日落，所有的恒星、行星，都是秩序。这个整体处在完美的秩序中。

博姆：我们得把这些跟冥想联系起来。根据字典，冥想的含义是反省，是在心中回顾某事，还有密切关注。

克：还有衡量。

博姆：那是一个引申义了，但它是权衡、思忖，就权衡这个含义而言，它意味着衡量。

克：衡量——就是这样。思忖，考量，诸如此类。

博姆：权衡某事的重要性。那，这是你说的意思吗？

克：不是。

博姆：那你为什么要用这个词呢？

那：有人告诉过我，在英语里，"沉思"（contemplation）和"冥想"的含义是不同的。"沉思"是指一种更深的心灵状态。

博姆：那很难讲。"沉思"这个词实际上来自"寺庙"这个词。

克：是的，没错。

博姆：它的基本含义是创造一个开阔的空间。

克：那是上帝和我之间的一个开阔的空间吗？

博姆：那就是这个词产生的起源。

克：没错。

那：梵文的"禅"这个词并没有跟冥想那个词相同的含义。

克：没错。

那：因为冥想有衡量的意味，也许，以一种曲折的方式去看，那种衡量就是秩序。

克：不，我不想引入秩序，让我们先把"秩序"这个词抛开。这些我们都谈过了，而且已经死缠烂打过了！

博姆：那你为什么用"冥想"这个词呢？

克：那我们就不用它好了。

博姆：我们来弄清楚你在这里究竟是什么意思。

克：你会不会说那是一种无限的状态？一种无法衡量的状态？

博姆：是的。

克：没有任何一种形式的分裂。你瞧，我们给了一大堆描述，但都不是那个东西。

博姆：是的，但是有没有一种含义是，心以某种方式觉察到了它自身？这是你想说的意思吗？其他时候你说过，是心灵在清空它自身的内容。

克：你想说的意思是什么？

博姆：我想问，它是否不只是无限的，而且还包含了更多的东西。

克：噢，多得多。

博姆：我们说过，这些内容就是过去，它们变成了失序。然后你可以说，对内容的这种清空，从某种意义上来讲就是在不停清理过去。你同意这个说法吗？

克：不，不。

博姆：当你说，心灵在清空它自身的内容……

克：是清空了它自己。

博姆：那好吧。当过去被清理掉了，然后你说那就是冥想。

克：那就是冥想，而不是沉思……对什么的沉思？

那：那只是一个开始。

克：开始？

那：对过去的清空。

克：清空过去，也就是对愤怒、嫉妒、信念、教条、执着等的清空，必须完成。如果那些没有被清空，如果还有任何一部分存在，就不可避免地会导致幻觉。大脑或心灵必须完全摆脱一切幻觉，由欲望、希望、想要安全感等诸如此类带来的幻觉。

博姆：你是说，当这件事完成了，就开启了通往某种更广阔、更深远的事物的大门？

克：是的。否则生命就没有意义，它就只是在重复这种模式。

那：当你说宇宙就是冥想，你究竟是什么意思？

克：我就是那么感觉的，是的。冥想是一种"岿然不动的运动"状态。

博姆：我们能否首先说宇宙并没有真的被它的过去所掌控？你知道，宇宙创造了某些相对恒定的形式，于是肤浅地看待宇宙的人们就只能看到那些，觉得宇宙似乎是由过去决定的。

克：是的，但它并非由过去所掌控。它是创造性的，运动着的。

博姆：然后这种运动就是秩序。

克：作为一名科学家，你会接受这样的事吗？

博姆：哦，事实上我会的（笑）！

克：我们俩都疯了吗？我们换个方式来问这个问题：究竟有没有可能让时间终结——时间就是过去，这整个时间观念——完全没有明天？当然是有明天的，你早上得去参加一场演讲，我也得去，诸如此类。但是这种没有明天的感受，这个真切的现实——我认为那是最健康的生活方式。那并不意味着我会变得不负责任！那就太幼稚了。

博姆：那只是一个物理时间的问题，是自然秩序的一部分。

克：当然，那点已经清楚了。

博姆：问题是我们有没有一种在体验过去和未来的感觉，还是说我们摆脱了那种感觉。

克：我在问作为一名科学家的你，宇宙是基于时间的吗？

博姆：我会说不是的，但是你知道通常的看法……

克：那就是我想要的一切了。你说不是的！那么这个在时间中进化的大脑，它能否……？

博姆：哦，它是在时间中进化的吗？不如说它陷入了时间的纠缠。因为大脑也是宇宙的一部分，而我们说宇宙不是基于时间的。

克：我同意。

博姆：思想把大脑缠绕在了时间中。

克：没错。那种纠缠能否被解开、释放，于是宇宙就是心灵本身？你明白吗？如果宇宙与时间无关，那么被纠缠在时间中的心，能否解放自己，于是就成为宇宙？你明白我想说什么吗？

博姆：是的。

克：那就是秩序。

博姆：那就是秩序。那么，你会说那就是冥想吗？

克：正是。我会把那个叫作冥想，不是通常词典里沉思之类的含义，而是一种没有过去的因素的冥想状态。

博姆：你说心灵把自己从时间中解放出来，实际上也就把大脑从时间中解放了出来？

克：是的。你会接受这些吗？

博姆：会的。

克：作为一个理论？

博姆：是的，作为一个假设。

克：不，我不想让它成为一个假设。

博姆：你说的理论是什么意思？

克：理论——当有个人过来说，这是真正的冥想。

博姆：好吧。

克：等一下。有个人说人可以这样活着，生命本身具有一种非同寻常的意义，充满了慈悲，而且物质世界中的每个行为都可以即刻得到纠正，等等等等。作为一名科学家，你会接受这样一种状态吗，还是会说，谈到那些的人是个疯子？

博姆：不，我不会那么说。我觉得那是完全可能的，那种状态跟我所知的大自然中的一切都是非常契合的。

克：噢，那就没问题了。所以这个人并不是一个失去理智的疯子！

博姆：这种纠缠一部分源于科学自身把时间放在了一个基础的位置上，这就让纠缠进一步加深了。

克：当然，把这一切诉诸言语，并不是那件事本身，对吗？这一点已经清楚了。但是，它能否被传达给另一个人？现在，我们中的一些人能否触及这种状态，于是我们就可以真正交流它了？

# 第十一章

洞见带来的解放

### 1980 年 9 月 14 日，英国汉普郡，布洛克伍德庄园

古度·克里希那穆提：我们之前问起过人类一切活动的起源是什么。有没有一个初始的源头、一个基础，从那里迸发出了这一切——自然，人类，整个宇宙？它是受限于时间的吗？它自身是不是完备的秩序，再没有什么是超越其外的？

我们也探讨过了秩序，宇宙究竟是不是基于时间的，人类究竟能不能领会并活在那至高无上的秩序中。我们想要探究，不仅仅从智力层面，而且非常深入地探究如何领会并从那个基础中生活、行动，那个基础是超越时间的，没有任何东西在它之外。我们可以从这里继续探讨吗？

我不知道，作为一名科学家，你会不会同意存在这样一个基础，或者人究竟能不能领会它，活在其中，而且不是"他活在其中"那个含义，而是它自身就是活着的？作为人类，我们能够触及它吗？

大卫·博姆：我不知道如今的架构下的科学对此能有多少发言权。

克：科学并不谈论这些，但是你作为一名科学家，会付出心力去探究这个问题吗？

博姆：是的，我认为科学无疑也一直在尝试触及这个基础，但是，通过尽可能深入地研究物质的方式尝试去触及它，毫无疑问是不够的。

克：我们不是也问过，一个活在这个如此混乱的世界上的人，能否首先处于绝对的秩序中，就像宇宙处于绝对的秩序中一样，进而领会一种宇宙秩序？

博姆：是的。

克：通过仔细的观察、自我学习、自我探索，并且懂得失序的本质，我自身可以拥有秩序。那份领悟的洞见本身就可以驱散失序。这是一个层面的秩序。

博姆：是的，那是我们大多数人目前一直关注的层面，你知道的。我们看到这种失序发生在世界上和我们自己身上，我们说需要觉知它、观察它，进而如你所说，驱散它。

克：但那是一件非常小的事。

博姆：是的，但我们都同意人们通常不觉得那是一件小事。他们觉得清理自身以及世界上的失序是一件很大的事，而且可能只需要这些。

克：但我指的是一个相当智慧的、有学识、有文化的人——"有文化"的意思是"文明的"。通过大量的探询和探索，他可以走到为自身带来秩序的这一步。

博姆：那有些人会说，要是我们可以把那种秩序引入整个社会就好了。

克：哦，如果人类内心都是极度有序的，那我们也许就能建立一个崭新的社会。但那依然是一件很小的事。

博姆：这点我明白，但是我觉得我们应该仔细探讨一下，因为人们通常不觉得那是小事。只有很少的人看到了还有超越于此外的事物。

克：远远超越于此。

博姆：也许我们值得思考一下，为什么只探讨人类和社会的秩序、只是建立有序的生活还不够。从哪个意义上来讲还不够？

克：因为我们生活在混乱中。我们以为带来秩序就是一件了不得的事情了，但它本身并不是。我可以让自己的房间有序，于是给我带来一定的空间、一定的自由。我知道东西在哪，我可以直接过去拿到它们。这是一种外在的秩序。我能不能让自己内心的一切有序，也就是说没有冲突，没有比较，没有任何"我""你"和"他们"之类的感觉，没有带来如此严重的分裂进而滋生冲突的一切？这很简单。如果我是个印度教徒，而你是个穆斯林，我们彼此之间就会没完没了地开战。

博姆：是的，而在每个社会中，人们也是同样分崩离析的。

克：所有社会都是那样分崩离析的。但是，如果一个人懂得了这一点，并且深刻地领悟了这一点，就结束了。

博姆：假设我们说我们已经实现这一点，然后呢？我认为有些人也许会觉得那太遥远了，以致他们不感兴趣。他们也许会说，等到我们实现了那个，再去操心别的吧。

克：好吧，先生，让我们再从头开始。我处在失序中，外在和心理上都是。我所生活的周围的社会也极端混乱。存在着大量的不公，这是一件悲惨的事。这些我很容易就能看到。我也发现，我这一代和过去的世世代代都助长了这种状况。我可以对此有所作为，这很简单。我可以说，好吧，我会让自己的房子有序，这个房子就是我自己，它也必须有序，我才能更进一步。

博姆：但是假设有人说"我的房子还没有秩序"呢？

克：好吧，我的房子处在失序中。那就让我把它纳入秩序，这很简单。如果我投入我的头脑、我的心去解决这个问题，这个问题就被清理掉了。但是我们不想这么做。我们发现这件事太难了，因为我们太受限于过去了，太受限于我们的习惯、我们的态度了。我们似乎没有从中脱离出来的能量、勇气和活力。

博姆：知道什么能带来那种能量和勇气，不是一件简单的事。什么能改变这一切？

克：我认为，能改变这一切的，是对此有一份洞见。

博姆：关键似乎就在于，如果没有洞见，一切都无法改变。

克：洞见真的会改变我存在的整个结构和本质吗？这就是问题，不是吗？

博姆：其中似乎隐含了，如果我们去看日常生活的秩序这样一个小问题，就不会涉及我们的整个存在。

克：没错，当然不会。

博姆：因此仅仅对此有洞见是不够的。

克：是的，就像绑在了某个东西上，绑在了一个信念、一个人、一个想法、某个习惯、某个经验上面。这不可避免地会制造失序，因为被绑缚意味着依赖，意味着逃避自己的孤独、恐惧。而对那种依附的全然洞察，就可以把它全部清理掉。

博姆：是的。我认为我们说的是，自我是制造心中的黑暗或阴云的中心，而洞见穿透了它。它驱散了阴云，于是就有了清晰，问题就会消失。

克：没错，消失。

博姆：但那需要的是一种非常强烈的、全然的洞见。

克：没错，但我们愿意经历那一切吗？还是说，我们对某种东西的执着或绑缚太过强力，以致我们不愿意放开？这就是大多数人的情况。不幸的是，只有极少数人愿意去做这种事。

那么，洞见能否抹掉、驱散、消除这整个绑缚、执着、依赖、孤独的活动，将它们一举击溃？我认为可以。我认为，当有了深刻的洞见，那就会发生。那洞见并非只是记忆、知识、经验的活动，它与那一切完全不同。

博姆：那是对整个失序、对所有心理失序的根源的洞见。

克：就是那一切。

博姆：有了那份洞见，心就能够清明，于是就有可能触及宇宙秩序。

克：这就是我想探明的。那比这些还要有趣多了。任何一个认真的人都必须让自己的房子有序。而且必须是彻底的有序，整个人都有秩序，而不只是在某个特定的方向上。个别解决某个特定的问题，并不是对整体的解决。

博姆：关键在于，发现造成整体失序的源头、根本，是唯一的途径。

克：是的，没错。

博姆：因为如果我们试图解决某个特定的问题，那就依然始终来自那个混乱的源头。

克：源头就是"我"。这个脱离了浩瀚源头的小源头、小池塘、小水流，必须干涸。

博姆：是的，这个小水流把自己跟那条大河混淆了，我认为。

克：是的，我们谈的不是生命那条大河、那无限的运动，我们谈的是那个渺小的"我"及其渺小的活动、渺小的忧虑，等等，是它造成了失序。只要那个中心，也就是失序的本质没有被消除，就不会有秩序。

所以这个层面上已经清楚了。我们可以从这里继续吗？那么，有没有另一种与此完全不同的秩序？这是人造的失序，进而有了人造的秩序。人的心灵，意识到了这一点，看到了它给自身带来的失序，于是开始询问有没有一种截然不同的秩序，它需要找到另一个维度的秩序，因为这个人造的秩序是一件如此微不足道的小事。

我可以把自己的房子纳入秩序。好吧，然后呢？或许，如果我们之中有很多人这么做了，我们就会有一个更好的社会。这一点是确定无疑的，这种秩序是有意义的、必要的，但是它有自身的局限。现在，一个人真正深刻地懂得了人类制造的失序及其对社会的影响，他问："有没有一种秩序超越了这一切？"这个人的心不满足于只有外在的秩序，那种秩序有局限、有边界，于是他说："那个我明白了，让我们继续向前。"

博姆：我们如何进入这个问题呢？即便在科学中，人们寻找宇宙的秩序，也会看向宇宙的尽头或者起源，或者它深层的结构。很多人曾经寻找绝对，而"绝对"这个词意味着摆脱了所有局限、所有依赖、所有不完美。当然，"绝对"也变成了巨大幻觉的源头，因为有限的自我企图捕捉绝对。

克：当然，那是不可能的。那么我们该如何着手这个问题？我们如何解答这个问题？作为一名科学家，你会不会说有一种秩序是超越人类的一切秩序和失序的？

博姆：科学对此无话可说，因为科学发现的任何秩序都是相对的。人类不知道该怎么办，而只是感受到了对绝对的渴望，同时因为不知道如何得到它，他们就通过宗教、通过科学或者很多其他的方式制造了对它的幻觉。

克：那我该怎么办？作为一个本身就是整个人类的人，我的生活里有了秩序。这秩序是通过洞见自然而然带来的，所以它也许会影响社会。从这里出发，接下来的问题就是，有没有一种秩序不是人造的？我们先这样来表达。我甚至都不会称之为绝对秩序。

人类曾经寻求另一个维度，也许用了"秩序"这个词。人一直在寻求另一个维度，因为他了解了这个维度。他一直生活在这个维度里，在其中受苦，经历了各种混乱和苦难，然后他来到了这一切的终点。不只是嘴上说说，而是的确结束了那一切。你也许会说只有极少数人做到了这一点，但这个问题必须被提出来。

博姆：对一个并未结束那一切的人来说，这个问题有任何意义吗？

克：我认为是有的。因为即便只是从智力上，他也许也能看到那一切的局限所在。

博姆：是的，对他来说，重要的是在他了结那一切之前先看到这一点。

克：心该如何着手这个问题？我认为人类为探明这个问题已挣扎许久，先生。所有所谓宗教人士——神秘主义者、圣徒，带着他们的幻觉——都曾试图领悟这个问题。他们曾经尝试理解某种并非这一切的东西。那个东西能通过"冥想"——如果我可以用这个词的话——也就是通过衡量来遇到吗？

博姆："冥想"这个词最初的含义是衡量、深思、权衡价值和意义。也许它之前曾有的含义是，这样的衡量只在看清存在失序这一点上有些意义。

克：这就是我想说的，那种衡量只存在于有失序的地方。而我们用"冥想"这个词指的不是"衡量"，甚至也不是"沉思"或"深思"，而是给房子带来秩序，然后再从那里出发，从而自然产生的结果，是这样一种冥想。

博姆：那么，如果我们发现内心的一切都处在失序中，那冥想是什么？

克：首先心必须摆脱衡量，否则它就无法进入另一个。所有想把秩序引入失序的"努力"都是失序。

博姆：所以我们是说，错的正是想要控制的企图，我们发现那毫无意义。而现在我们说没有控制了，那我们该怎么办？

克：不，不，不。如果我对控制也就是衡量的整个本质有了洞见，那就把心灵从那种负担下解放了出来。

博姆：是的。你能否解释一下这种洞见的本质，它的含义是什么？

克：洞见不是来自知识、思想、记忆的活动，而是那一切的止息，以纯粹的观察去看问题，没有任何压力，没有任何动机，观察衡量的整个活动。

博姆：是的，我认为我们可以看到衡量跟成为什么是一回事，心灵衡量自己、控制自己、为自己设定目标的企图，正是失序的来源。

克：那正是失序的来源。

博姆：当人把衡量从外在世界延伸到了内心，可以说这就是那个错误的看待方式，是转错了一个弯。

克：是的。

博姆：但是此时的第一反应会是，如果我们不控制这件事，它便会如脱缰野马一般。而这可能就是某些人害怕的。

克：是的。但是，你瞧，如果我对衡量有了洞见，那洞见本身不止会消除一切衡量活动，而且会有一种不同的秩序。它并不会像脱缰野马，而是恰恰相反。

博姆：事情并不会变得疯狂，因为它开始在秩序中运转。实际上正是衡量的企图让事情变得不可收拾的。

克：是的，正是如此。是衡量变得疯狂，它就是混乱。

现在，让我们继续。建立起这一切之后，心能否通过冥想——用"冥想"这个词没有任何衡量、比较的意味——找到一种秩序，一种存在某种并非人造之物的状态？我已经穿越了所有人造的事物，它们都是非常局限的。它们里面没有自由，只有混乱。

博姆：当你说你已经穿越了各种人造的事物，它们指的是哪些呢？

克：宗教，崇拜，祈祷，科学，焦虑，悲伤，执着，超脱，孤独，苦难，困惑，疼痛——那一切。

博姆：还有一切革命的企图。

克：当然，外在革命，心理革命，那些都是人为的。另外也有太多人提出过这个问题，然后他们说"上帝"。那是另一个概念，正是这个概念制造了失序。

现在，一个人已经了结了那一切。然后问题就是，有没有什么超越了这一切，是人类的思想、心灵从未触及的？

博姆：是的。而这带来了一个难点：人类的心灵没有触及，但心灵也许可以超越思想。

克：是的，这就是我想探讨的。

博姆：你用心灵指的只是思想、感受、欲望、意志，还是某种广阔得多的东西？

克：目前我们说了人类的心灵就是那些。

博姆：但它不是，心灵现在被认为是局限的。

克：没错。只要人的心灵被困在那一切之中，它就是局限的。

博姆：是的，人的心灵有其潜力。

克：巨大的潜力。

博姆：现在它被困在思想、感受、欲望、意志之类的东西里，所以意识不到那种潜力。

克：没错。

博姆：然后我们会说，超越这一切的东西，是这个局限的心灵无法触及的。

克：是的。

（停顿）

博姆：那，我们说超越了这种局限的心灵，指的是什么意思呢？

克：首先，先生，存在这样的心灵吗？有没有这样一颗心，不是从理论上，也不是罗曼蒂克，而是它可以实实在在地说，"我已经穿越了那一切"？

博姆：你是说穿越了那些局限的东西。

克：是的。穿越了那些，也就是了结了那些。有没有这样一颗心？还是说，它只是以为自己了结了，因而制造了一个幻觉，说还有另外的东西？这个我是不会接受的。某个人类，一个人，"甲"，说："我明白了这一切，我看到了这一切的局限。我穿越了它，来到了终点。而这颗已经走到终点的心，就不再是那颗局限的心了。"有没有一颗心是完全无限的?

博姆：这颗无限的心和大脑之间有什么联系?

克：我想这一点需要澄清一下。这个心灵，大脑，它的整体，心灵的整个本质和结构，包括了情感、大脑、反应、身体反馈——那一切。这个心灵一直活在动荡中、混乱中、孤独中，然后它懂得了那一切，有了一种深刻的洞见。如此深刻的洞见就清理了那整个领域，于是这颗心就不再是那个心灵了。

博姆：是的，它不再是起初那个局限的心灵了。

克：是的。不仅如此，不再是那个局限的心灵、那个受损的心灵了。受损的心灵意味着受损的情感、受损的大脑。

博姆：脑细胞自身没有处在正确的秩序中。

克：没错。但是，当有了这份洞见进而有了秩序，损伤就被消除了。

博姆：通过推理，你可以看到那很有可能，因为你可以说损伤是失序的思想和感受造成的，它们让细胞过度兴奋，扰乱了它们，而现在随着洞见，那些情况就停止了，于是发生了一个新的过程。

克：是的，就像一个人50年来都在往某个方向走。如果他突然意识到那是错误的方向，整个大脑就发生了改变。

博姆：它的核心发生了变化，然后错误的结构就消解了，被治愈了。那也许会花些时间。

克：没错。

博姆：但是那洞见……

克：就是转变的因素。

博姆：而那洞见是不需要时间的。

克：没错。

博姆：但那意味着整个过程的源头已经改变了。

克：包含了所有的意识及其内容的那个局限的心灵说，一切都结束了。现在，那颗心——它曾是局限的，但是已经对它自身的局限有了洞见，并且从那种局限中走了出来——是此刻的一个事实吗？那么它是不是某种真正具有巨大的革命性的东西？因而它不再是人类的心灵了？

当人的心灵，连同它局限的意识，都终结了，此时那颗心是什么？

博姆：是的，那个人是什么，那个人类是什么？

克：那，一个人又是什么？然后，那颗并非人造的心，和人造的心灵之间有什么关系？一个人能否不带任何偏见，真正地、深刻地观察这样的一颗心是否存在？被人为局限的心灵，能否如此彻底地解除自身的制约，于是它就不再是人造的了？这个人造的心灵能否把自己从自身中彻底解放出来？

博姆：是的，当然，这或多或少是个自相矛盾的说法。

克：当然是矛盾的，但千真万确，就是这样。让我们再重新开始。一个人可以观察到人类的意识就是它的内容，而它的内容就是所有人造的东西——焦虑，恐惧，诸如此类。而且它不仅仅是个别的，也是共通的。对此有了洞见，就涤净了那一切。

博姆：嗯，那意味着心灵一直具备超越那些的潜力，而洞见就让它有了摆脱那些的能力。这是你的意思吗？

克：我不会说洞见是潜力。

博姆：语言表达上还是有些费解的，如果你说大脑或心灵对自身的局限有了洞见，然后你几乎就在说它变成另外一种东西了。

克：是的，我就是这个意思，我就是这个意思。洞见转化了那个人造的心灵。

博姆：是的，但那时它就不再是人造的心灵了。

克：不再是了。那份洞见意味着抹除了意识的所有内容。不是一点一点地——而是抹掉了全部。而且那份洞见不是人为努力的结果。

博姆：是的，但然后似乎就要提出这个问题了：它从何而来。

克：好的。它从哪里来？是的。就在大脑自身当中，就在心灵本身之中。

博姆：哪个，大脑还是心灵？

克：心灵——我说的是它的整体。

博姆：我们说心灵是存在的，对吗？

克：等一下，先生，我们慢慢来。这相当有趣。意识是人造的，无论共通的还是个别的。从逻辑上、理性上一个人看到了它的局限。然后心灵走出更远，来到了这一步，它问："这一切能否被一瞬间、一下子、一举消除？"这个举动就是洞见，是洞见的活动。它依然发生在心灵中，但并非脱胎于那个意识。

博姆：是的。于是你说心灵有超越那个意识的可能性、潜力。

克：是的。

博姆：大脑、心灵可以做到，但它通常并没有那么做。

克：是的。现在，已经做了这一切，那么有没有一颗心不止不是人造的，而且是人类无法设想、无法捏造的，它不是一个幻觉？有这样一颗心吗？

博姆：哦，我想你说的是，这颗已经把自己从共通和个别的人类意识的结构中解放出来的心，现在已经变得广博太多了。现在你说这颗心在提出一个问题。

克：这颗心在提出这个问题。

博姆：什么问题？

克：那就是，首先，那颗心从人造的心灵中解脱出来了吗？这是第一个问题。

博姆：那也可能是个幻觉。

克：幻觉，这就是我想说的。一个人必须非常清晰。不，这不是一个幻觉，因为他看到了衡量是个幻觉，他知道幻觉的本质，而这并非脱胎于欲望。幻觉必定会制造局限，等等。他不只是了解了幻觉，他还终结了它。

博姆：他摆脱了欲望。

克：摆脱了欲望。那是他的本性。我不想说得那么残酷。摆脱了欲望。

博姆：充满了能量。

克：是的。那么这颗心，不再是共通的和个别的，因而不再是局限的。局限已经通过洞见被瓦解了，因而这颗心不再是那个受限的心灵了。那么，发觉它自己不再困在幻觉中了，此时那颗心是什么？

博姆：是的，但我们刚才说它提出了一个问题，是否还有某种更为广阔的东西。

克：是的，那就是为什么我提出了这个问题。有没有一颗心不是人造的？如果有，它与人造的心灵有什么关系？

你知道，任何一种形式的断言，任何一种形式的文字陈述，都不是那个东西本身。所以我们问，有没有一颗心不是人造的？我认为只有所有的局限都终结了，才能问出这个问题，否则那就只是一个愚蠢的问题。

所以一个人必须彻底摆脱那一切，然后你才能提出那个问题。然后你提出了这个问题——不是"你"——然后这个问题被提出来：有没有一颗心不是人造的，有没有这样一颗心，它与人造的心灵有什么关系？那，有没有这样一颗心？当然是有的。当然，先生。这不是教条化或个人化，完全不是这类把戏，而是的确是有的。但它不是上帝，那些我们都讨论过了。

确实存在。然后下一个问题就是，它与人类的心灵、人造的心灵有什么关系？有任何关系吗？"这"和"那"有关系吗？显然没有。人造的心灵与那颗心没有关系，但那颗心与"这"有一种关系。

博姆：是的，但和人造心灵中的幻觉没有关系。

克：我们来把它说清楚。我的心灵是人类的心灵，它有幻觉、欲望等。还有另一颗心，它没有那些，它超越了所有局限。这个幻觉中的心灵、人造的心灵，总是在寻求那些。

博姆：是的，那是它主要的麻烦。

克：是的，那是它主要的麻烦。它在衡量，它在"进步"，说："我靠得更近了，走得更远了。"这个心灵，人类的心灵，由人类所造的心灵，人造心灵，总是在寻求那些，因而制造了越来越多的不幸、混乱。这个人造心灵与那颗心没有关系。

那么，那颗心与这个心灵有任何关系吗？

博姆：我刚才说过肯定是有关系的，但是如果我们拿心中的那些幻觉，比如，欲望和恐惧等来说，它与那些没有关系，因为它们毕竟是虚幻的。

克：是的，明白。

博姆：但是那颗心可以跟人造的心灵有一种关系，在对它实际结构的了解中。

克：你是不是说，先生，一旦人类的心灵离开了局限，那颗心就跟它有了关系？

博姆：是的，但是在对心灵所脱离的那些局限的了解中。

克：是的，脱离。那时就有了关系。

博姆：我们得把用词表达准确。没有局限的、并非人造的心灵，不可能跟人造心灵中的幻觉有关系。

克：没错，同意。

博姆：但是它必须跟幻觉背后的人造心灵的源头或者其真正的本

质有关系。

克：人造心灵是基于什么的？

博姆：哦，基于我们说过的所有那些东西的。

克：是的，那就是它的本质。那么，"那"怎么可能跟"这"有关系呢，即使在最根本的层面上？

博姆：唯一的关系存在于对它的了解中，于是某种沟通就成为可能，就有可能跟另外一个人沟通了。

克：不，我在质疑这一点。

博姆：是的，因为你刚才说那颗并非人造的心也许跟那个局限的心灵有关系，但是反过来就没有。

克：连这个我都质疑。

博姆：是的，好吧。你改说法了。

克：不，我只是推进了一点点。

博姆：可能是这样，也可能不是。你说的质疑，是这个意思吗？

克：是的，我在质疑。那么爱之于嫉妒的关系是什么？没有关系。

博姆：跟嫉妒本身没关系，那是个幻觉，但是……

克：我拿两个词来说，比如，"爱"和"恨"。爱和恨彼此之间真的没有任何关系。

博姆：没错，并没有。我认为爱也许能了解恨的起源，你知道的。

克：啊，是的，是的，我明白。你说爱可以了解恨的起源，恨是如何产生的。爱了解那些吗？

博姆：哦，我认为从某种意义上来讲，它了解恨在那个人造心灵中的起源，看清了人造心灵及其整个结构，然后脱离……

克：我们是不是说，先生，爱——暂且用这个词——跟非爱是有关系的？

博姆：只在"消除它"这个意义上有关系。

克：我不确定，我不确定。在这里我们必须极其小心。或者说，它自身的终结……

博姆：它指什么？

克：随着恨的终结，另一个就在了；而不是另一个与对恨的了解有关系。

博姆：那我们就得问问那是如何开始的了，你瞧。

克：假设我有恨。我可以看到它的缘起：是因为你侮辱了我。

博姆：那是对恨的起源一个很肤浅的想法。人的行为为什么那么不理智，是更深层的起源。如果你只是侮辱了我，其中没任何真实的东西，那我为什么要对这个侮辱起反应呢？

克：因为我所受的制约就是要那么反应。

博姆：是的，我说你了解起源，指的就是这个含义。

克：但是爱帮我了解恨的起源了吗？

博姆：没有，但是我认为处在恨当中的某个人，他活动着，他了解了起源，进而离开了。

克：离开了，然后另一个就在了。但另一个并不能帮助离开。

博姆：不能，但是假设一个人有了这份爱，而另一个人没有。第一个人能否沟通一些事情，于是能够启动第二个人的离开？

克：那意味着 A 能影响 B。

博姆：不是影响，而是，比如说，为什么有人要谈论这些呢？

克：那是另一件事了。不，先生，问题是，恨是被爱驱散的吗？

博姆：不是。

克：还是，在对恨的了解以及恨的终结中，另一个就在了？

博姆：那没错。但是比如说，现在 A 身上已经有了另一个，A 已经触及了它。A 有了爱，然后他看到了 B，接下来我们问他会做什么。你瞧，这就是问题。他会做什么？

克：这两个人之间的关系是什么？我妻子有爱，而我有恨。她可以跟我谈，她可以向我指出我的不理智，等等，但是她的爱并不会转化我恨的源头。

博姆：这一点是清楚的，是的，除了爱是谈话背后的能量。

克：谈话背后，是的。

博姆：爱本身似乎并没有进到那里去消除恨。

克：当然没有。那就太罗曼蒂克了。

所以那个恨的人，对恨的源头、根源和活动有了洞见，于是终止了它，就有了另一个。

博姆：是的。我们说 A 是已经看清了这一切的人，他现在有了能量去跟 B 谈这些。至于会发生什么，那取决于 B。

克：当然。我认为我们最好探究一下这个问题。

# 第十二章

## 爱的智慧

## 1980 年 9 月 16 日，英国汉普郡，布洛克伍德庄园

吉度·克里希那穆提：我们之前说到了，当一个人已经亲身穿越了生活中所有外在的和心理上的问题，也真正领会了从心理记忆、冲突和辛劳中解脱的全部意义，于是来到了这一步，心灵发现自己是自由的，但还没有聚集起超越它自身所需的那种至高无上的能量。

心灵，大脑，这整个心理结构，究竟能否摆脱所有冲突，摆脱一切干扰带来的所有阴影？还是说，彻底自由的想法是个幻觉？

大卫·博姆：那是一种可能。然后有些人会说我们可以拥有局部的自由。

克：还是说，人类的境遇如此严重地被过去、被其自身的制约所设定，乃至永远无法让自己从中解脱，就像某些哲学家所说的那样？

曾经有一些非派系化的、具有深刻的宗教精神的人，完全摆脱了所有组织化的宗教和信仰、仪式、教条，他们说可以做到，但这么说的人实在是太少了。要么有些人就说，那会花费很长时间，你必须经历很多世的生命、受尽各种折磨，然后最终才能到达。但我们不是从时间角度来思考的。我们问的是，一个人——承认、知道他受到了深刻的、极深的局限，乃至于他的整个存在就是那种局限——究竟能

否解放自己。如果他可以，那此外还有什么？这是我们之前已经谈到的。

这个问题是合理的或有效的吗，除非心已经真正结束了生活中的一切辛劳？我们说过我们的心灵是人造的，也问过有没有一颗并非人造的心。这个人造的心灵有没有可能把自己从自身的人造机械状态中解放出来？我们可以把这个问题探明吗？

博姆：在这个地方，有一件很难表达的事。如果这个心灵是完全人造的、完全局限的，那它怎么能从中脱离出来呢？如果你说它至少有某种超越的可能……

克：那就变成了一种奖赏，一种诱惑。

博姆：说心灵是完全局限的，可它又能走出来，这从逻辑上看起来可能是前后矛盾的。

克：如果我们承认它有一部分是未被局限的，那么我们就完全进入另外一个问题了。

博姆：那也许就是另一种逻辑矛盾了。

克：是的。我们说过，那个心灵，尽管深受局限，可以通过洞见解放它自己。这是这个问题真正的线索。这点你会同意吗？

博姆：会的。

克：我们探讨过了洞见的本质是什么。洞见能否完全解除心灵的局限，彻底抹掉所有幻觉、所有欲望？还是说只是一部分？

博姆：如果我们说心灵是完全局限的，那就意味着某种静态的东西，永远都不会变。然而，如果我们说心灵始终处在运动中，那么从某种意义上，似乎就不可能说这一刻它究竟是怎样的了。我们不能说它是完全局限的。

克：不，比如说，我是完全局限的，心灵是处在运动中的，但那种运动是在某个边界、某个范围之内的。那个范围被非常明确地划定了出来。心灵可以扩展它、收缩它，但其边界是非常非常有限的、确定的。它始终在那个局限的范围内活动。它能从那个范围里退出吗？

博姆：这就是重点了，那是另一种运动了。几乎是在另一个维度了，我想你曾经这么说过。

克：是的。我们说那是可能的，通过洞见，而洞见也是一种运动，另一种截然不同的运动。

博姆：是的，但然后我们说"那种"运动并非源自个人的或共通的心灵。

克：是的。它不是个别的或共通的心灵的洞见。这时我们就是在说一件非常骇人听闻的事了。

博姆：这已经大大违背了人们使用的大部分逻辑了。在通常的逻辑下，个别的和共通的应该已经涵盖一切了。

克：是的。

博姆：现在，如果你说有某种东西超越了那两个，这就已经是一个未曾被论及的问题了，我想它具有重大的意义。

克：那我们该如何表述它，或者那我们该如何触及它？

博姆：人们把自己粗略地划分成了两方。一方觉得基础是具体的、个别的日常活动，另一方觉得共通的、普世的才是基础。一方是更实际的类型，另一方则是更哲学化的类型。总的来说，这种划分在整个历史中是显而易见的，在日常生活中也是如此，随处可见。

克：但是，先生，共通的和个别的是分开的吗？

博姆：不是。大多数人都同意这一点，但是人们倾向于看重其中之一。有些人看重个别的，说共通的就在那儿，但如果你照顾好个别的，那共通的就没问题。另一些人说共通的是主要的，是普世的，通过把共通的弄正确，你就能让个别的也正确。所以一直存在这种偏向这一方或那一方的失衡，人们心中有这样一个偏见。而这里提出的想法是，那颗心既不是共通的，也不是个别的。

克：没错，就是这样。我们可以用逻辑来讨论它吗？用你的专业知识、你的科学头脑，而这个人完全不是那些，我们能开展一场对话来探明共通的和个别的是同一个，根本不是分开的吗？

那我们现在到了哪里？我们既不是个别的，也不是共通的。这是一个很难被以理性的方式接受的说法。

博姆：哦，如果你把思想当成一种活动而不是一个内容，那就是合理的。那么思想就是个别的和共通的之间的活动。

克：思想是一种活动。没错，我们同意这一点。但思想是共通的，思想也是个别的。

博姆：思想也是运动。在运动中，它超出了只是这个或那个。

克：是吗？

博姆：哦，它可以。通常它没有，因为通常思想会落入这边或那边。

克：这就是整个重点了，不是吗？通常共通的和个别的就在同一个领域中。

博姆：是的，而你固着在这个或那个上面。

克：是的，但在同一个领域中，在同一个范畴里。而思想就是两者之间的运动。思想制造了它们两个。

博姆：是的，思想制造了那两个，游走于其间。

克：是的，在两者之间和周围，就在那个领域中。而它这么干了千万年。

博姆：是的，而大多数人会觉得它只能做这些。

克：是的。现在我们说，当思想终止了，思想制造的那种运动也就终止了。于是时间终止了。

博姆：这里我们应该慢一些，因为你知道这是一个从思想到时间的跳跃。这个问题我们之前探讨过，但还是有个跳跃。

克：抱歉。没错，我们来看看。思想制造了共通的和个别的，思想也是连接两者的运动。思想绕着两者转，所以依然处在同一个领域。

博姆：是的，通过那么做，它就制造了时间，那也是共通的和个别的这两者的一部分。时间是个别的时间，也是共通的时间。

克：是的，但是你瞧，思想就是时间。

博姆：哦，那是另一个问题了。我们说过，思想里有个关于时间的内容，思想也是一种本身就是时间的运动。可以说它是从过去朝向未来运动的。

克：但是，先生，思想是基于时间的，思想是时间的产物。

博姆：是的，但是，那意味着时间是存在于思想之外的吗？如果你说思想是基于时间的，那么时间就比思想更为根本。

克：是的。

博姆：我们得探讨一下这个问题。你可以说时间是某种先于思想存在的东西，或者至少存在于思想之初。

克：当开始积累知识的时候，思想就有了。

博姆：哦，在某种程度上，知识是来自思想的。

克：不，我行动，然后学习。那个行动不是基于之前的知识的，但我做了某件事，在做的过程中我学习。

博姆：是的。然后这次学习就被记录在了记忆里。

克：是的。所以，思想本质上不就是时间的运动吗？

博姆：我们得说说在什么意义上这种学习是时间的运动。你可以说，当我们学习时，它被记录了下来，然后你之前学到的东西在下一次经验中就起作用了。

克：是的。过去总是向着现在运动。

博姆：是的，而且是跟现在混合、融合的。然后这两个又一起被作为下一个经验记录了下来。

克：所以，我们是说，时间与思想是不同的，还是说，时间就是思想？

博姆：我们说，这种学习的运动，记忆的反应进入经验，然后记录下来，这是时间，这也是思想。

克：是的，那是思想。存在一种时间是脱离思想的吗？

博姆：那是另一个问题了。我们会不会说，在物理上或者在宇宙中，时间有一种脱离思想而存在的含义？

克：物理上，是的，我明白。

博姆：然后我们再说在头脑中或心理上。

克：心理上。只要有心理上的积累，也就是知识，也就是"我"，就有时间。积累是基于时间的。

博姆：只要有积累，就有时间。

克：是的，就是这个意思。只要有积累，就有时间。

博姆：这就把关系反过来了，因为通常你会说先有时间，然后在时间中你积累。

克：不，我个人会把它反过来说。

博姆：是的。但重要的是发现这是反过来说的。然后我们会说，假设没有积累，那会怎样？

克：那就——这就是整个重点了——那就没有时间了。只要我在积累、收集、成为，就会有时间过程。但是，如果没有收集，没有成为，没有积累，心理时间哪里还会存在？所以思想是心理积累的产物，那种积累、那种收集，就带来了一种延续感，那就是时间。

博姆：看起来它是处在运动中的。无论积累的是什么，都在响应现在，还在投射未来，然后又被记录下来。而且，记录下来的一切所形成的积累是按时间顺序的——一次，下一次，依次类推。

克：没错。所以我们说思想就是时间。心理积累就是思想和时间。

博姆：我们说的是，我们碰巧有两个词，而我们其实只需要一个。

克：一个词，没错。

博姆：因为我们有两个词，我们就去找两个东西。

克：是的。只有一种运动，那就是时间和思想，时间加上思想，或者时间／思想。那么，已经在那个领域中活动了千万年的心灵，能否把自己从中解放出来？

博姆：是的。那，心灵为什么会被局限？我们来看看究竟是什么囚禁了心灵。

克：积累。

博姆：是的，但为什么心灵还要继续积累呢？

克：因为在积累中有显而易见的安全，有明显的安全感。

博姆：积累实实在在的食物可以提供某种安全。然后由于外在和内在之间并没有一个划分，于是就感觉一个人也可以积累内在的经验或者某些做事的知识。

克：我们是不是说，外在的物质积累对保障安全是必要的，而同样的活动、同样的想法、同样的渴望进入了心理领域，所以我们在那里也积累，希望能够安全？

博姆：是的，内心希望积累现在的记忆、关系或者你可以依靠的东西，你可以依靠的原则。

克：所以心理积累就是安全、保护、保障的幻觉？

博姆：是的。人类犯的第一个错误，看起来确实是从来不懂得外在必须做的事和内在必须做的事之间的区别。

克：那是同一种运动，外在和内在。

博姆：对外在而言正确的活动，人们把它搬到了内在，却不知道那会制造麻烦。

克：那我们现在到了哪里？一个人认识到了这一切，来到了这一步，他说："我能真正从这种积累的安全感、思想和心理时间中解脱出来吗？"那可能吗？

博姆：嗯，如果我们说它有这个起源，那就应该有可能消除它，但是，如果它是我们自身内嵌的，那就无能为力了。

克：当然不是，不是我们本身内嵌的。

博姆：大多数人的行为看起来好像他们相信是内嵌的。

克：当然，那很荒唐。

博姆：如果不是我们自身内嵌的，那么我们改变的可能性就是存在的。因为不知怎的，它通过时间最早就建立起来了。

克：如果我们说它是内嵌的，那么我们就处在一个无望的境地了。

博姆：是的，而我认为这正是那些借助进化的人面临的困难之一。他们希望通过引入进化来摆脱这个静态的边界。他们没有意识到进化是同一回事，甚至还要更糟，它恰恰是制造陷阱的手段。

克：是的。所以，作为一个人，我已经来到了这一步。我意识到了这一切，我充分知晓了这一切的本质。然后我的下一个问题就是，这颗心能否完全脱离这个领域，进入一个也许截然不同的维度？我们说过，那只能发生在有了洞见之时。

博姆：似乎当一个人非常深刻地质疑这整件事，然后发现它毫无意义的时候，洞见才会出现。

克：是的。现在，已经对此有了洞见，看到了它的局限，然后再看向那之外——超越那之外还有什么？

博姆：连把它诉诸言语都是非常困难的，但我们说过还是得在这件事上做点什么。

克：是的。我认为必须用言语把它表达出来。

博姆：你能说说为什么吗？因为很多人可能会觉得我们应该把它完全留在非言语的状态。

克：我们可以说言辞并非那件事本身吗？无论怎么描述，都不是那个真实的东西，都不是真相，无论你如何润饰它或如何贬低它。我们认识到了言辞并非那个东西，那么，超越这一切的究竟是什么呢？我的心能否如此一无所求，于是它就不会制造出一个幻觉，一个超越的东西？

博姆：那就是一个欲望的问题了；欲望肯定是在这个时间过程里的。

克：欲望就是时间。存在感、成为，都是基于欲望的。

博姆：它们实际上是同一个，是一回事。

克：是的，是同一个，是一回事。那么，当一个人对欲望的整个活动以及它制造幻觉的能力有了洞见，它就结束了。

博姆：因为这是非常关键的一点，所以关于欲望我们应该试着多说一点：它如何在积累过程中是固有的，它是如何以多种不同的形式出现的。一方面你可以说，当你积累时，就会产生一种缺失感。你觉得应该拥有更多，来变得完整。但是无论你积累了多少，都是不完整的。

克：是的。我们可以先来探究一下"成为"这个问题吗？为什么所有人都有这种想要成为什么的渴望？从外在讲，这一点我们能明白，那非常简单。身体上，你锻炼某块肌肉，让它变得更强壮。你可以找到一份更好的工作，生活得更舒适，等等。但是，为什么人的心里有这种努力想要变得开悟的需求——我们暂且用下这个词——想要变得更好？

博姆：对已有的必定有一种不满足感。一个人觉得他想要变得完整。假设，比如说，他积累了快乐的记忆，但是这些记忆不再够用了，他就觉得需要更多。

克：是因为不满足吗？是这样吗？

博姆：嗯，想要得到更多。到最后，他就觉得必须拥有全部，拥有终极的东西。

克：我完全不确定"更多"这个词是不是真正的症结所在。更多：我会变得更如何，我会拥有更多，我会成为什么，这整个向前、获得、比较、进步、达成的运动——心理上。

博姆："更多"这个词就隐含在了"积累"这个词的全部含义里。所以，如果你在积累，你就必定会积累更多。没有别的办法。

克：那么为什么人类心中会有这种需要？

博姆：哦，我们没有发现这个"更多"在内心是错的。如果我们是从外在开始使用"更多"这个词的，但是然后把它搬到了内心，由于某种原因，我们并没有发现它多么有破坏性。

克：为什么？那些相当聪明的哲学家和宗教人士，花了大半辈子都在努力达成，他们为什么没有发现这件非常简单的事？为什么知识分子们没有看到这个简单的事实：只要积累，就会想要更多？

博姆：这一点他们看到了，但是没看到那有什么害处。

克：我不确定他们看到了。

博姆：他们在努力得到更多，所以他们说："我们在努力把生活过得更好。"比如，19世纪是"进步的世纪"。人类一直在进步。

克：外在的进步。

博姆：但是他们觉得人内在也应该不断提升自己。

克：但是为什么他们从不质疑这一点？

博姆：什么能让他们去质疑这一点呢？

克：这种不停想要更多的挣扎。

博姆：他们认为那是进步所需的。

克：但那是进步吗？外在的驱动就要同样被引入心理领域吗？

博姆：我们能否说明，它为什么会在心理领域造成伤害？

克：我们来把它思考清楚。心理上的积累当中有什么危害？噢，是的，它会造成分裂。

博姆：它分裂了什么？

克：积累的本性就会带来你和我等之间的分裂。

博姆：因为这是至关重要的一点，我们能否把它说清楚？我可以看到你用你的方式积累，我用我的方式积累。然后我们试图强加一种共同的积累方式，那就是冲突。他们说每个人都应该"更如何"。

克：那是不可能的，那从未发生。我作为一个印度教徒一直在心理上积累，另一个人作为一名穆斯林也一直在积累。有成千上万种分裂。因此积累的本性就会分裂人类，进而制造冲突。

那么我们能不能说，人一直在积累中寻求心理上的安全感，那种安全感以及它的累积就是造成人类分裂的心理因素？那就是为什么人类一直在积累，因为没有认识到它的后果。那认识到之后，有可能不再积累吗？

假设我心中充满了这个积累的过程，也就是心理知识。那一切可以终结吗？当然可以。

博姆：如果心灵能够探及它的根源。

克：当然可以。它发现"在积累中存在安全"是个幻觉。

博姆：但我们说是欲望让人们继续积累的。

克：不只是欲望，还有这种根深蒂固的为了将来、为了安全的积累本能。它和欲望是并驾齐驱的。所以欲望加上积累就是分裂、冲突的因素。现在，我在问，它能终止吗？如果它是通过意志力的行为终止的，那就还是同一回事。

博姆：那也是欲望的一部分。

克：是的。如果它是因为奖惩终止的，那就还是一回事。于是心灵，一个人的心灵，看到了这一点，然后把那一切抛在了一边。但是心灵摆脱积累了吗？是的，先生，我认为它可以，也就是说，完全没有作为积累的心理知识了。

博姆：是的，我想我们不得不认为这里的知识已经远远超出通常的含义了。例如，如果你获得了关于麦克风的知识，你就对麦克风建立起了一个形象、一幅画面，所有知识都会存在那里面，然后你会期待这些知识存续下去。然后，如果你对自己有了认识，也会建立起你自己的一幅画面。

克：一个人可以对自己有认识吗？

博姆：不能，但是，如果你认为你可以，如果你认为存在关于你是哪种人的知识，那就会建立起一幅画面，而且包含着期待。

克：但是，毕竟，如果你对自己有了认识，你就已经建立起一个意象了。但是，一旦你意识到心理积累也就是知识是一个幻觉，是破坏性的，而且会导致无尽的痛苦和不幸，它就结束了。

博姆：我知道某些事情的知识，而保有关于自己的那种知识是愚蠢的，但是可能还有一些其他类型的知识，我并没有认出那也是知识。

克：一个人还有哪些其他类型的知识？偏好，喜欢和不喜欢，偏见，习惯——这一切都在一个人建立起的那个意象里。

博姆：是的。现在，人们建立意象的方式，已经让那个意象显得非同寻常地真实了，因此它的质地看起来不像是知识了。

克：好吧，先生。所以我们说了积累就是时间，积累就是安全感，而哪里有心理上的积累，哪里就必定会有分裂。而思想就是个别的和共通的这两者之间的运动，思想也脱胎于已经积累起来的意象。

这一切都是一个人的内心状态。这一切深深嵌入了我的内心。我认识到从外在讲，知识或多或少是必要的。但是，我如何才能开始认识到它在心理上就是没必要的？我这个既个别又共通的积累习惯已经持续了千万年，我如何才能不仅仅意识到这个习惯，而且，当我意识到了这个习惯，这种活动如何才能终止？这是真正的问题。

智慧在这一切当中有什么作用？

博姆：得有智慧才能看到这些。

克：那是智慧吗？那是通常所谓智慧吗，还是某种其他的智慧，某种完全不同的东西？

博姆：我不知道人们说的智慧指的是什么，但是，如果他们只是指某种能力……

克：去辨别、区分、解决技术问题、经济问题等的能力。我会把那叫作局部的智慧，因为那并非真正的……

博姆：是的，可以把它叫作"思想的技巧"。

克：好的，思想的技巧。现在，请等一下。那正是我尝试探明的。我意识到了积累、分裂、安全感的原因是共通的和个别的思想。我可以看到其中的逻辑关系。但是，逻辑、理性和解释并不能终结那个东西，需要另一种品质。那种品质是智慧吗？我尝试暂时抛开"洞见"这个词。智慧与思想有关吗？它是否有关，它是不是思想的一部分，是不是思想那些非常清晰、精准、确切的逻辑结论的产物？

博姆：那就还是越来越多的技巧。

克：是的，技巧。

博姆：是的，但是当我们说到智慧，至少我们隐含了智慧具有另一种品质。

克：是的。那智慧是不是和爱有关？

博姆：我会说它们是并行的。

克：是的，我正要慢慢说到那里。你瞧，我领悟了我们讨论过的一切，来到了一堵白墙面前，一堵我无法跨越的坚固的高墙。在观察、查看、四处摸索之后，我遇到了"智慧"这个词。我发现思想所谓智慧、技巧，并不是智慧。所以我进一步问，这种智慧是不是与爱相关、有关系，或者是不是爱的一部分。一个人是无法积累爱的。

博姆：没错，人们可能会试图去那么做，人们也确实努力去保证有爱。

克：那听起来太愚蠢了！那都是些浪漫的无稽之谈，电影里演的东西。你无法积累爱。你无法把它跟恨联系起来。那份爱是某种截然不同的东西。而那份爱有智慧吗？一种随后就会运转、于是能够打破高墙的智慧？

好吧，先生，我们再从头开始。我不知道那份爱是什么。我只知道身体上的那点儿。我意识到快感、欲望、积累、记忆、意象都不是爱。我很久以前就认识到了。但是我来到了这一步，面前的这堵墙是如此巨大，我甚至都无法跳过去。于是我四处摸索，看看有没有另一种运动，它并非人造的运动。那种运动也许就是爱。抱歉用了这个词，因为它已经被如此严重地败坏和误用了，但是我们暂且来借用一下。

那么，那份爱，连同它的智慧，是不是那个能够瓦解、消除、突破这堵墙的因素？不是"我爱你"或者"你爱我"。它不是个人的或特定的，它也不是共通的或个别的。它是某种超越那些之外的东西。我认为当一个人爱着，并且有那份智慧时，它会涵盖全部，它不是个别的或共通的。它就是那个。它是光，但不是特定的光。如果它是能够瓦解我面前那堵墙的因素，那么我就不懂那份爱。作为一个人，已经到了某一步，我无法再走远一点去找到那份爱。我该怎么办？不是"做什么"或者"不做什么"，而是当我意识到，在墙这边的任何活动都依旧是在加固这堵墙，这时我的心处在怎样的状态？通过冥想或者无论什么，我意识到没有任何动作可做，但心灵就是无法超越过去。

但是你过来说："瞧，那堵墙可以被消除、被瓦解，如果你拥有那份带着智慧的爱的品质。"我说："那太好了，但我不知道那是什么。"我该怎么办？我什么也不能做，我认识到了这一点。无论我做什么，都依然在墙的这边。

那么我会绝望吗？显然不会，因为如果我绝望了或者沮丧了，那我就依旧还在同一个领域里活动。所以那一切都停止了。意识到我根本不可能做任何事、不可能有任何活动，我心里会发生什么？我意识到我一件事都不能做。那么，之前一直活动着去积累、去成为的我的心灵，它的品质会怎样？那一切都停止了。一旦我领悟到了这一点，就没有任何活动了。那可能吗？还是说我活在了幻觉里？又或者，我真的穿越了那一切，来到了这一步？还是我突然说，我必须安静？

我心中是不是发生了一场革命，"一切活动都彻底停止了"这个意义上的革命？如果是的，爱是墙外的某种东西吗？

博姆：哦，那就没有任何意义了。

克：是的，不可能是那样的。

博姆：墙本身就是那个幻觉过程的产物。

克：确实如此。我意识到那堵墙**就是**那种活动。所以，当那种活动终止了，智慧、爱等品质，就已经在了。这就是整个重点。

博姆：是的。我们是不是可以说那种活动终止了，那种活动发现了自己毫无意义？

克：那就像是那种看到了危险的所谓技巧。

博姆：嗯，可能是的。

克：是的。任何危险都需要一定的觉知。但是作为一个人，我从未意识到那个积累过程是一个巨大的危险。

博姆：因为那似乎是安全感的核心。

克：当然。你走过来，向我指出这一点，我很仔细地听了你说的话，然后我明白了，我实实在在地洞察到了其中的危险。那洞察就是爱的一部分，不是吗？所以，没有任何动机，没有任何方向，对墙的那份洞察本身——墙就是由这种积累的活动造成的——**就是**智慧和爱。

# 第十三章

## "心理知识"的终结

### 1980 年 9 月 18 日，英国汉普郡，布洛克伍德庄园

吉度·克里希那穆提：是什么让心灵一直遵循着某个模式？总是在追寻？如果它抛下了一个模式，就会捡起另一个；它始终以那种方式持续运作着。一个人可以给出解释说它为什么那么做——为了保护，为了安全，因为懒散、漠然、有些冷酷、对自身的绽放全然不顾，等等。

弄清楚我们的心为什么总是沿着某个特定的方向运转，真的非常重要。

我们之前说到了，一个人历经了辛劳、探索和洞见，来到了一堵白墙面前。而只有当爱和智慧出现时，那堵白墙才能萎缩或者被瓦解。但是在我们探讨这个问题之前，我想先问问为什么人类，无论多么聪明睿智、多么学识渊博、多么有哲思和宗教性，却总是会落入这个窠臼中。

大卫·博姆：嗯，我认为这个窠臼是累积的知识自带的本性。

克：你是说，那么知识不可避免地必然会制造窠臼？

博姆：也许不是不可避免的，但它似乎在人类身上就是这么发展的，如果我们指的是心理知识，也就是说……

克：显然我们谈的就是这个。但是，为什么心灵没有觉察到这一点，看到这种机械重复的危险，看到其中没有任何新东西可言？看看我们是如何持续不断在这么做的？

博姆：在我看来，窠臼或者累积的知识具有了一种远远超出了它们本有意义的意义。如果我们说我们有了关于某些物体比如麦克风的知识，那类知识具有某些有限的重要性。但是关于你所属国家的知识，似乎就具有了巨大的重要性。

克：是的。所以，这种重要性的赋予，就是让心灵变得狭隘的根源吗？

博姆：因为这类知识似乎具有了一种超过了所有其他价值的巨大价值，它让心执着于其上。它似乎就是世界上最重要的东西了。

克：在印度，有一种哲学说知识必须终止——当然，你知道的：《吠檀多》。但是显然极少极少有人是真的终止了知识然后从自由中讲话的。

博姆：你瞧，知识通常看起来就是极度重要的，即便一个人可能嘴上说它应该终止……我是说关于自我的知识。

克：你是说，我是如此愚蠢，以致看不出这种心理知识意义甚微，所以我的心抓住它不放？

博姆：我不太会表达成"一个人那么愚蠢"，而是会说他的知识让大脑变蠢了。

克：让大脑变蠢，好的。但是大脑似乎并没有让自己脱困。

博姆：它已经变得太蠢了，乃至看不到自己在做什么。

克：那它该怎么办？人们一直试图摆脱某些东西，这件事我已经观察了很多年。这就是问题的根源——你明白吗？——这种心理上的积累就变成了心理知识。然后它会造成分裂，围绕着它以及在它内部会发生各种事端。然而心还是拒绝放手。

博姆：是的。

克：为什么？是因为其中有安全感或者保障吗？

博姆：那是一部分原因，但是我认为那种知识以某种方式已经承担了绝对的重要性，而不是相对的，只适用于某个恰当的程度。

克：这些我都明白，但是你没有回答我的问题。我是个普通人，我意识到了这一切，知识在不同层面上的重要性和价值，但是在内心更深处，这种累积起来的知识是非常非常有破坏性的。

博姆：这种知识欺骗了心灵，所以人通常没有发觉它是有破坏性的。这个过程一旦启动，心就已经不再能够去看它的状态了，因为它在回避这个问题。有一个强大的防卫机制，乃至逃避去看这整个问题。

克：为什么？

博姆：因为似乎有某种极其宝贵的东西可能会面临危险。

克：我们在其他方面出奇聪明、能干或者技术高超，但是在这里，有着一切麻烦的根源，为什么我们就领会不了究竟发生了什么？是什么妨碍了心灵这么做？

博姆：一旦知识被赋予了重要性，就会有一个抗拒智慧的机械过程。

克：那我该怎么办？我意识到我必须放开积累的心理知识——它具有分裂性、破坏性，而且相当微不足道——但我就是放不开。是因为缺乏能量吗？

博姆：那不是主要原因，尽管能量确实被这个过程耗散了。

克：耗散了大量能量，所以我就没有了解决这个问题的能量？

博姆：如果我们能够明白这一点，能量很快就能回来。我不认为这是重点。

克：没错。意识到这种知识不可避免地会形成一个我所生活的窠臼，那我该怎么办？我如何才能打破它？

博姆：哦，这种知识会造成那一切，或者这种知识只是知识——我不确定人们通常来说是清楚这一点的。你知道，它也许看起来像是某种"存在"，是"自我""我"。这种知识制造出了"我"，而"我"是作为一个实体被体验到的，它似乎不是知识，而是某种真实的存在。

克：你是说，这种"存在"与知识是不同的？

博姆：看起来是这样的，虚构出了一种不同。

克：但真的是不同的吗？

博姆：并不是，但那个幻觉具有强大的力量。

克：那就是我们一直以来的局限。

博姆：是的。现在，问题是我们如何穿透过去，打破窠臼？因为它造成了局限，或者造成了一种假装的存在状态。

克：这就是真正的重点了，你知道。瞧，世界上有数百万天主教徒，还有十亿中国人。这是他们的核心活动。这看起来真是太无望了。意识到这种无望之后，我置身事外，说我无能为力。但是，如果我付出心力去探究，问题就出现了：有没有可能不带着心理知识活在这个世界上？我相当关心这个问题，这看起来是全世界的人类必须解决的核心问题。

博姆：没错。你瞧，你可以跟某个人探讨这个问题，这个人认为这些说法很合理。但是也许他的身份就受到了威胁，而我们不得不说那只是心理知识。但在他看来那不是知识，而是某种不止于此的东西。他看不出他关于自己身份的知识就是麻烦背后的推手。乍一看，知识似乎是某种被动的东西，如果你想用就可以使用，如果你愿意，也可以把它抛在一边，它本来也应该是这样的。

克：这些我都明白。

博姆：但是然后就到了这一刻，知识不再看起来只是知识了。

克：政客们和掌权者不会听这些的。那些所谓宗教人士也不会听。只有那些不满的、受挫的人，觉得自己已经失去一切的人，也许会听一听。但他们不会听了之后觉得这是一件真的迫在眉睫的事。

对此一个人该怎么办？比如说，我已经离开了天主教和新教，等等诸如此类。我也有自己的职业生涯，我知道那里是需要有知识的。现在，我看到了不被困在心理知识的进程中是多么重要，可我还是没法放手。它总是在躲开我，我也跟它耍把戏，就像是在玩捉迷藏。好吧！我们说过，那是我必须打破的一道墙。不，不是我——而是那堵墙必须被打破。我们也说过，这堵墙只能通过爱和智慧来打破。我们不是在要求做到一件极其困难的事吗?

博姆:确实很难。

克:我在墙的这边,你让我拥有能够摧毁它的爱和智慧。但是我不知道那种爱是什么、那种智慧是什么,因为我困在这里,在墙的另一边。我从逻辑上、理智上意识到你说的是准确的、真实的、符合逻辑的,我也看到了它的重要性,但这堵墙是如此坚固、突出、强大,以致我无法越过它。我们那天说过,这堵墙可以通过洞见来打破。你瞧,洞见就变成了一个概念。

博姆:是的。

克:当洞见被描述给我——它是否可能发生,它如何发生,等等,我就把它抽象化了,也就是说我离开了事实,然后那个抽象概念变得无比重要。而那又是知识。

博姆:是的,知识的活动。

克:所以我们又回来了!

博姆:我认为通常的困难就在于,知识并不只是以一种信息的形式待在那儿的,而是它极其活跃,不停在根据过去的知识来面对和塑造每一刻。所以,即使当我们提出这个问题时,知识也是一直等在那儿的,然后行动。我们的整个传统都认为,知识不是主动的,而是被动的。但它真的很主动,尽管人们通常并不那么认为。他们认为它只是待在那儿的。

克:它在等待。

博姆:等待行动,你瞧。无论我们试图对它做什么,知识已经行动了。等到我们意识到这就是问题的时候，它已经行动了。

克：是的。但是，我是把它当作一个问题意识到的，还是只是一个我必须变为现实的想法？你明白其中的不同吗？

博姆：知识自动把一切都变成了一个我们必须实施出来的想法。这就是它构建的整个路径。

克：也是我们一直以来的整个生活方式。

博姆：知识完全做不了别的。

克：我们如何才能打破它，哪怕只有一秒钟？

博姆：在我看来，如果你能够看到、观察、觉知——如果知识可以发觉自己在活动……难点在于，知识似乎是出其不意地在运作的，只是等待，然后行动，而这时它就打断了大脑的秩序。

克：我非常关心这个问题，因为无论我走到哪里，事情都会这样发生。这是一件必须解决的事。你会不会说，倾听的能力比这些当中的任何一个都重要，比任何解释或逻辑都重要？

博姆：那还是会回到同一个问题。

克：不，不，不会的。我想看看有没有一种可能，当我全然倾听你所讲的话，那堵墙就被打破了。你明白吗？是否存在——我在试着探明——我是个普通人，你告诉了我这一切，我意识到你所说的确实如此。我真的深深进入了你所说的话中，但是不知怎的火焰并未点燃，所有的燃料都在那里，但是没有点火。那么，作为一个人，我该怎么办？这是我永不停歇的呼喊！

博姆：大脑有倾听的能力；我们得质疑普通人是否如此满怀观

点，乃至于他无法倾听。

克：抱着观点你就无法倾听，你差不多已经死掉了。

博姆：我认为知识带有各种防御。有没有可能——比如说——普通人能拥有这份洞察？这就是你真正在问的，不是吗？

克：是的。但是你和那个人之间必须有一种交流，那种交流如此强烈，以至于他倾听你的行动本身和你与他的交流，就起作用了。

博姆：是的，那你必须得打破他的观点，突破那整个结构。

克：当然。那就是这个人为什么来到了这里——就为此而来。他已经结束了所有的教会和信条。他意识到这里所说的话是真的，他迫不及待地想要探明真相。当你与他进行交流，你的交流是如此强烈和真实，因为你不是从知识或观点中讲话的。一个自由的人尝试与这个普通人交流。现在，他能否以你这个交流者带给他的那种强度去倾听？他想倾听某个在讲述真相的人，就在讲述的过程中，在他身上就发生了某些事。因为他在如此热切地倾听，于是这件事发生了。

那很像你作为一名科学家在告诉你的一个学生一件事情。你在告诉我一件必定极为重要的事情，因为你把全部生命投入了进去。而我放弃了那么多，只为来到这里。那么，我没有立刻接收到真相，是与我交流的你的错吗？还是因为我无法真正倾听你？

博姆：哦，如果一个人无法倾听，那能怎么办？但是比如说，来到这里的某个人已经穿破了其中的某些防御，尽管有些其他的他还没有发觉——那是些比你所描述的更难突破的防御。

克：我觉得这件事简直简单得要死。如果一个人能够用他的整个存在去倾听，大脑就不会被困在窠臼中了。你瞧，通常在交流中，你在告诉我一件事，而我在吸收它，但在你的讲述和我的吸收之间有个间隔。

博姆：是的。

克：而那个间隔就是危险。如果我没有吸收，而是用我的整个存在彻底地倾听，它就结束了。那么，倾听很难，是因为这里面没有快感的影子吗？你不提供任何快感、任何满足。你说事情就是这样，领会它。但我的心如此深陷于快感中，以致它不愿意去听任何不能令人完全满意或快乐的东西。

我也意识到了那种危险，寻求满足和快感的危险，所以把那些也抛在了一边。没有快感，没有奖赏，没有惩罚。在倾听中，只有纯粹的观察。于是我们来到了这一步：纯粹的观察，实际上也就是倾听，是爱吗？我想是的。

再一次，如果你那么说，我的心就说："把它给我吧，告诉我怎么办。"但是当我让你告诉我该怎么办的时候，我就又回到了知识的领域。这件事瞬间就发生了。所以我拒绝去问你该怎么办。然后我到了哪里？你告诉过我，不带任何动机或方向的感知，纯粹的洞察，就是爱。在那种洞察或爱里，就有智慧。它们不是三个分开的东西，它们是一件事。你非常仔细地、一步一步地指出了这一切，于是我来到了这一步，对它有了一种感受。但是它很快就不见了。然后问题就来了："我如何才能把它找回来？"而对它的记忆，也就是知识，又一次成为障碍。

博姆：你是说，每一次发生交流时，知识都会以各种不同的形式开始活动。

克：所以你瞧，摆脱知识是多么艰巨的一件事。

博姆：我们可以问问，为什么知识就不能等到需要它的时候？

克：那就意味着心理上摆脱了知识，当情境需要时，你从自由中，而不是从知识中行动。

博姆：知识进来是为你的行动提供信息，但它不是源头。

克：那就是从知识中解脱的自由。因为是自由的，所以一个人所交流的来自自由，而不是来自知识。也就是，从空无中有了交流。一个人可以使用作为知识产物的言辞，但它来自全然自由的状态。现在，假设我作为一个人，已经来到了有这种自由的这一步，从中发生了使用言辞的交流。那么你，作为一位卓越的科学家，愿意跟我交流吗？我可以跟你没有任何障碍地交流吗？你明白我说的意思吗？

博姆：是的。有了这种从知识中解脱的自由，知识只被当作信息看待。但是通常它看起来不只是知识，知识自身看不到知识是不自由的。

克：它从来都不自由。而如果我要了解自己，我就必须有看的自由。

我已经来到了某一步，迫不及待地想要接收你所说的话，你要如何与我交流，于是我如此全然地接收，以至于心理知识就终结了？还是说，我在欺骗自己处于那个状态中？

博姆：哦，这就是问题了。知识总是在欺骗自己。

克：所以我的心总是在欺骗它自己？那我该怎么办？让我们回到这个问题上来。

博姆：同样，我想答案还是倾听。

克：我们为什么不听？我们为什么不能立刻明白这件事？一个人可以给出所有表面的原因：年老，局限，懒惰，等等。

博姆：但是有没有可能给出深层的原因呢？

克：我认为是"我"这个知识作为一个概念太过强大了。

博姆：是的，那就是为什么我之前想说，这个概念具有太惊人的重要性和意义了。例如，假设你有"上帝"这个概念，这个概念就会具有强大的力量。

克：或者如果我有"我是个英国人或法国人"这个概念，也能给我巨大的能量。

博姆：于是它造成了一种身体状态，看起来自我就是存在的。如今人对它的体验，可不仅仅是把它作为知识的……

克：是的，但是我们是在没完没了地绕圈子吗？看起来是这样的。

博姆：哦，我想知道，关于伴随知识而来的这种压倒一切的力量，有没有什么可以交流的……

克：……还伴随着身份感。

博姆：这似乎是个值得探究的问题。

克：那，"身份感"的词根含义是什么？

博姆：始终是同一个。

克：始终是同一个，没错。没错！太阳底下没有新鲜事。

博姆：一个人会说自我始终是同一个。即使细节上不同，它的核心一直试图保持是同一个。

克：是的，是的。

博姆：我认为这就是伴随着知识出错的那个东西。它企图变成"始终是同一个"这个知识，于是就固着了下来，你瞧。知识本身试图找到永恒和完美的东西。我是说，它甚至脱离于我们任何一个人而存在。它是内嵌到我们身上的，就像细胞一样。

克：从这里就产生了这个问题，有没有可能勤奋地关注？我用"勤奋"这个词指的是精确。

博姆：从字面讲，它的词根义是费力。

克：费力，当然。忍受痛苦，忍受一切。必须得有其他的方式来绕开这整个智力的把戏！我们已经运用了大量的智力能力，这已经把我们带到了那堵白墙面前。我从各个方向走近了它，但是到最后那儿还是有堵墙，也就是"我"，连同我的知识、我的偏见，等等诸如此类。然后"我"说："我必须对此做点儿什么。"那依旧是"我"。

博姆："我"希望一直是同一个，但与此同时又努力变得不同。

克：（笑）换件外衣而已。它始终是同一个。所以带着"我"运作的心灵，一直是同一个心灵。天哪，你瞧，我们又回来了！

我们尝试了一切手段——苦行，各种办法——来除掉"我"及其所有的知识和幻觉。一个人试图跟其他东西相认同，那还是一回事。然后这个人回到了这个根本问题：什么能让这堵墙彻底消失？我想只有当我付出全部注意力去听那个自由的人在说什么，那才有可能。没有其他手段能瓦解这堵墙——智力不行，情感不行，其他的都不行。当有个已经越过了那堵墙、打破了那堵墙的人说，"请听一听，看在老天的分上，听一听"，然后我内心空无地倾听他，然后就结束了。你知道我在说什么吗？我完全没有希望发生什么的意思，没有希望什么回来，也不关心将来。心是空的，于是能够倾听。一切就都结束了。

换个方式接着说，一个科学家要想发现新东西，他就必须有一种空无，从那里才会有不同的洞察。

博姆：是的，但通常只适用于一个有限的问题，所以心灵也许能够对那个特定的问题保持空无，允许在那个领域中发现某个洞见。但我们质疑的不是这个特定的领域，我们质疑的是整个知识。

克：当你进入它，会发现这个问题真的极为非凡。

博姆：而你说过知识的终结是"吠檀多"。

克：那是真正的答案。

博姆：但是人们通常觉得，他们必须保有某个领域的知识，这样才能去质疑另一个领域。你瞧，这可能会让人们担心，他们会问，我要用什么知识来质疑知识的整体呢？

克：是的。我要用什么知识来质疑知识的整体呢（笑）？没错。

博姆：从某种意义上来讲，我们确实有了某种认识，因为我们已经发现这整个心理知识的结构毫无价值，它是自相矛盾的，而且毫无意义。

克：从我们之前谈到的那种空无中，有没有一个万物起始的基础或源头？物质，人类，他们的能力，他们的愚蠢——这整个运动是从那里开始的吗？

博姆：我们可以思考一下这个问题。但是让我们先试着澄清一点点。我们有了那种空无。

克：是的，那种空无中没有思想也就是心理知识的活动，因此没有心理时间。

博姆：尽管我们依然还有钟表时间……

克：是的，但是我们所谈的已经超出那些了，不要再回去了。没有心理时间，没有思想活动。那种空无是所有运动的起源吗？

博姆：哦，你会不会说那空无就是基础？

克：这就是我在问的。我们来慢慢进入这个问题。

博姆：早前我们说过存在这种空无，而在那之外是基础。

克：我知道，我知道。我们来进一步探讨这个问题。

第十四章

宇宙中的心灵

### 1980 年 9 月 20 日，英国汉普郡，布洛克伍德庄园

吉度·克里希那穆提：我们那天谈到了一颗心，它完全摆脱了所有运动，摆脱了思想所造的一切的，摆脱了过往和未来，等等。但是在我们探究那个问题之前，我想先讨论一下，人被困在唯物主义的态度和价值观中这个现状，并且问一问，唯物主义的本质是什么？

大卫·博姆：哦，首先唯物主义是哲学上的某个名词……

克：我不是那个意思。

博姆：意思是存在的只有物质，你知道的。

克：我想探讨一下这点。自然，所有人类，都以物质的方式做出反应。这种反应是由思想维系的，而思想是个物质过程。所以自然中的反应是个唯物主义的回应过程。

博姆：我认为"唯物主义"这个词不太对。它是物质的回应。

克：物质的回应——我们就这么表达。这样要好一些。我们说到了有一颗空无的心，我们来到了这一步——那堵墙已经被瓦解了。这种空无和在它之外或者穿过它的东西——我们会讲到那里的，但在此之前，我要问：所有反应都是物质吗？

博姆：是运动中的物质。你可以说，有证据支持这个说法，科学

已经发现了大量起因于神经的反应。

克：那么你会不会说，物质和运动是存在于一切有机物中的反应？

博姆：是的，我们所知的一切物质，都遵循作用和反作用的规律，你知道的。每个行动都有一个相应的反应。

克：所以行动和反应是一个物质过程，就像思想一样。然后，超越它之外，就是问题所在了。

博姆：但是在我们说那个问题之前，有些人也许会认为超越它是没有意义的。这就是唯物主义的哲学观点。

克：但是，如果一个人仅仅活在那个领域，是非常非常狭隘的。对吗？它真的毫无意义。

博姆：也许我们应该援引某些人的一个说法：物质不仅仅是作用与反作用，而且可能具有一种创造性的运动。你知道，物质可以创造出新的形式。

克：但依然在那个领域之内。

博姆：是的。我们来试着把这点说清楚。我们得看到，有些形式非常微妙的唯物论可能很难准确理解。

克：我们开始吧。你会不会认为思想是一个物质过程？

博姆：是的。但是，有些人可能会辩称它既是物质的，也是超越物质的。

克：我知道。这个我们讨论过了。但它不是。

博姆：我们怎么才能把这一点很简单就说清楚呢？

克：因为思想的任何活动都是一个物质过程。

博姆：哦，我们得把这一点说清楚，那才不会变成一句权威之言。通过观察，一个人看到了思想是一个物质过程。那，你要如何看到这一点呢？

克：一个人如何觉知到思想是一个物质过程？我认为这相当清楚。发生了一次经验、一个事件，它被记录下来，就变成了知识。从那个知识中，就产生了思想，然后行动发生了。

博姆：是的。所以我们说思想就是物质的。

克：任何说思想有超越之处的断言，依然是思想。

博姆：它依旧来自那个背景。所以你想说，出现的某种新东西，不是这个过程的一部分？

克：对，如果要有某种新东西，思想，作为一个物质过程，必须终止。显然如此。

博姆：也许之后会再拿起思想来用。

克：之后，是的。等一下。稍后再去看会发生什么。那么我们能不能说，所有的行动、反应，然后来自那个反应的行动，都是物质的活动？

博姆：是的，非常微妙的物质活动。

克：所以，只要一个人的心处在那个领域内，它就必然是一种物质活动。那么，心有没有可能超越反应？那显然就是下一步了。如我们早前所说，一个人被惹恼了，这是第一个反应。然后对此的反应，第二个反应是"我不能这样"。然后第三个反应是"我必须控制或者辩解"。所以不停地行动和反应。一个人能否看到这是一个没完没了的连续活动?

博姆:是的。反应是连续的,但它似乎到了某一刻就停下了,下一刻看起来就是一个新的活动了。

克:但那依然是反应。

博姆:依旧是一回事,但以不同的方式呈现着自己。

克:从始至终完全是一回事……

博姆:但它呈现自己的方式一直是不同的,一直是新的。

克:当然,就是这样。你说了句话,我被惹恼了,但那个恼怒是一个反应。

博姆:是的,但看起来是突然发生的新事情。

克:但它不是。

博姆:但是一个人得发觉这一点才行,你瞧。通常心灵倾向于对此毫无知觉。

克:但是在探讨和谈过这个问题之后,我们对它就敏感了,对问题就警觉了。所以,如果一个人是警觉的、关注的,反应就终止了;如果一个人不只是从逻辑上明白了,而且对这个不停的反应过程有了洞见,它当然能够终止。这就是为什么懂得这些很重要,然后我们才能讨论空无的心是什么,是否有某种东西超越于此外,或者那颗空无的心中有没有某种其他的品质。

那么那颗空无的心是一种反应吗?是对痛苦、快乐和不幸这些问题的一种反应吗?是逃离这一切进入某种空无状态的一种企图吗?

博姆：是的，心总是会那么干。

克：它能捏造，那就变成了一个幻觉。如我们之前所说，欲望是幻觉的开端。现在，我们来到了这一步：这种空无的品质不是一种反应。这一点必须是绝对明确的，对吗？那，在我们更进一步之前，有没有可能拥有一颗真的完全清空了思想所拼凑的一切的心？

博姆：嗯，当思想停止反应的时候。

克：就是这样。

博姆：一方面，也许你可以说反应起因于物质的本性，它在不停地反应和运动。但是，然后物质会被这份洞见影响吗？

克：我不太明白。啊，我明白了！那份洞见会影响包含了记忆的脑细胞吗？

博姆：是的。记忆在不停地反应、活动，就像空气、水和我们周围的一切一样。

克：毕竟，如果我身体上没反应，我就瘫痪了。但是不停地反应也是一种瘫痪。

博姆：嗯，那种错误的反应！围绕心理结构的反应。但是假设围绕心理结构的反应在人类身上已经开始了，它究竟为什么要停止呢？因为反应一个接一个发生，人就会预期它会永远进行下去，除非有什么能让它停下。

克：没什么能让它停下。只有对反应的本质的洞见能够终止心理反应。

博姆：那你就是在说物质会被洞见所影响，而洞见是超越物质的。

克：是的，超越物质。所以，那空无是在大脑本身之内的吗？还是说，它是思想设想为空无的某种东西？这一点我们必须非常清楚。

博姆：是的。但是，无论我们讨论什么，无论问题是什么，思想都会开始想对它做些什么，因为思想觉得它总能够有所贡献。

克：没错。

博姆：所以过去的思想不明白在有些领域它并没有有益的贡献，但它还是延续了试图说那种空无很好的习惯。因此思想说，我要努力带来那种空无。

克：当然。

博姆：思想在努力帮上忙！

克：这些我们都探讨过了。我们已经看到了思想的本质和它的活动、时间，等等。但是现在我想探明这种空无是在心灵内部的，还是在它之外的。

博姆：你说的心灵是什么意思？

克：心灵就是这个整体——情感，思想，意识，大脑——它们的全部就是心灵。

博姆："心灵"（mind）这个词有很多种使用方式。现在你以某种方式在使用它，说它代表了思想、感受、欲望和意志——这整个物质过程。

克：是的，这整个物质过程。

博姆：可人们说它是非物质的！

克：没错。但心灵就是这整个物质过程。

博姆：是大脑和神经中发生的过程。

克：这整个结构。一个人能看到这种物质反应可以终止。然后我问的下一个问题就是，那种空无是之内的还是之外的。"之外"的意思是在别处。

博姆：它会在哪儿？

克：我不认为它会在别处，但我只是提出这个问题……

博姆：哦，任何此类事情都是物质过程的一部分。"这里"和"那里"是在物质过程中做出的区分。

克：是的，没错。是在心灵本身之内的，不在它之外。对吗？

博姆：是的。

克：那么，下一步是什么？那种空无是否什么都不包含？全无一物？

博姆：全无一物，我们用"物"指的是任何具有形式、结构和稳定性的东西。

克：是的。所有那些——形式、结构、反应、稳定性、能力，一个都没有。那它是什么？那它是完整的能量吗？

博姆：是的，能量的运动。

克：能量的运动。它不是反应的活动。

博姆：它不是相互反应的东西的活动。这个世界可以被看作由一大堆相互反应的东西构成的，那是一种运动，但我们说它是另一种不同的运动。

克：完全不同。

博姆：其中空无一物。

克：其中空无一物，因此与时间无关。那可能吗？还是说，我们只是沉溺在了想象中？在某种浪漫的、充满希望的、愉快的感受中？我不认为是这样，因为那些我们都一步步走过了，我们已经来到了这一步。所以我们不是在欺骗自己。现在，我们说那种空无没有作为"我"的中心和所有的反应。在那种空无中有一种超越时间的能量。

博姆：当你提到超越时间的能量，我们可以重申一下我们之前已经说到的一点：时间和思想是一回事。

克：是的，当然。

博姆：然后你也说过，时间只能进入一个物质过程。

克：没错。

博姆：那么，如果我们有了能量，它是超越时间的，但依然是运动着的……

克：是的，不是静止的……

博姆：那么那种运动是什么？

克：运动是什么？从这里到那里。

博姆：那是一种形式。

克：一种形式。或者从昨天到今天，从今天再到明天。

博姆：是的，有各种不同形式的运动。

克：那么运动是什么？有没有一种运动是不动的？你明白吗？有没有一种运动无始也无终？因为思想有个起点，也有个终点。

博姆：除了你可能会说物质的运动或许也是无始也无终的——反

应式的运动。你说的不是那个吧?

克：对，我说的不是那个。思想有个起点，思想也有个终点。有一种作为反应的物质运动，也有那种反应的结束。

博姆：在大脑中。

克：是的，有各种各样的运动，这就是我们所知道的一切。然后有个人过来说，有一种完全不同的运动。但是要明白那个，我就必须摆脱思想的运动和时间的运动，才能懂得有一种运动并非……

博姆：哦，关于这种运动有两件事。它没有开始，也没有结束，而且也不是由过去决定的一系列连续活动。

克：当然，没有因果。

博姆：但是，你知道，物质可以被看作一系列的因果，而它也许是不恰当的。但是现在你说这种运动无始无终，它不是一系列互相尾随的因产生的果。

克：所以我想弄懂，哪怕是字面上，一种并非运动的运动。我不知道我有没有说清楚。

博姆：如果它不是一种运动，那它为什么被叫作运动呢?

克：因为它不是静止的，它是活跃的、动态的。

博姆：它是能量。

克：它磅礴浩荡，所以永远不可能是静止的。但是在那种能量中有一种寂静。

博姆：我想我们不得不说通常的言语无法非常恰当地表达，但那种能量本身是既安静又活动的。

克：但是在那种运动中有一种安静的运动。这听起来很疯狂吗？

博姆：可以把那种运动说成是从寂静中产生的，又回归于寂静之中。

克：没错。你瞧，它就是那样的。我们说过这种空无就在心灵当中，它没有原因，也没有结果。它不是思想的、时间的运动，它不是物质反应的运动。统统不是。也就是说，心能不能有那种非同寻常的寂静，没有任何活动？而当它如此彻底地安静时，就有一种从中脱离出来的运动。这听起来太疯狂了！

博姆：噢，听起来不一定很疯狂。我想我之前提到过，有些人，比如亚里士多德，过去就有过这个想法，这个我们之前讨论过。当试图描述上帝时，他谈到了不动的行动者，你知道的。

克：啊，上帝，不。我不是在描述……

博姆：你不想描述上帝，但有些与此类似的想法，过去曾被各种人持有过。只是从那以后，就不再流行了，我认为。

克：我们再让它流行起来，好吗？！

博姆：我并不是说亚里士多德的想法就是正确的。只是他在思考多少有些类似的事情，尽管在很多方面可能是不同的。

克：那是一个智力概念，还是一个事实？

博姆：这就很难讲了，因为对此所知甚少。

克：所以我们就没必要把亚里士多德牵扯进来了。

博姆：我只是想指出，"出于寂静的运动"这个概念并不疯狂，因为其他一些备受推崇的人也有过类似的想法。

克：我太高兴了！我很高兴得到了确认，我并没有疯掉（笑）！
那么出于寂静的这种运动是创造的运动吗？我们谈的不是诗人、作家
和画家所说的创造。在我看来，那不是创造，那只是能力、技巧、记
忆和知识在运作。在这里，我认为这种创造并不会表现在形式中。

博姆：把这一点区分开来很重要。通常我们认为创造会表现在形
式中，或者表现为结构。

克：是的，结构。我们已经越过疯狂的状态了，所以我们可以
继续了！你会不会说，这种运动，因为与时间无关，所以是永远新
鲜的？

博姆：是的。它是永远新鲜的，意思是，创造是永远新鲜的，
对吗？

克：创造是永远新鲜的。你瞧，这正是艺术家们试图找到的状
态，于是他们沉溺于各种各样荒唐的事情里。但是，来到心绝对安静
的那一步，从那种寂静中就有这种永远新鲜的运动……而那种运动一
旦被表达出来……

博姆：……一表达就落入了思想。

克：就是这样。

博姆：而那也许是有益的，但然后就变得固化了，也许就会成为
障碍。

克：一位印度学者曾经告诉我说，在人们开始雕刻一个神的头像
或者无论什么之前，他们得先进入深度冥想。在恰当的时刻他们再拿
起锤子和凿子。

博姆：让它出自空无。还有另外一点，你知道的，澳大利亚的土著在沙子上作画，这样它们就无法长久。

克：没错。

博姆：也许思想可以被那样看待。你知道，大理石几乎是静止不变的，可以留存数千年。所以，即使最初的雕塑者也许有某种领悟，后人看到的却是一个固定的形态。

克：那么这一切跟我的日常生活有什么关系？它是以怎样的方式通过我的行动、通过我日常对噪声、对疼痛、对各种干扰产生的身体反应来起作用的？物质世界跟那种安静的运动有什么关系？

博姆：哦，至少只要心是安静的，思想就是有序的。

克：我们要触及某些东西了。你会不会说，那安静的运动，连同它的恒久常新，就是宇宙全然的秩序？

博姆：我们可以认为宇宙秩序产生于这种寂静和空无，它永远是创造性的。

克：那么这颗心和宇宙是什么关系？

博姆：个别心？

克：不，心灵。

博姆：共通的心？

克：只是心灵。我们探讨过共通的和个别的了，超越那之外的就是心灵。

博姆：你会不会说它是普世的？

克：我不想用"普世的"（universal）这个词。

博姆："普世的"是指超越了个别的和共通的。但也许那个词不太好用。

克：我们能找到另一个词吗？不是环球的。一颗超越了个别的心？

博姆：哦，你可以说它是源头，是精髓。它曾经被叫作"绝对的"。

克：我也不想用"绝对的"这个词。

博姆："绝对"的字面意思是摆脱了所有局限、所有依赖。

克：好吧，如果你同意"绝对"意味着摆脱了所有依赖和局限。

博姆：摆脱了所有关系。

克：那我们就用这个词。

博姆：它具有一些不幸的意味。

克：当然。但是我们暂且用下这个词，只为了方便我们的对话。有这种绝对的寂静，在那种寂静中或者从那种寂静中有一种运动，那种运动是恒久常新的。那颗心和宇宙有什么关系？

博姆：和物质宇宙吗？

克：和整个宇宙：物质，树木，自然，人类，天空。

博姆：这是个有趣的问题。

克：宇宙是处在秩序中的，无论它是破坏性的还是建设性的，都依然是秩序。

博姆：你知道，秩序有个特点，就是绝对必要的，也就是说不能是另外的样子。我们通常所知的秩序并不是绝对必要的。它可以被改变，它可能取决于其他的事情。

克：火山爆发是秩序。

博姆：那是整个宇宙的秩序。

克：没错。那么，宇宙中有秩序，而这颗安静的心也是完全有序的。

博姆：那颗深邃的心，绝对的心。

克：绝对的心。那么这颗心是宇宙吗？

博姆：在哪个意义上它就是宇宙？我们得明白那么说是什么意思，你知道。

克：意思是，这颗绝对的心和宇宙之间有分别或者有障碍吗？还是说，这两个是一回事？

博姆：这两个是一回事。

克：这就是我想说明的。

博姆：我们要么觉得心和物质是二元分立的，要么它们是一回事。

克：就是这样。这么说太武断了吗？

博姆：未必。我是说这只是两种可能性。

克：我希望这一点非常明确：我们没有在随意践踏一件真的需要用非常细致的方式、需要极其小心的事。你知道我是什么意思吗？

博姆：是的。让我们先回到身体上来。我们说过在身体里的心灵——思想、感受、欲望、共通的和个别的心——是物质过程的一部分。

克：绝对是。

博姆：它与身体并无不同。

克：没错。所有反应都是物质过程。

博姆：因此我们通常所说的心灵与我们通常所说的身体并无不同。

克：没错。

博姆：现在，你把这个问题放大了很多，说，把整个宇宙考虑进来。然后我们问，我们所说的宇宙中的心，与我们所说的宇宙本身和物质，有没有不同。

克：没错。你瞧，这就是为什么我觉得在我们的日常生活中必须有秩序，但不是思想的秩序。

博姆：嗯，思想是一种有限的秩序，它是依赖的、相对的。

克：就是这样。所以必须有一种秩序，它是……

博姆：……摆脱了局限的。

克：是的。在我们的日常生活中，我们必须有那种秩序，那意味着没有任何冲突、任何矛盾。

博姆：我们先拿思想的秩序来说。当它是理性的，它就处在秩序中。但是在矛盾中，思想的秩序就垮掉了，它到达了它的极限。思想一直正常工作，直至遇到了矛盾，而那就是它的极限。

克：所以，如果在我的日常生活中有完全的秩序，其中没有干扰，那么那种秩序跟那种永不终结的秩序，是什么关系？当我内心有了深刻的心理秩序，那种秩序、那非凡之物的安静的运动，能够影响我的日常生活吗？你明白我的问题吗？

博姆：是的。我们说过，例如，火山是整个宇宙秩序的一种体现。

克：绝对是。或者老虎猎杀一头鹿。

博姆：然后问题就在于，一个人能否在他的日常生活中也有类似的秩序。

克：就是这样。如果不能，我看不出另一个有什么意义。

博姆：哦，它对这个人就没有意义。然后他就会退回去，试图从他自身、从他的思想中捏造出自己的意义。你知道，有些人会说："谁关心宇宙呢？我们只关心我们自己的社会，和我们在做的事。"但是然后那些都陷落了，因为其中充满了矛盾。

克：显然如此。只有思想会那么说。所以宇宙，也就是完全的秩序，**确实**会影响我的日常生活。

博姆：是的。我想科学家可能会问为什么。你瞧，一个人也许会说，我明白宇宙是由物质构成的，物质的规律会影响我们的日常生活。但它是如何影响心灵的，还有会影响日常生活的这颗绝对的心，并不是太清楚。

克：啊！我的日常生活是什么？一系列的反应和失序，对吗？

博姆：嗯，大部分是这样的。

克：同时思想总是努力在里面建立秩序。但是当它那么做的时候，依然是失序。

博姆：因为思想始终被它自身的矛盾所局限。

克：当然。思想总是在制造失序，因为它本身是局限的。

博姆：一旦它试图超出极限，那就是失序。

克：对。这点我明白，我探究过了，我对此有了洞见，所以我在生活中有了某种秩序。但是那种秩序依然是有限的。我意识到了这一点，于是我说这种存在是局限的。

博姆：然而，有些人会接受那种局限，然后说："我为什么还要更多呢？"

克：我不是"要更多"。

博姆：他们会说："如果我们能够在通常的物质生活中有真正的秩序，我们就很开心了。"

克：我说那我们就这么做吧！当然，那一点必须做到。但是就在做的过程中，一个人得意识到它是局限的。

博姆：是的，连我们能够建立的最高秩序，都是局限的。

克：心意识到了它的局限，然后说，我们来超越它。

博姆：为什么呢？有些人会说，为什么不开心地活在这些局限里，不断地扩展它们，努力发现新思想、新秩序呢？艺术家会发现新的艺术形式，科学家会发现一门新科学。

克：但那一切始终是局限的。

博姆：有些人会走到这么远，然后说这已经是所有的可能了。

克：我喜欢、接受然后尽量充分利用人类的现状？

博姆：哦，人们会说人是可以做得比他现在所做的好很多的。

克：是的，但这一切依然是人类的现状，只是稍做改革、稍加改善而已。

博姆：有些人会说会得到极大的革新。

克：但依旧是局限的！

博姆：是的。让我们来试着说清楚这种局限有什么不对。

克：在那种局限里，没有自由，只有一种有限的自由。

博姆：是的。所以最后我们来到了我们自由的边界。我们未知的某种东西让我们产生了反应，通过反应，我们又回到了矛盾中。

克：是的，但是，当我发现我始终是在某个区域之内活动的，那会怎样？

博姆：那我就处在了某些力量的控制之下。

克：心灵必定会反抗那些。

博姆：这是很重要的一点。你是说心想要自由，对吗？

克：显然。

博姆：它说自由是最高的价值。那么，我们是否接受这一点，并且发现那完全是一个事实？

克：也就是说，我意识到在那种局限之内，我是一个囚徒。

博姆：有些人习惯了它，然后说："我接受它。"

克：我不会接受！我的心说，必须有脱离牢笼的自由。这座牢笼非常漂亮，非常文明，诸如此类，但它依旧是局限的。心说必须有超越这一切的自由。

博姆：是哪颗心这么说？是人类的那颗个别心吗？

克：啊！谁说必须有自由？噢，这非常简单。痛苦本身，苦难本身，就需要我们超越。

博姆：这颗个别心，即使接受了局限，还是发现很痛苦。

克：当然。

博姆：因此这颗个别心觉得不知怎的就是不对劲，而它又无法逃避这个问题。似乎就是有一种自由的必要性。

克：自由是必要的，对自由的任何阻碍都是倒退，对吗？

博姆：那种必要性并不是源于反应的一种外在需要。

克：自由不是一种反应。

博姆：自由的必要性不是一种反应。有些人会说，因为一直在牢笼里，你就会这样反应。

克：那么我们到了哪里？你瞧，这意味着必须有摆脱反应的自由，摆脱思想的局限的自由，摆脱时间的一切运动的自由。我们知道，必须有彻底摆脱那一切的自由，然后我们才能真正懂得空无的心和宇宙的秩序，那也是心灵的秩序。你对我的要求实在是太多了。我愿意走那么远吗？

博姆：哦，你知道不自由确实有它自身的吸引力。

克：当然，但是我对这些吸引力不感兴趣。

博姆：但是你问了这个问题：我愿意走那么远吗？所以似乎就隐含了那种局限里也许有某种吸引力。

克：是的，我在不自由中找到了安全感、保障、快感。我意识到在那些快乐和痛苦中没有自由。心说——但不是作为反应——必须有摆脱那一切的自由。来到这一步，毫无冲突地放手，需要它自身的纪律，它自身的洞见。那就是为什么我刚才对已经就这一切进行了一定探索的我们这些人说，你能不能走这么远？还是说，身体的反应——对自己的妻子、孩子等的日常活动的责任——阻碍了这种彻底的自由？僧侣、圣徒和遁世者都说过："你必须摒弃这个世界。"

博姆：这个我们讨论过了。他们无论如何还是把世界带在了身边。

克：是的。那是另一种形式的愚行，尽管我很抱歉这么说。那些我们都探讨过了，所以我拒绝再次进入它。现在我说，宇宙和清空了自身那一切的心，它们是同一个吗？

博姆：它们是同一个吗？

克：它们不是分开的，它们就是同一个。

博姆：听起来好像你在说，物质宇宙就像是那颗绝对的心的身体。

克：是的，没错，没错。

博姆：这么说也许是一种画面式的表达！

克：我们也必须非常小心，以免落入另一个陷阱，说宇宙心一直是在那的。

博姆：那你会怎么表达呢？

克：他们说过上帝一直是在那的；大梵天或者最高法则，一直是在的，你所需要做的，就只是净化自己，然后到达那里。这也是一个非常危险的说法，因为那样的话，你也许就可以说永恒就存在于我之中。

博姆：哦，我认为那是思想在投射。

克：当然！

博姆：说它一直是在的，里边就有个逻辑难点，因为"一直"意味着时间，而我们尝试讨论的是某种与时间无关的东西。所以，我们不能把它放在这儿、那儿、现在或那时！

克：所以我们来到了这一步，有了这颗宇宙心，而当有了自由，人的心灵就可以是它的一部分。

# 第十五章

## 人类的问题能否解决？

## 1980 年 9 月 27 日，英国汉普郡，布洛克伍德庄园

吉度·克里希那穆提：我们已经培植出了一个几乎可以解决任何技术问题的心灵。但是，显然人类的问题从未得到解决。人类被他们的各种问题所淹没：沟通问题，知识问题，关系问题，天堂和地狱的问题。人类的整个存在变成了一个巨大的、复杂的问题，而且显然有史以来始终如此。尽管人类有知识，尽管经过了数个世纪的进化，人类从未摆脱各种问题。

大卫·博姆：是的，我会加上：无法解决的问题。

克：我质疑人类的问题是不是无法解决的。

博姆：我的意思是，它们现在看起来是这样的。

克：就像它们现在呈现的样子，当然，这些问题已经变得不可思议地复杂和无解。没有政客、科学家或哲学家能够解决它们，哪怕通过战争之类的手段！那么，为什么全世界人类的心灵都没能解决日常生活中的问题？究竟是什么妨碍了这些问题的彻底解决？是因为我们从未把心思花在这上面吗？因为我们把所有的白天，甚至可能再加上半个夜晚，都用来思考技术问题了，以致我们没有时间花在另一种问题上？

博姆：一部分原因是这样的。很多人觉得另一种问题应该能够自行解决。

克：但是为什么呢？在这次对话中我想问，有没有可能人类根本没有问题——只有技术问题，那是可以解决的。但是人类的问题似乎是无解的，为什么？是不是因为我们的教育、我们根深蒂固的传统，所以我们接受了事情就是这样的？

博姆：哦，这当然是一部分原因。随着文明变得愈加古老，这些问题在累积，人们也不断地接受制造问题的那些东西。比如说，现在世界上的国家比以前多了很多，每一个国家都在制造新问题。

克：当然。

博姆：如果你回溯到过去……

克：……一个部落就变成了一个国家。

博姆：然后这个群体必定会与它的邻居开战。

克：而且他们拥有这项互相残杀的惊人技术。但我们谈的是人类的关系问题，缺乏自由的问题，这种持续的不确定感和恐惧，以及人们终其一生为了谋生而奋力工作。这整件事看起来真是错得离谱。

博姆：我认为人们已经看不到这一点了。通常来说，他们接受了他们发现自己所处的境遇，然后尽力而为，试图解决一些小问题，来改善他们的处境。他们甚至都不愿意认真审视一下这整个处境。

克：而且宗教人士也给人类制造了巨大的问题。

博姆：是的。他们也在试图解决问题。我是说，每个人都被困在他自己那个小碎片里，解决着他认为能够解决的无论什么问题，但这都加剧了混乱。

克：加剧了混乱和战争！这就是我们说的意思。我们活在了混乱里。但是我想弄清楚，我余生是否可以活得没有任何一个问题。那可能吗？

博姆：哦，我好奇我们甚至是否应该把这些事叫作问题，你瞧。问题应该是一个可以被合理地解决掉的东西。如果你提出了一个如何达到某个结果的问题，那就已经预设了你可以合理地找到一个技术上的解决办法。但是心理上的问题没法那样去看待：预设一个结果，你得努力去实现，然后找到可行的办法。

克：这一切的根源是什么？人类这一切乱局的肇因是什么？我试着从一个不同的角度来看这个问题，来发现这些问题是否可以终结。你知道，就我个人而言，我拒绝留有问题。

博姆：可能会有人就此与你争辩，说你也许只是没有受到挑战。

克：前些天我就因为一件非常非常严肃的事受到了挑战。

博姆：那只是一件有关澄清的事。那个困难一部分是语言的澄清问题。

克：澄清不只是语言上的，还涉及关系和行动。那天出现了一个涉及很多人的问题，必须采取某个行动。但是对我个人来说，那不是一个问题。

博姆：我们得弄清楚你的意思是什么，因为如果没有一个例子的话，我没法理解。

克：我说的"问题"指的是一件必须被解决的事，一件你担心的事，一件你在质询而且没完没了挂在心上的事。还有各种疑虑和不确定，以及不得不采取某个你最终会后悔的行动。

博姆：我们先从这个概念最初被提出时涉及的技术问题开始吧。你有了一个挑战，一件需要完成的事，你说那是一个问题。

克：是的，那通常被叫作一个问题。

博姆：那么，"问题"（problem）这个词是基于"抛出某个东西"这个概念的———个可能的解决办法——然后努力去实现它。

克：或者我有一个问题，但是我不知道如何处理它。

博姆：如果你有一个问题，而关于如何处理它，你没什么头绪……

克：……然后我就四处问别人寻求建议，于是变得越来越困惑。

博姆：这就已经从技术问题这个简单的概念发生了变化，在技术问题那里，你通常对该怎么办是有想法的。

克：确实，技术问题是相当简单的。

博姆：它们常常会带来一些挑战，需要我们非常深入地探索，并改变我们的想法。对技术问题，我们通常知道我们必须做些什么来解决它。例如，如果缺乏食物，我们需要做的就是找到生产更多食物的方法和手段。但是对于心理问题，我们可以用同样的做法吗？

克：这就是重点了。对这件事，我们该怎么处理？

博姆：哦，我们要讨论哪种问题呢？

克：出现于人类关系中的任何问题。

博姆：比如说，人们无法达成共识，他们彼此不断交战。

克：是的，我们拿这个作为一个简单的例子。让一群人一起思考，抱有共同的看法和态度，看起来几乎是不可能的。当然，我的意思并不是要互相拷贝。而是说，每个人都提出自己的观点，然后会有其他人反对，这种情况一直在发生，到处在发生。

博姆：好的。那我们能不能说，我们的问题是一起工作、一起思考？

克：一起工作，一起思考，一起合作，不涉及金钱方面的事务。

博姆：那是另一个问题了，如果薪酬够高，人们就愿意一起工作。

克：那我们要如何解决这个问题？在一个群体里，我们都提出不同的观点，所以我们彼此之间完全无法达成共识。一个人放弃自己的观点，看起来几乎是不可能的。

博姆：是的，这是困难之一，但我不确定你能把这当成一个问题，然后问我该做什么才能放弃我的观点！

克：当然不是。但那是一个事实。所以，观察到了这一点，也发现了我们都应该聚到一起的必要性，人们还是不能放弃他们的观点、他们的看法、他们自己的经验和结论。

博姆：很多时候可能在他们看来那些不像是观点，而是真相。

克：是的，他们会称之为事实。但是，对于这些分裂，人们能做些什么呢？我们看到了一起工作的必要性——但不是为了某个理想、某个信念、某个原则或某个神明。在全世界的各个国家，甚至在联合国，他们还是没有一起工作。

博姆：有些人可能会说，我们不只是有观点，还有自己的利益。如果两个人有互相冲突的个人利益，只要他们坚持自己对那些的执着，他们就不可能一起工作。那我们要如何突破这一点呢？

克：如果你向我指出来我们必须一起工作，向我说明它的重要性，我也能看到这一点很重要。但我就是做不到！

博姆：就是这样。甚至看到了合作很重要，同时又有实现这一点的意愿，也还是不够。随着这种无能为力，就进来了一个新的因素。为什么我们无法实现我们的意图？

克：为此一个人可以给出很多原因，但那些原因、理由和解释并不能解决这个问题。我们还是回到了同一个问题上：什么能让一个人的心灵发生改变？我们看到了改变的必要性，可依然没有能力或者不愿意改变。什么因素——有什么新的因素——在这里是必需的？

博姆：哦，我认为是深入观察的能力，观察究竟是什么拖住了那个人，阻止他发生改变。

克：所以这个新要素是关注？

博姆：是的，这就是我刚才的意思。但是，我们也得考虑是哪种关注。

克：那我们先来讨论什么是关注。

博姆：对于不同的人，可能有很多不同的含义。

克：当然，就像通常那样，有太多观点了！只要有关注，就没有问题。只要是漫不经心的，所有困难就都出现了。那么，在不把关注本身变成一个问题的情况下，我们用这个词指的是什么？于是我就能不仅仅从字面上、智力上，而且深深地、在我的血液中懂得关注的本质，在那种关注中，任何问题都无法存在。显然关注不是专注。它不是努力想要关注的一种尝试、一次经验。但是你向我说明了关注的性质，也就是有关注的时候，就没有"我"从那里出发去关注的一个中心。

博姆：是的，但这就是难点所在了。

克：我们不要把它变成一个问题！

博姆：我是说，这件事我曾经尝试过很长一段时间。我认为，首先在理解关注的含义是什么上面，就有些困难，因为思想本身是有内容的。当一个人在看的时候，他可能以为自己正在关注。

克：不，在那种关注状态中，是没有思想的。

博姆：但你又如何停止思想呢？你知道，当思考在进行时，就会有一种在关注的印象，而那并不是关注。但一个人会以为、会认为他在关注。

克：当一个人认为他在关注，那就不是关注。

博姆：那我们要如何交流关注的含义呢？

克：或者你会不会更愿意说，要探明什么是关注，我们应该讨论一下什么是漫不经心？

博姆：是的。

克：通过否定，就来到了肯定。当我漫不经心时，会发生什么？在我的漫不经心中，我感到孤独、绝望、沮丧、焦虑，诸如此类。

博姆：心开始破碎，进入混乱。

克：破碎化就会发生。或者在我缺乏关注时，我就会让自己跟其他很多东西相认同。

博姆：是的，那可能也会很愉快，但也可能很痛苦。

克：我发现，令人愉快的，后来会变成痛苦。所以那一切都是一种缺乏关注的运动。对吗？我们有没有说明白些什么？

博姆：我不知道。

克：我认为关注是这一切问题真正的解决之道——一颗真正全神贯注的心，懂得了漫不经心的本质，于是脱离了它！

博姆：但是首先，漫不经心的本质是什么？

克：懒惰，疏忽，自私自利，自我矛盾——那些都是漫不经心的本质。

博姆：是的。你瞧，一个自私自利的人也许觉得他在关注，但他其实关心的只是自己。

克：是的。如果我内心有自我矛盾，我关注它，为的是不再自相矛盾，那就不是关注。

博姆：但是我们能否把这一点说清楚，因为通常一个人可能会认为那是关注。

克：不，那不是。那只是一个思想过程，说："我是这样的，我必须那样。"

博姆：所以你是说，这种成为什么的企图不是关注。

克：是的，没错。因为心理上的成为会滋生漫不经心。

博姆：是的。

克：先生，摆脱成为什么，难道不是很难吗？这就是问题的根源了。终止成为什么。

博姆：是的。没有关注，这就是为什么会有这些问题。

克：是的，而当你指出这一点，关注也变成了一个问题。

博姆：麻烦就在于心灵会耍花招，在试图处理这个问题的过程中，它又一次做了同样的事情。

克：当然。那个心灵，如此充满了知识、自我重要感、自我矛盾等，已经走到了这一步，它发现自己心理上无法动弹。

博姆：它无处可去。

克：你会对一个已经走到这一步的人说什么？我来找你，我充满了这种困惑、焦虑和绝望感，不只是为自己，而且为整个世界。我来到了这一步，我想突破它。于是它变成了我的一个问题。

博姆：那我们就回去了；又有了一个成为什么的企图，你瞧。

克：是的。这就是我想说明的。那么，这是一切问题的根源吗？成为什么的渴望？

博姆：嗯，肯定很接近了。

克：那么，没有任何成为活动，我如何来看我自己这整个复杂的问题？

博姆：我们似乎并没有看到整体。当你说："我如何才能关注？"我们并没有看到成为活动的整体。它的一部分似乎溜走了，变成了观察者。对吗？

克：心理上，"成为"一直是所有这一切的诅咒。一个穷人想变得富有，一个富人想变得更富有，无论外在还是内在，始终有这种成为的活动。尽管它带来了大量的痛苦和偶尔的快乐，这种心理上的成为、实现、达到，让我的生活变成了如今这副样子。现在，我意识到了这一点，但我就是停不下来。

博姆：为什么我停不下来？

克：我们来探究一下。我关心成为，一部分是因为在它的终点有个奖赏，同时我也在逃避痛苦或惩罚。而我就困在了这个循环里。这可能就是为什么心灵不停努力成为什么的原因之一。而另一个原因，也许就是根深蒂固的焦虑或恐惧：如果我不变得怎样、不成为什么，我就会迷失。我感到不确定、不安全，所以心灵接受了这些幻觉，说我无法终止那些。

博姆：但是为什么心灵不终止它呢？我们也得探究一下这些幻觉毫无意义这个问题。

克：你如何让我信服我是困在幻觉中的？你办不到，除非我自己看清楚它。我看不清，因为我的幻觉是如此强大。那个幻觉一直被宗教、被家庭等所滋养、所培植。它是如此根深蒂固，以致我拒绝放开它。这就是一大批人身上发生的事。他们说："我想这么做，但是做不到。"现在，情况就是如此，一个人该怎么办？解释、逻辑和各种逻辑上的矛盾能帮到他们吗？显然不能。

博姆：因为那些都被吸收到了那个结构中。

克：那下一步该怎么办？

博姆：你瞧，如果他们说，"我想改变"，其实还存在着一个不想改变的愿望。

克：当然。说"我想改变"的人内心深处还有个想法："说实在的，为什么我要改变？"它们是并行的。

博姆：所以我们有一个矛盾。

克：我一直生活在这个矛盾中，我接受了它。

博姆：但是为什么我要接受它呢？

克：因为那是一个习惯。

博姆：但是当心灵是健康的，它就不会接受一个矛盾。

克：但是我们的心灵不健康！心灵是如此病入膏肓、如此腐败、如此混乱，以致即使你指出了其中所有的危险，它还是拒绝看到。

所以，我们如何才能帮助一个困在其中的人看清心理上的成为的危险？——让我们暂且这么来表达。心理上的行为，意味着与一个国家、一个群体以及所有那类把戏相认同。

博姆：是的，执着于观点。

克：观点和信念。我有了一个经验，它给了我极大的满足，我要执着于它。你如何才能帮我摆脱这一切？我听到了你说的话、你的解释、逻辑，它们听起来非常正确，但是我无法脱离那一切。

我想知道是否还有另一个因素、另一种沟通方式，它并非基于言辞、知识、解释和奖惩。有没有另一种交流方式？你知道，这里也存在着一种危险。然而我确定有一种并不属于言语、分析或逻辑的方式，但并不意味着缺乏理性。

博姆：或许是有的。

克：我的心灵一直是用言辞、解释、逻辑或者暗示与另一个人交流的。必须有另一个能够突破这一切的因素。

博姆：它会突破"没有能力倾听"这种情况。

克：是的，没有能力倾听，没有能力观察、听见，等等。必须有一种不同的方式。你知道，我曾经遇到过几个去见过某个圣人的人，他们说在那人的陪伴下，他们的所有问题都被解决了。但是当他们回到自己的日常生活中，就又回到了旧把戏里。

博姆：那里面没有智慧，你知道的。

克：这就是危险所在了。那个人，那个圣人很安静，不着言辞，有他在场，他们觉得很安静，觉得他们的问题被解决了。

博姆：但这依旧是来自外在的。

克：当然。就像去教堂一样。在一座古老的教堂或者大教堂里，你觉得格外安静。是那种氛围、那个结构的作用——你知道的。那种氛围本身就能让你变得安静。

博姆：是的，它以非言语的方式传达了安静的含义。

克：那什么都不是。就像熏香一样！

博姆：那很肤浅。

克：极为肤浅：就像熏香，它会挥发掉的！所以我们把那一切都抛在了一边，然后我们还剩下什么？没有外在的媒介，没有神或某个救世主。我还剩什么？那里还有什么可以交流的，而它可以突破人类为自己建造的围墙？

那是爱吗？这个词已经变得腐败、沉重、肮脏。但是净化过这个词之后，爱是能够打破这整个聪明的分析方法的因素吗？爱是缺少的那个因素吗？

博姆：哦，我们得讨论一下这个问题，也许人们多少对这个词还是有些谨慎的。

克：我的谨慎都超越词语之外了！

博姆：因此由于人们抗拒倾听，他们也会抗拒爱。

克：那就是为什么我说那是一个有风险的词。

博姆：爱也是关怀；我们说的爱是也包含了智慧和关怀的那种能量——那一切……

克：现在，请等一下。你有了那份品质，而我还困在我的痛苦、焦虑等之中。然后你试着用那份智慧来穿透这一大片黑暗。你会怎么做？那会起作用吗？如果不能，我们人类就迷失了。你明白吗，先生？因此我们发明了耶稣、佛陀、奎师那，他们爱你——这些意象已经变得毫无意义、肤浅至极，而且毫无理性可言。

那我该怎么办？我认为这就是另一个因素。关注、洞察、智慧和爱——你把这一切带给我，而我没有能力接收。我说："那听起来不错，我能感受到，但是我抓不住它。"我抓不住它，因为一旦我走出这个房间，我就迷失了！

博姆：这确实是问题所在。

克：是的，这是真正的问题。爱是某种外在的东西吗，就像一个救世主、天堂——所有那类外在的东西？爱是某种外在于我的东西吗，你把它拿给我，你在我身上唤醒它，把它作为一份礼物送给我？

抑或，在我的黑暗、幻觉和痛苦中，是否有那种品质？显然没有，不可能有。

博姆：那它在哪里？

克：就是这个问题。爱不是你的或我的，它不是个人的，不是属于一个人却不属于另一个人的东西。爱不是那些。

博姆：这是很重要的一点。类似的话，你也说过隔绝不属于任何一个人，尽管我们倾向于认为隔绝是我个人的问题。

克：当然。那是我们所有人共同的背景。智慧也不是个人的。

博姆：但是，同样，这又与我们的整个思维是相反的，你瞧。

克：我知道。

博姆：每个人都说这个人是智慧的，另一个人不是。既然说我缺乏智慧，我就必须为自己获得它。所以这也许就是通往这整件事的障碍之一：在通常的每日思维背后，有一个人类深深抱持的想法，那就是我们都是分开的，各种各样的这些品质要么属于我们，要么不属于我们。

克：没错。正是破碎的心灵发明了那一切。

博姆：那个想法被发明了出来，但我们不只从字面上，而且以非语言的方式，通过暗示从小就接受了它。因此它已经弥漫到无处不在，成为我们的思维、我们所有感知的背景。所以这一点必须加以质疑。

克：我们已经质疑过了——悲伤不是我的悲伤，悲伤是人类的，等等。

博姆：但是人们如何看到这一点呢？因为一个在经历悲伤的人就觉得那是他个人的悲伤。

克：我认为一部分原因是我们的教育，另一部分原因是我们的社会和传统。

博姆：但这个想法也隐含在了我们的整个思维方式中。所以我们必须从里面跳出来，你瞧。

克：是的。但是从里面跳出来，又变成了一个问题，那我该怎么办？

博姆：也许我们可以看到爱不是个人的。

克：地球不是英国的地球或法国的地球。地球就是地球！

博姆：我刚才想到了一个物理上的例子：如果一个科学家或者化学家在研究一个元素，比如钠，并不是他在研究他的钠元素，而另一个人在研究**他**的，然后他们多少比较一下研究笔记而已。

克：没错。钠元素就是钠元素。

博姆：钠元素就是钠元素，放之四海而皆准。所以我们不得不说爱就是爱，它是普世的。

克：是的，但是，你瞧，我的心拒绝看到这一点，因为我是如此严重地个人化，只知道"我和我的问题"，等等诸如此类。我拒绝放开这个看法。当你说钠元素就是钠元素，那很简单，那个我可以看到。但是，当你对我说悲伤对我们所有人来说是共同的……钠元素就是悲伤（笑）！

博姆：无法通过时间来领悟这一点。但是，你知道，人类花了很长时间才认识到钠元素就是钠元素。

克：爱是一种对于我们所有人来说共同的东西吗？

博姆：哦，只要它存在，就肯定是共同的。

克：当然。

博姆：它可能不存在，但如果它存在，就必定是共同的。

克：我不确定它不存在。慈悲不是"我是慈悲的"。慈悲就在那里，它是某种并非"我慈悲"的东西。

博姆：如果我们说慈悲就像钠元素一样，那它就是普世的。那么每个人的慈悲就都是同样的。

克：慈悲，还有爱和智慧。没有智慧，你不可能是慈悲的。

博姆：所以我们说智慧也是普世的！

克：显然如此。

博姆：但是我们有方法来测试某个人身上的智慧，你瞧。

克：噢，不。

博姆：但也许那都是成为障碍的东西的一部分？

克：那种分裂的、破碎的思维方式的一部分。

博姆：嗯，也许有整体的思考，尽管我们尚未身处其中。

克：而整体的思考就不再是思想了，它是一个另外的因素。

博姆：另外一个我们尚未探讨的因素。

克：如果爱对我们所有人来说是共同的，那我为什么对它视而不见呢？

博姆：我想一部分原因是心灵退缩了，它就是拒绝考虑这样一种奇妙的概念转换、看待方式的转换。

克：但是你刚才说了钠元素就是钠元素。

博姆：你知道，对那一点，我们在各种实验中得到了很多证据，那些实验是通过大量的工作和经验建立起来的。而对爱，我们无法那么做。你不能进入一个实验室去证明爱就是爱。

克：噢，不能。爱不是知识。但是为什么一个人的心灵拒绝接受一个如此明显的事实呢？是因为害怕放开我旧有的价值观、标准和看法吗？

博姆：我认为可能还有更深层的原因。那些原因很难把握，但绝不是那么简单的事情，虽然你提到的是其中的一部分解释。

克：那是一个很表面的解释，我知道。是因为根深蒂固的焦虑、想要彻底安全的渴望吗？

博姆：但那还是基于破碎状态的。

克：当然。

博姆：如果我们接受了我们是支离破碎的，就必然想要彻底的安全，因为处在破碎中，我们就始终是处在危险中的。

克：这就是根源了吗？在我们与一切的关系中，想要彻底安全和确定的这种冲动、这种需求、这种渴望？当然，在空无中就有彻底的安全！

博姆：错的并不是对安全的需要，而是想让碎片安全的需要，那是不可能实现的。

克：没错。就像每个国家都想要安全，那就不安全了。

博姆：但是如果所有国家能走到一起，彻底的安全就能够实现了。你那么说，听起来就好像我们要永远生活在不安全当中了，你瞧。

克：不，这一点我们已经说得很清楚了。

博姆：想要安全，是合情合理的，但我们用了错误的方式去实现。

克：对，是的。那么，面对一个完全活在狭窄的个人成就的窠臼里的人，我们要如何传达爱是普世的，不是个人的？

博姆：似乎首要的一点是，他会不会质疑他狭隘的"独特"的个性？

克：人们质疑了这一点，他们看到了我们所讨论内容的逻辑性，然而，奇怪的是，在这些问题上很严肃的人，试图通过禁食、通过折磨来找到生命的完整——你知道的，各种方式。但你是无法通过折磨、戒律之类来领会、感知或者成为完整的。那我们该怎么办？比如说，我有个兄弟拒绝看到这一切。因为我对他有深切的爱，我想让他从中脱离出来。我尝试用语言的方式，有时候用非语言的方式，用手势或者眼神与他交流，但那些依然还是来自外在的。也许这就是他为什么抗拒的原因。我能否向我的兄弟指出来，这团火焰可以在他自己身上唤醒？那意味着他必须倾听我，但是，又回到了这一点上，我的兄弟拒绝倾听！

博姆：似乎有些行动是不可能发生的。如果一个人被困在了诸如碎片化的某个想法里，那他就无法改变它，因为那个想法背后还有一大堆其他的想法。所以我们得找到一个地方，在那里他可以自由地行动、活动，不受局限的控制。

克：当然。

博姆：有很多想法他并不知道。他实际上没法自由地行动，因为这整个思维结构拖住了他。

克：那么我该如何帮助——我用这个词是非常谨慎的——我的兄弟？这一切的根源是什么？我们说到了"成为"，但那些还是字面上的，尽管可以用十种不同的方式来解释它——原因，结果，诸如此类。在我解释了这一切之后，他说："你还是把我留在了原来的地方。"而我的智慧、我的关怀、爱说："我不能随他去。"我不能说："好吧，去死吧！"然后自顾自往前走。那意味着我在给他施加压力吗？

我没有使用任何一种压力或奖赏，完全没有。我的责任是我不能放任另一个人不管。那不是义务之类的责任，不是所有那些可怕的东西；而是，是智慧的责任在说出那些话。（停顿）印度有个传统说，被叫作弥勒佛的人会许下誓言，直到他也解放了其他人类，才能最终成为佛陀。

博姆：一起解放吗？

克：是的。你瞧，这个传统没有改变任何东西。一个人怎么能够做到呢？如果一个人有了那种智慧、那种慈悲、那种爱——它不属于一个国家、一个人、一个理想或者一个救世主——如果一个人有了那份纯净，能把它传递给别人吗？通过与他生活在一起、与他交谈吗？

你瞧,那都可能会变得机械。

博姆:你会不会说,这个问题从来没有得到真正的解决?

克:我想是这样的。但是我们必须解决它。你明白吗?从未解决,但我们的智慧说,解决它。不,我想智慧不会说解决它,智慧会说,这些是事实,也许有些人能够领会。

博姆:哦,在我看来,实际上有两个因素:一个是通过理性的准备工作,来说明那些都是合情合理的,然后从那里,也许有些人能够领会。

克:我们已经那么做了,先生。地图已经被展开,我非常清楚地看到了它:冲突,苦难,困惑,不安全,成为。那一切已经极为清晰。但是到了篇章的末尾,我又回到了开头。或者也许我曾有过一瞥,而我心中的渴望是抓住那一瞥,然后执着于它。那就变成了记忆。你明白吗?然后所有的噩梦就开始了!

在你非常清晰地向我展示那幅地图的同时,你也向我指出了某种远远更为深刻的东西,那就是爱。透过你这个人、你的说理、你的逻辑,我在探索它、寻求它。但是我的身体、我的大脑、我的传统的重负——那一切都在把我往回拖。所以一直有这种不停的斗争——我认为这整件事简直错得离谱。

博姆:什么错了?

克:我们的生活方式。

博姆:现在肯定有很多人已经看到了这一点。

克:我们问过,人类是不是转错了一个弯,进入了一条没有逃生之路的峡谷。不能是这样的，那太令人沮丧、太可怕了。

博姆：我认为有些人可能会反对这个说法。"那很可怕"这一点本身，并不能证明它并不真实。我认为你得给出更强有力的原因，来说明为什么你觉得那并不真实。

克：噢，是的。

博姆：你是否认为人性中是存在发生真正的改变的某种可能性的？

克：当然，先生，否则……

博姆：就毫无意义了。

克：我们会成为猴子、成为机器的！你瞧，彻底转变的能力被归属于某些外在的媒介，于是我们指望他们，然后就迷失在了那里面。如果我们不指望任何人，彻底摆脱了依赖，那么那份独立就是我们所有人共通的。那不是一种隔绝。这是一个显而易见的事实：当你看到了这一切——这一切是如此丑陋、虚幻，如此愚蠢——你自然就孑然独处、独立于世了。这种独立也是普世共通的。

博姆：是的，但是通常意义上的孤独，是每个人觉得那是他自己的。

克：孤独不是单独，不是独立于世。

博姆：我认为所有最根本的东西都是普世的，所以你是说，当心灵走得够深，它就进入了某种普世的东西中。

克：没错。

博姆：无论你是否把它叫作绝对。

克：问题就在于要让心灵非常非常深入地探索它自身。

博姆：是的。此刻，我想到了一件事。当我们从一个特定的问题开始，我们的心灵是非常肤浅的，然后我们来到了某种更加共通的东西。"共通"（general）这个词和"产生"（generate）的词根相同，而"种属"（genus）是下一代（generation）……

克：再产生，当然。

博姆：当我们来到某种更为共通的东西，深度就产生了。但是继续走得更远一些，共通的依然是局限的，因为它是思想。

克：没错。但是，要走得如此深入，需要的不仅仅是巨大的勇气，而且需要一直沿着同一条线索追究到底。

博姆：嗯，我们可以把它叫作"勤奋"，但那依然太局限了，对吗？

克：是的，"勤奋"还是太局限了。它是伴随着宗教心灵的，意思是它在它的行动、思想等方面非常勤奋，但依然是局限的。如果心灵能够从个别的来到共通的，然后从共通的……

博姆：……来到绝对的、普世的。但很多人会说，这些都太抽象了，跟日常生活没有任何关系。

克：我知道。然而这是最为实际的事，一点儿也不抽象。

博姆：事实上，个别的才是真正抽象的。

克：绝对是这样。个别的是最危险的。

博姆：它也是最抽象的，因为你只有从整体中抽象出来才会来到个别的。

克：当然，当然。

博姆：但是我认为这可能也是问题的一部分。人们觉得他们想做一些能够真正在日常生活中影响我们的事。他们不想只是迷失在谈论里，所以他们说："所有这些虚头巴脑的共通性我们不感兴趣，我们要进入日常生活中那些真实的、实在的具体事项中去。"我们所谈的必定会在日常生活中起作用，确实如此，但日常生活并不包含它自身问题的解决之道。

克：没错，日常生活就是共通的和个别的。

博姆：日常生活中产生的人类问题，无法在那里得到解决。

克：从个别的来到共通的，再从共通的走向更深处，那里也许就有那种可以叫作慈悲、爱和智慧的纯净之物。但是那意味着对此付出你的头脑、你的内心，你的整个存在必须完全投入其中。

到现在我们已经谈了很长时间。我们有到达了哪里吗？

博姆：可能是这样的，是的。

克：我认为是的。

附录

人类的未来

# 引　言

　　这两场对谈，发生在克里希那穆提与我进行的一系列类似对话的三年之后，那一系列对话收录在了《时间的终结》（Harper and Row，1985）一书中，所以这两场对谈不可避免地受到了之前那些对话的深远影响。因此，从某种意义上来说，这两个系列的对话论及了一些紧密相关的问题。当然，《时间的终结》由于篇幅要长很多，可以更详尽、更深入地探讨这些问题。然而，这两场对谈自身是独立的，它们以自己的方式探究了人类生活的各个问题，并为这些问题补充了很多重要的洞见。另外，我感觉它们更容易读懂，所以也许可以作为《时间的终结》一书的一个有用的引子。

　　我们讨论的起点是这个问题："人类的未来会怎样？"这个问题如今对每个人来说都是至关重要的，因为现代科技显然已经为毁灭开启了无限的可能性。在我们一起探讨的过程中，这一点很快就清楚了：这种状况最终的根源在于人类普遍混乱的心智状态，而这一点自人类有史以来，甚至或许更长的时间内都没有从根本上得到改变。毫无疑问，我们有必要深入探究这一困境产生的根源，以及人类究竟有没有可能脱离如今这条非常危险的轨道。

　　这些对话形成了对这个问题的一种认真的探询，而在对话往下进行的过程中，克里希那穆提教诲的很多基本点就浮现了出来。乍一看，"人类的未来"这个问题似乎隐含着：解决办法必定会从根本上把时间牵涉进来。然而，正如克里希那穆提指出的，心理时间或者"成为什么"正是危及人类未来的破坏性洪流的源头。然而，以这种方式来质疑时间，就是质疑知识和思想作为解决这个问题的手段的正当性。但是，如果知识和思想并不恰当，那么需要的到底是什么呢？这于是就导向了这个问题：心灵是不是被人类的大脑及其世世代代积累起来的所有知识局限着。这种知识，如今深深地制约着我们，事实上就是它造成了现在的状况，一种非理性的、自我毁灭的程式，而大脑似乎无可救药地困在了当中。

　　如果心灵被这样一种状态的头脑所局限，那么人类的未来必定会非常黯淡。然而，克里希那穆提并不认为这些局限是不可避免的。相反，他强调心灵能从根本上摆脱大脑的制约所固有的那种导致扭曲的偏见，并且通过恰当的没有方向、没有中心的关注所产生的洞见，它就能够改变脑细胞，并去除破坏性的制约。如果确实是这样，那么至关重要的就是带来这种关注，并且我们要给予这个问题以同样强大的能量——而那种能量我们通常会给予生活中其他一些让我们真正极度感兴趣的活动。

　　在这一点上，值得一提的是，对于大脑和神经系统的现代科学研究，实际上相当有力地支撑了克里希那穆提的这个说法："洞见可以改变脑细胞。"举例来说，现在众所周知的是，身体中存在着一些重要的物质，比如，荷尔蒙和神经传递素，它们能够从根本上影响大脑和神经系统的整个功能。这些物质会时时刻刻对一个人的知识、想法，以及这些东西对他来说具有的含义做出反应。现在这一点已经相当明确了：脑细胞以及它们的功能就这样受到了知识和思想的深刻影响，尤其是当这些东西带来强烈的感受和激情时。因此，这听起来就相当合理了：洞见必然来自强大的心理能量和激情状态，它会以一种更为深刻的方式改变脑细胞。

这里所说的这些，仅仅为对话内容提供了一个必要但非常简略的概要，无法充分而又深刻地展现这些对话就人类的意识，以及其中出现的诸多问题的本质所进行的探询。诚然，我会说这些对话既简洁易读，包含了克里希那穆提全部教诲的核心精神，同时也为它们做出了更进一步的重要阐述。

——大卫·博姆，1986 年

# 第一次对谈：未被思想触及的行动是否存在？

### 1983年6月11日，英国汉普郡，布洛克伍德庄园

吉度·克里希那穆提：我想我们应该谈谈人类的未来，谈谈人类。

大卫·博姆：全人类。

克：不只是英国人、法国人、俄国人或者美国人，而是人类这个整体。

博姆：不管怎样，全人类的未来如今是息息相关的。

克：如我们所见，当今世界已经变得岌岌可危。

博姆：是的。

克：恐怖分子、战争、国家和种族分别随处可见，还有一些独裁者打算毁灭这个世界，等等。

博姆：是的，还有经济危机和生态危机……

克：是的，生态和经济问题——问题似乎与日俱增。所以人类的未来会怎样？不仅仅是当今一代，还有将来的世世代代，他们的未来会怎样？

博姆：是的，嗯，未来看起来非常黯淡。

克：非常黯淡。如果你我都很年轻，在知道了这一切之后，我们该怎么办？我们会做何反应？我们的生活，我们的谋生方式等，会是怎样的？

博姆：是的，我经常思考这个问题。比如说，我问过自己："我还会进入科学领域吗？"而我现在完全不确定会这样，因为科学似乎与这场危机是不相干的。

克：不，恰恰相反，科学家们在推波助澜。

博姆：那让情况变得更糟了。他们本可以通过恰当的方式有所帮助，但实际上……

克：那么，你会怎么办呢？我想我会坚持我现在所做的事。

博姆：嗯，那对你来说很简单。

克：对我来说很简单。

博姆：有几个问题我们可以探讨一下。其中之一就是，当一个人刚刚开始步入社会，他不得不设法去谋生。如今谋生的机会非常少，而大多数谋生机会都在极其有限的工作岗位中。

克：而且全世界都有失业现象。我想知道，在一个人了解到未来是黯淡的，是非常令人沮丧、非常危险而且如此不确定的情况下，他会怎么办。你会从哪里开始呢？

博姆：哦，我想他得退后一步，先抛开他个人的需要，以及他周围那些人的需要，等等所有这些个别的问题。

克：你是说他实际上应该暂且忘掉自己？

博姆：是的。

克：即使我确实忘掉了自己，可是当我看着这个我将要生活在其中并从事某种职业生涯的世界，我该怎么办呢？我认为这是大部分年轻人都要面临的一个问题。

博姆：是的，这点很清楚。那么，你有什么建议吗？

克：你知道，我不会从进化的角度来思考问题。

博姆：这点我明白。我希望我们能探讨一下这个问题。

克：我认为根本就不存在心理上的进化。

博姆：我们经常讨论这个问题，所以我想我在一定程度上是理解你的意思的。但是我想刚刚听到这个说法的人还没法理解。

克：是的，我们会探讨这整个问题的，如果你愿意的话。我们为什么关心未来？毫无疑问整个未来就是现在。

博姆：从某种意义上来说，整个未来就是现在，但我们得把这一点说清楚。这与人类的整个思维方式和传统都是反其道而行的。

克：我知道。人类是从进化、延续之类的角度来思考的。

博姆：或许我们可以用另一种方式来看这个问题？也就是说，进化在如今的时代似乎是最自然的思维方式了。所以我想问问你，你对按进化方式进行的思考持有哪些反对意见。我可以先解释一点吗？“进化”这个词有很多含义。

克：当然了。我们说的是心理上的进化。

博姆：那么第一点就是，让我们先剔除物理上的进化。

克：一颗橡果会长成一棵橡树。

博姆：还有物种也进化了：比如说，从植物进化为动物，再进化为人。

克：是的，我们花了一百万年才成为我们现在的样子。

博姆：这种进化已经发生了，你对此没有疑义？

克：没有，那确实发生了。

博姆：而且还会继续发生。

克：那是进化。

博姆：那是一个成立的过程。

克：当然。

博姆：它发生在时间中，因此在那个领域中，过去、现在和未来很重要。

克：显然是的。我不懂某一门语言，我就需要时间来学习它。

博姆：而且改善大脑也需要花时间。你知道，如果大脑一开始很小，然后它才变得越来越大，而这花了一百万年。

克：而且它变得越来越复杂，等等。那一切都需要时间。那都是空间和时间中的运动。

博姆：是的。所以你承认物理时间和神经生理学上的时间。

克：神经生理学上的时间，没错，当然了。任何一个神志清醒的人都会承认的。

博姆：而大部分人也承认心理时间的存在，他们称之为精神上的时间。

克：是的，那就是我们要探讨的：是否存在心理上的明天、心理上的进化这回事。

博姆：或者心理上的昨天。恐怕乍一听来这有点儿奇怪。看起来我是可以想起昨天的，还有明天，我也可以期待明天。而且这发生过很多次了，你知道日子是一天接着一天的。所以我确实体验到了时间：从昨天到今天再到明天。

克：当然，这很简单。

博姆：那么你否定的是什么呢？

克：我否定的是我将会成为什么，将会变得更好。

博姆：我可以改变……但这里有两种看待这个问题的方式。一种是，因为我在努力，我会不会有意识地变得更好？或者，进化是不是一个自然的、不可避免的过程，在这个过程中我们就像在一股水流中一样被裹挟着前行，也许会变得更好或更坏，或者发现有些事情会发生在我们身上。

克：心理上。

博姆：心理上，这需要花时间，也许不是我努力变得更好的结果。也许是，也许不是。有些人持第一种想法，有些人持第二种。但你是不是也否定存在一种自然的心理进化过程，就像自然的生物进化过程那样？

克：我否定那个，是的。

博姆：那么你为什么否定它呢？

克：因为，首先，心智（psyche）、"我"、自我，等等诸如此类，它是什么呢？

博姆："心智"这个词有很多意思。它可能指的是心灵（mind），比如说。你的意思是说自我也是同一回事？

克：自我。我说的是自我、那个"我"。

博姆：好的。而有些人认为存在一种自我得到超越的进化过程，认为它会上升到更高的层面上。

克：是的，那种转换需要时间吗？

博姆：一种超越，一种转换。

克：是的，那就是我的整个问题。

博姆：所以有两个问题：一个是，自我究竟能不能改善？另一个是，即使我们假设我们想要超越自我，这能够通过时间来完成吗？

克：不能通过时间来完成。

博姆：那我们就得说清楚为什么不能。

克：好的，我会说明的。我们来探究这个问题。"我"是什么？如果心智有这么多不同的含义，那么自我就是思想产生的这整个运动。

博姆：你为什么这么说？

克："我"就是意识，我的意识："我"就是我的名字、外形以及我有过的所有经验和记忆等。"我"的整个结构都由思想拼凑而成。

博姆：这又是一件有些人也许会发现很难接受的事情。

克：当然了。我们正在讨论这一点。

博姆：而我对于自我的第一体会、第一感觉就是，它是独立存在的，是那个"我"在思考。

克："我"是独立于我的思想而存在的吗?

博姆:哦,我自己的第一感觉就是"我"是独立于我的思想而存在的。是那个"我"在思考,你知道的。

克:是的。

博姆:就像我在这里一样,我可以活动;我可以活动我的胳膊,我可以思考,或者我可以活动我的头。那么这是一个幻觉吗?

克:不是。

博姆:为什么?

克:因为当我活动我的胳膊,就存在一个意图想去抓住什么,想要拿到什么,那首先是思想的活动。是它让胳膊移动的,等等。我的看法是——我准备好了接受它是错误的或是正确的——思想是这一切的基础。

博姆:好的。你的看法是,这整个自我感以及它在做什么,都来自思想。那么你所说的思想不仅仅局限于智力方面是吗?

克:没错,当然不仅限于此。思想是经验、知识和记忆的活动,它是这整个运动。

博姆:在我听来你似乎是说意识是一个整体。

克:一个整体,没错。

博姆:而且你说那种运动就是"我"?

克:那个意识的全部内容就是"我"。那个"我"与我的意识并无不同。

博姆:好的。我想一个人可以说我就是我的意识,因为如果我没有意识，我就不会在这里。

克：当然了。

博姆：那么意识是不是仅仅是你刚刚所描述的那些，包括思想、感情、意图？

克：意图、渴望……

博姆：记忆……

克：记忆、信仰、教条，还有执行的仪式。是这个整体，就像被程式化了的计算机一样。

博姆：是的，那些显然都在意识当中，每个人都会同意。但很多人会认为并非仅此而已，那个意识也许超越了那些。

克：让我们来探究一下。我们意识的内容构成了意识。

博姆：是的，但我想这需要先来理解一下。"内容"这个词通常的用法和你说的很不一样。如果你说杯子的内容是水，那么杯子是一种东西，而水是另一种东西。

克：意识由它所记住的一切构成的：信仰、教条、仪式、恐惧、快乐、悲伤。

博姆：是的。那么如果那些都不在了，是不是就没有意识了？

克：就不是我们所了解的意识了。

博姆：但是还会有另一种意识吗？

克：完全不同的一种意识。但我们所了解的意识就是那些。

博姆：如我们通常所了解的那样。

克：是的，而那是思想的各种活动的结果。思想把那些拼凑到一起，那就是我的意识——反应、回应、记忆——它有着各种非同一般的、错综复杂的微妙之处。这一切就构成了意识。

博姆：如我们所了解的那样。

克：但那个意识有未来吗？

博姆：是的，有。它有过去吗？

克：当然有，记忆。

博姆：记忆，是的。那你为什么说它没有未来？

克：如果它有未来，它还会是完全一样的东西在运动着。同样的活动，同样的思想，经过了调整，但其模式还会被一遍遍地重复下去。

博姆：你是说思想只会重复？

克：是的。

博姆：但是有一种感觉，比如说，思想可以发展出新理念。

克：但思想是有限的，因为知识是有限的。

博姆：哦，是的，这可能需要一些探讨。

克：是的，我们必须探讨这一点。

博姆：为什么你说知识始终是有限的？

克：因为，你，作为一个科学家，你在试验、添加、寻找，而在你之后的另一个人会添加更多的东西。所以知识脱胎于经验，它是有限的。

博姆：但有些人说过它不是有限的。他们希望获得完备的或者绝对的关于自然规律的知识。

克：自然规律并不是人类的规律。

博姆：哦，那么你想把讨论限定在关于人类的知识范围之内是吗？

克：当然了，那是我们唯一能探讨的。

博姆：即使在另一个范畴内，自然知识有没有可能完备也是个问题。

克：是的。我们现在谈的是人类的未来。

博姆：所以我们是不是说人类不可能获得关于心智的无限的知识？

克：没错。

博姆：总是存在更多的未知。

克：是的，总是有越来越多的未知。所以，一旦我们承认知识是有限的，那么思想就是有限的。

博姆：是的，思想依赖于知识，而知识无法涵盖一切，所以思想没有能力处理发生的一切。

克：没错。但那是政客和其他所有人都在做的事情。他们以为思想能够解决所有问题。

博姆：是的。你可以看到政客身上的知识是非常有限的，事实上知识几乎是不存在的！所以，当你对你处理的事情缺乏充分的知识，你就会制造混乱。

克：是的。所以，由于思想是有限的，而我们的意识是由思想拼凑而成的，因而它也是有限的。

博姆：你可以把这一点说清楚些吗？那就意味着我们只能待在同一个有限的圈子里了。

克：同一个圈子。

博姆：你知道，观点之一也许就是，如果你拿科学来比较，人们也许会认为，尽管他们的知识有限，但他们一直在不停地探索发现。

克：你把发现的添加上去，但依然是有限的。

博姆：依然是有限的，这是重点。我可以继续发现；我想科学方法背后的理念之一就是，尽管知识是有限的，但我可以不断发现，并紧跟事实。

克：但那还是有限的。

博姆：我的发现是有限的，始终存在我还没有发现的未知。

克：这就是我说的意思。未知、无限，无法被思想捕捉。

博姆：是的。

克：因为思想本身是有限的。你和我都同意这一点；我们不只是同意，而且这是一个事实。

博姆：也许我们可以讲得更深入一些。也就是说，思想是有限的，然而我们也许从理智上认为思想并不是有限的。我们有一种非常强烈的秉性或者倾向去那样认为——思想可以无所不能。

克：无所不能。它做不到。看看它在世界上都做了些什么。

博姆：哦，我同意它做了一些可怕的事情，但那并不能证明它始终是错的。你知道，也许你可以归咎于那些错误地使用它的人。

克：我知道，那是一个好用的老伎俩了！但思想本身是局限的，所以无论它做什么都是局限的。

博姆：是的，而且你说它的局限是非常严重的。

克：没错，当然是非常非常严重的。

博姆：我们能说明一下这一点吗？比如说，表现在哪方面？

克：就表现在世界上所发生的一切上面。

博姆：好的，让我们来看一看。

克：极权主义的理想就是思想的发明。

博姆："极权（totalitarian）"这个词本身的意思是人们想涵盖整体（totality），但他们做不到。

克：他们做不到。

博姆：于是极权主义就崩塌了。

克：它正在崩塌。

博姆：但是还有那些说自己不是极权主义者的人。

克：但是民主党、共和党、理想主义者等，他们所有的思想都是局限的。

博姆：是的，它们的局限是……

克：……非常有破坏性的。

博姆：那我们能阐明这一点吗？你知道我可以说："好吧，我的思想是局限的，但也许没那么严重。"为什么这一点如此重要呢？

克：原因很简单：因为有限的思想无论产生什么行动，都必然会导致冲突。

博姆：是的。

克：比如，把人类分割成各派宗教或者各个国家等，这在世界上造成了巨大的破坏。

博姆：是的，现在让我们把那种做法和思想的局限联系起来。我的知识是有限的：这怎么会让我把世界分割成……

克：我们不是在寻求安全吗？

博姆：是的。

克：而我们以为家庭中、部落中、国家主义中存在安全。所以我们认为划分中存在安全。

博姆：是的，现在这一点显现出来了。以部落为例：一个人也许觉得不安全，于是他说："和部落在一起我就安全了。"这是一个结论。而我认为我知道的足够多就能确保安全——实际上我知道的不够多。还发生了一些其他的事情我并不知道，这让情况变得很不安全。另一些部落会来犯。

克：不，不是！正是划分造成了不安全。

博姆：是的，思想协助造成了不安全，但我想说的是我的知识不足以了解那一点。我没有看到那一点。

克：但人没有看到那一点，是因为他没有从整体上思考任何事情和看待这个世界。

博姆：哦，以安全为目标的思想试图知道所有重要的事情。一旦它知道了所有重要的事情，它就会说："这会带来安全。"但还是有很多它不知道的事情，其中之一就是这个思想本身就具有分裂性。

克：是的，它本身就是局限的。任何局限的事物都必然会造成冲突。如果我说我是一个个体，这就是局限的。

博姆：是的。

克：我只关心自己，这非常局限。

博姆：我们得把这一点说清楚。如果我说这是一张有限的桌子，这不会造成冲突。

克：不会，那里没有冲突。

博姆：但是当我说，这是"我"，就会造成冲突。

克："我"就是一个分裂性的存在体。

博姆：我们来把为什么会这样看得更清楚些。

克：因为它具有分裂性，它关心的是自己。与更伟大的国家相认同的"我"，依然具有分裂性。

博姆：我为了安全而给自己定位，这样我就知道我与你是对立的，我要保护我自己。而这造成了你我之间的分裂。

克：还有我们和他们之间的分裂，诸如此类。

博姆：而那来自我局限的思想，因为我不明白我们实际上是紧密地联系和联结在一起的。

克：我们是人类，而所有的人类都或多或少有着同样的问题。

博姆：不，我不理解这一点。我的知识是有限的；我以为我们可以进行划分然后保护我们自己、保护我，而不是其他人。

克：是的，没错。

博姆：但正是在这么做的行为中，我造成了不稳定。

克：是的，不安全。所以，如果我们不只是从智力上或语言上，而是真正体会到了我们就是全体人类，那么责任就会变得无比重大。

博姆：嗯，那你能为那种责任做些什么呢？

克：我要么助长那整个混乱的状况，要么置身其外。

博姆：我想我们触及了非常重要的一点。我们说整个人类、全体人类是一体的，所以制造分裂是……

克：……危险的。

博姆：是的。但划分我和桌子并不危险，因为从某种意义上来说我们并不是一体的。

克：当然。

博姆：也就是说，只有在某种非常根本的意义上我们是一体的。而人类并没有意识到自己是一个整体。

克：为什么呢？

博姆：让我们来探究一下。这是一个关键点。世界上存在着如此之多的划分，不仅仅在国家和宗教之间，而且人与人之间也是如此。

克：为什么会存在这种划分？

博姆：有一种感觉是，至少在现代，每个人都是一个个体。这种感觉也许在过去并没有那么强烈。

克：这正是我要质疑的。我完全怀疑我们是不是个体。

博姆：这是个很大的问题……

克：当然。我们刚刚说过，意识，也就是"我"，和其他人类是相似的。他们都受苦，都有恐惧，都不安全；他们都有自己特定的神明和仪式，这些都由思想所造。

博姆：我认为这里有两个问题。一个是，并不是每个人都觉得他和别人是相似的。大部分人都认为他们拥有某些独特之处。

克：你说的"独特之处"是什么意思呢？做事情上的不同吗？

博姆：可以有很多事情不同。比如说，一个国家也许觉得自己在某些事情上能够比另一个国家做得更好；一个人做了一些特别的事情，或者拥有一种特殊的品质。

克：当然。别人在这方面或那方面要更好一些。

博姆：他也许对自己特殊的能力或优势感到骄傲。

克：但当你抛开那些，我们从根本上是相同的。

博姆：你是说你刚刚描述的这些事情是……

克：……表面上的。

博姆：是的。那么哪些事情是根本的呢？

克：恐惧、悲伤、痛苦、焦虑、孤独，以及人类所有的辛劳。

博姆：但很多人也许认为最根本的事情是人类取得的最高成就。首先，人们也许为人类在科学、艺术、文化和技术等方面的成就感到骄傲。

克：我们当然在那些方面都取得了成就。在技术、通信、旅行、医药、外科手术等方面，我们取得了惊人的进步。

博姆：是的，很多方面的成就都非常了不起。

克：这一点毫无疑问。但我们从心理上取得了什么成就？

博姆：这些都没有从心理上影响我们。

克：是的，没错。

博姆：而心理方面的问题比其他任何问题都重要，因为如果不消除心理上的问题，其他的问题就会很危险。

克：是的。如果我们从心理上受到了局限，那么无论我们做什么都将是局限的，而技术会被我们的局限所利用……

博姆：是的，这个局限的心智成了主人，而不是理智的技术架构。事实上技术因而变成了一个危险的工具。所以，心智处在这一切的核心，这是一点；如果心智没有秩序，那么其他的就毫无用处。然而，尽管我们说心智中存在着某种我们所有人共有的根本的失序，但我们也许都有一种潜在的可能性，可以让另外的某种东西发生。接下来的一点则是，我们真的都是一体的吗？尽管我们都是相似的，但那并不意味着我们都是一样的，我们是一体的。

克：我们说过，在我们的意识中，从根本上讲我们都立足于同样的基础。

博姆：是的，从人类的身体都是相似的这个事实可以看出这一点，但这并不能证明他们都是一样的。

克：当然不能。你的身体和我的是不同的。

博姆：是的，我们在不同的地方，我们是不同的存在体，等等。但我想你说的是，意识并不是一个单独出来的存在体。

克：没错。

博姆：身体是一个具有某种个体性的存在体。

克：这些看起来再清楚不过了。你的身体与我不同，我的名字和你不同。

博姆：是的，我们是不同的。尽管我们由相似的物质构成，但我们是不同的。我们不能互相交换，因为一个人身体里的蛋白质可能与另一个人的身体不匹配。而很多人对心灵也抱有同样的看法，认为人与人之间存在着一种相容或不相容的化学反应。

克：是的，但实际上如果你更深入地探究这个问题，就会发现意识由所有的人类所共有。

博姆：而人们的感觉是意识是单独存在的，并且它被表现了出来。

克：我认为那是一个幻觉，因为我们在坚持一件不真实的事情。

博姆：你是不是想说人类只有一个意识？

克：它就是一个。

博姆：这很重要，因为它有很多个还是只有一个，这是一个关键性的问题。

克：是的。

博姆：它也许有很多个，然后它们再沟通并构建一个更大的单位。还是你会说它从一开始就只有一个？

克：它从一开始就只有一个。

博姆：那么那种分离感是个幻觉？

克：这就是我一遍又一遍反复在说的意思，这看起来是如此理性以及符合逻辑。而另一种看法则是荒唐的。

博姆：是的，但人们不这么认为，至少没有直接感觉到分离的存在这个想法是荒唐的，因为人会根据身体的情况来推断心灵。一个人会说，我的身体和你的身体是分离的，而身体之内是我的心灵，这么说很合理。而你是不是说心灵并非在身体之内？

克：那就完全是另一个问题了。让我们先把这个问题说完。我们每个人都认为我们从身体上是分离的个体。而我们在这个世界上所造成的是一片巨大的混乱。

博姆：哦，如果我们并不是分离的，但我们认为我们是分离的，那显然会造成一种巨大的混乱。

克：这就是实际发生着的事情。每个人都认为他必须去做他想做的事，必须成就自己。所以他在自己的分离状态中努力挣扎，试图获得和平、获得安全，而那种安全与和平被彻底否定了。

博姆：它们被否定的原因是根本不存在分离。你知道，如果真的存在分离，那么努力去那么做就是一件合理的事情。然而如果我们试图分离不可分割的东西，结果就必然是混乱。

克：没错。

博姆：现在这一点清楚了，但是我想，人们没法一下子就明白人类的意识是一个不可分割的整体。

克：是的，一个不可分割的整体。

博姆：如果我们考虑这个说法，会出现很多问题，但我不知道我们对这个问题是不是已经探索得足够深入了。一个问题是，我们为什么认为我们是分开的？

克：我为什么认为我是分开的？那是我所受的制约。

博姆：是的，但我们究竟是怎么接受了如此愚蠢的制约的？

克：从小时候就开始了：这是我的，我的玩具，不是你的。

博姆：但我最初体会到"这是我的"这种感觉，是因为我觉得自己是分开的。本来是一体的心灵是如何得出"它分解成了很多碎片"这个错觉的，这一点并不清楚。

克：我想这还是因为思想的活动。思想的本质就是分裂的、破碎的，所以我是一个碎片。

博姆：思想会造成一种破碎感。你可以看到，比如说，一旦我们决定建立一个国家，我们就会认为自己与其他的国家是分开的，然后各种各样的后果就会接踵而至，让整件事情看起来无比真实。我们有各自的语言、各自的旗帜，我们设立了国界。一段时间之后，我们看到了如此之多分离的证据，以致我们忘了它是怎么开始的，然后说它一直都是在那儿的，我们只不过是延续过去一直存在的样子罢了。

克：当然。这就是为什么我认为一旦我们懂得了思想的本质和结构，思想是如何运作的，思想的根源是什么——所以它始终是局限的——如果我们真的看到了这一点，那么……

博姆：那么思想的根源是什么？是记忆吗？

克：记忆。对往事的回忆，也就是知识，而知识是经验的产物，经验也始终是有限的。

博姆：思想当然也包括了往前行进、使用逻辑、考虑各种发现和洞察力这些意图。

克：就像我们之前说过的，思想就是时间。

博姆：好吧，思想是时间。这也需要更多的探讨，因为人的第一反应会说是先有时间的，然后思想再发生在时间当中。

克：啊，不。

博姆：比如说，如果产生了运动，如果身体在活动，这就需要时间。

克：从这儿走到那儿需要时间。学习一门语言需要时间。

博姆：是的。栽培一株植物需要时间。

克：画一幅画需要时间。

博姆：我们也会说思考需要时间。

克：所以我们是从时间的角度来思考的。

博姆：是的，我们首先想弄清楚的一点是，思考是不是就像所有事情一样，也是需要时间的，对吗？而你说的是另一件事，即思想就是时间。

克：思想就是时间。

博姆：那是从心理上来讲的。

克：当然，是从心理上来讲的。

博姆：那我们要如何理解这一点呢？

克：我们如何理解什么？

博姆：思想就是时间。你知道这一点并不是显而易见的。

克：噢，是的。你认为思想是运动，而时间也是运动吗？

博姆：那是运动。你知道，时间是一种神秘的东西，人们对此曾有争论。我们可以说时间需要运动。我能理解如果没有运动我们就没有时间。

克：时间就是运动。时间和运动是不分开的。

博姆：我没有说时间和运动是分开的。你瞧，如果我们说时间和运动是一体的……

克：是的，我们是这么说的。

博姆：它们不能分开，对吗？

克：不能。

博姆：这一点看起来很明显。存在着物理运动，也就是说存在着物理时间，还有心跳等的存在。

克：物理时间，冷和热，还有黑暗和光明……

博姆：各个季节……

克：日出和日落，所有这些。

博姆：是的，然后我们还有思想的运动。这就引入了思想的本质这个问题。思想只不过是神经系统中、大脑中的一种运动吗？你会这么说吗？

克：是的。

博姆：有些人说过它包括了神经系统的运动，但也许不仅如此。

克：时间实际上是什么？时间就是希望。

博姆：从心理上讲。

克：从心理上讲。我暂且只说心理层面。希望是时间，成为什么是时间，获取成就也是时间。现在以"成为什么"这个问题为例：内心我想成为怎样的人。我想变得不暴力，我们以此为例。这完全是一种谬论。

博姆：我们明白那是一种谬论，但它之所以是谬论，是因为根本不存在那种时间，对吗？

克：不存在。人类是暴力的。

博姆：是的。

克：而他们——托尔斯泰，以及印度的人们——对非暴力一直高谈阔论。事实上我们是暴力的，非暴力并非事实，但我们想变成那样。

博姆：但这还是我们用来看待物质世界的思想的一种延伸。如果你看到一片沙漠，那片沙漠是真实的，于是你说花园是不真实的，但你心里有一座你浇了水就会出现的花园。所以我们说，我们可以为将来计划，到时沙漠将会变成沃土。而在这里我们就必须小心了，我们说我们是暴力的，但我们无法通过类似的计划变得不暴力。

克：没错。

博姆：为什么会这样？

克：为什么？因为当暴力存在时，非暴力的状态就无法存在。那只是一个理想。

博姆：我们得把这一点说得更清楚一些，也就是说肥沃状态和沙漠也是无法并存的。我想你说的是在涉及心灵的情况下，当你是暴力的，非暴力就没有意义。

克：暴力是唯一的状态。

博姆：只存在那种状态。

克：是的，而不是另一种状态。

博姆：朝向另一种状态的运动是虚幻的。

克：因此心理层面的所有理想都是虚幻的。建造一座宏伟桥梁的理想并不是虚幻的。你可以为它做计划，但抱有心理上的理想……

博姆：是的，如果你是暴力的，当你努力变得不暴力，你就会继续暴力下去，那么做毫无意义。

克：毫无意义，可这变成了如此重要的事情。这种"成为什么"，也就是要么变成"现在如何"，要么远离"现在如何"。

博姆：是的，变成"应当如何"。如果你说从自我改善的角度来讲，"成为什么"是毫无意义的，那么……

克：噢，自我改善是极其丑陋的事情。我们说这一切的根源就是思想的运动，也就是时间。我们一旦在心理上容许时间的存在，那么其他所有的理想——非暴力、达到某种高超的境界等——都会变得虚幻无比。

博姆：是的。当你说到思想的运动即时间，在我看来那种来自思想运动的时间本身就是虚幻的。

克：是的。

博姆：我们感觉它是时间，但它并非一种真实的时间。

克：那就是我们为什么会问：时间是什么？

博姆：是的。

克：我需要时间从这儿走到那儿。如果我想学习工程学，我需要时间。我必须学习它，那要花时间。但同样的运动被带入了心智中。我们说，我需要时间来变好，我需要时间来觉悟。

博姆：是的，这必然会造成冲突，你的一部分和另一部分的冲突。所以，你说"我需要时间"的那种运动，也会造成心智中的分裂：观察者与被观察者之间的分裂。

克：是的，我们说观察者就是被观察对象。

博姆：所以心理上是不存在时间的。

克：没错。体验者、思考者就是思想。并不存在与思想分离的思想者。

博姆：你说的话听起来都非常有道理，但我想这严重地违背了我们所习惯的传统观念，以致从总体上来说，让人们真正理解这一点是极其困难的。

克：大多数人只想要一种舒适的生活方式："让我继续现在的样子吧，看在上帝的分上，别管我！"

博姆：但那是冲突太多的结果，人们已经被它搞得精疲力竭了，我认为。

克：但冲突确实存在，无论我们愿不愿意。所以，这才是整个重点所在：有没有可能过一种毫无冲突的生活？

博姆：是的，这些在我们之前所说的话里无疑都已经说明了。冲突的根源是思想、知识或者过去。

克：所以我们问：有没有可能超越思想？

博姆：是的。

克：或者说有没有可能终结知识？我说的是心理上⋯⋯

博姆：是的。我们说关于物质之类事情的知识、科学知识还要继续存在下去。

克：当然，那些必须继续存在下去。

博姆：而你所说的自我认识才是你要结束的东西，不是吗?

克：是的。

博姆：另一方面人们也说过——连你也说过——自我认识是非常
重要的。

克：自我认识很重要，但是如果我花时间来了解自己，那么最
终我就要通过研究、分析，通过观察我与别人的所有关系等来了解自
己——这一切都涉及时间。而我说存在另一种不用时间去看待整件事
情的方式，也就是当观察者就是被观察之物的时候。

博姆：是的。

克：那种观察中没有时间。

博姆：我们可以进一步来探究这个问题吗? 我的意思是，比如
说，如果你说不存在时间，但你依然感觉到你可以想起一小时前你还
是别的什么人。那么，我们在哪种意义上说时间是不存在的呢?

克：时间就是分别，就像思想就是分别一样。这就是为什么思想
就是时间的原因。

博姆：时间是过去、现在、未来这样一系列的划分。

克：思想具有分裂性，所以时间就是思想，或者思想就是时间。

博姆：这并不完全接得上你之前说的话。

克：让我们来探讨一下。

博姆：是的。你知道，乍一看来一个人会认为思想用量尺以及种

种手段造成了各种各样的分别，并且划分出了各个时间段：过去、现在和未来。但从这一点并不能得出思想就是时间。

克：你瞧，我们说过时间就是运动。

博姆：是的。

克：思想也是一系列的运动。所以两者都是运动。

博姆：我们假设思想是神经系统的一种运动并且……

克：你瞧，它是一种"成为"活动。我说的是心理上。

博姆：是心理上。但是，无论何时只要你思考，血液里、神经里等地方也流动着某种东西。而当你谈到心理活动，你指的仅仅是内容上的变化吗？

克：内容上的变化？

博姆：好吧，那种运动是什么？是什么在运动？

克：你瞧，我是这样的，而我试图从心理上变成别的样子。

博姆：所以那种运动发生在你思想的内容里。

克：是的。

博姆：如果你说，"我是这样的，而我试图变成那样"，那么我就处在了运动中。至少我觉得自己处于运动中。

克：比如说，我很贪婪。贪婪是一种运动。

博姆：那是一种什么运动？

克：去得到我想要的，得到更多，这是一种运动。

博姆：好的。

克：而我发现这种运动很痛苦。然后我努力变得不贪婪。

博姆：是的。

克：试图变得不贪婪，这是一种时间运动，是一种"成为"活动。

博姆：是的，但是连贪婪都是"成为"活动。

克：那当然。所以，真正的问题是不是：有没有可能从心理上不去成为什么？

博姆：这似乎需要你心理上不想成为任何人。一旦你以任何方式定义了自己，那么……

克：不，我们很快就会下定义。

博姆：我是说，如果我把自己定义为贪婪的，说自己很贪婪，或者我是这个、我是那个，那么我要么会想要成为别的什么，要么就保持现状。

克：那么我能保持现状吗？我能不能和贪婪而不是不贪婪待在一起？贪婪和我并没有什么不同，贪婪就是我。

博姆：通常的思维方式是，我现在是这样的，然后我可以变得贪婪或者不贪婪。

克：当然。

博姆：这些是我要么具备要么不具备的品质。

克：但这些品质就是我。

博姆：而这与我们通常的说法和经验再一次大相径庭。

克：所有的品质、个性、品德、评判、结论和观点，都是我。

博姆：在我看来必须立刻明确感知到这一点。

克：这就是整个问题所在了。立刻感知到这整个运动的全部。然后我们就来到了这一步——这听起来有点儿奇怪，或许还有点儿疯狂，但并非如此——有没有可能感知而完全没有记忆的活动？直接感知某件事情而没有词语，没有反应，也没有记忆闯入感知。

博姆：这是一个很大的问题，因为记忆经常会进入感知。这就提出了这个问题：什么能够阻止记忆进入感知？

克：没什么能阻止它。但是，如果我们看到有限的记忆其行为的前因后果与合理性——一旦洞察到它是局限的，我们就已经离开它进入了另一个维度。

博姆：在我看来你必须洞察记忆的全部局限。

克：是的，而不是一部分。

博姆：你可以从大体上看到记忆是局限的，但是在很多方面这一点并不明显。比如说，我们很多不明显的反应也许就是记忆，而我们并没有体验到它们是记忆。假设我在成为什么：我体验到了贪婪，而我渴望变得不那么贪婪。我能记得我是贪婪的，同时却认为这个"我"是拥有记忆的那个人，而不是反过来认为是记忆造就了"我"，对吗？

克：这些问题实际上可以归结为人类能否毫无冲突地活着。从根本上讲就可以归结为这个问题：在这个地球上我们能不能拥有和平？思想的活动永远无法实现这一点。

博姆：从我们之前所说的内容可以明确看出，思想的活动无法带来和平：它必然会带来冲突。

克：是的，一旦我们真正看到了这一点，我们的整个行为就会完全不同。

博姆：但你是不是说存在一种并非思想的行动？它超越了思想？

克：是的。

博姆：它不仅超越了思想，而且不需要思想的合作？当思想不在时这才有可能发生，是吗？

克：这是真正的重点。我们之前经常讨论这个问题，是否存在超越思想的东西。不是神圣、圣洁的东西——我们说的不是那些。我们问的是，是否存在一种行动是没有被思想触及的？我们说是存在的，而那种行动就是最高形式的智慧。

博姆：是的，现在我们引入了智慧。

克：我知道，我是故意把它引入进来的！所以智慧并非狡猾的思想的行为。造出一张桌子要有智慧的存在。

博姆：嗯，智慧可以利用思想，就像你经常说的那样。也就是说，思想可以是智慧的行动。你是不是会这么说？

克：是的。

博姆：或者它也可能是记忆的行动？

克：就是这样。它要么是产生于记忆的行动，而记忆是局限的，所以思想是局限的，于是它自身的行为就会带来冲突。

博姆：我想这会和人们关于计算机的说法联系在一起。每台计算机最终都必须依赖于输入的、设定的某种记忆，而那必定是有限的。

克：当然。

博姆：所以当我们根据记忆来运转，我们就和计算机没什么两样。也许反过来说就是：计算机和我们没什么两样。

克：我会说一个印度教徒过去五千年来已经被程式化为一个印度教徒；或者在这个国家，你已经被程式化为一个英国人、一个天主教徒或者一个新教徒。所以说我们都在一定程度上被程式化了。

博姆：是的，但你引入了智慧的概念，它是摆脱了程式化的，它是创造性的，也许。

克：是的。那种智慧与记忆和知识无关。

博姆：它可以在记忆和知识中运行，但与它们毫无关系。

克：没错。我的意思是，你如何弄清楚它是否具有任何真实性，还是说它只是想象和浪漫的无稽之谈罢了？若要弄清这一点，我们就必须探究这整个痛苦的问题，痛苦能否终结。而只要存在痛苦、恐惧和对快乐的追求，就不可能有爱。

博姆：这里有很多问题。痛苦、快乐、恐惧、愤怒、暴力和贪婪——所有这些都是记忆的反应。

克：是的。

博姆：它们与智慧毫无关系。

克：它们都是思想和记忆的一部分。

博姆：而只要它们在活动，智慧似乎就无法在思想中或者通过思想来运转。

克：没错。所以必须从痛苦中解脱出来。

博姆：嗯，那是一个非常关键的点。

克：这真的是一个非常严肃、非常深刻的问题：有没有可能结束痛苦，也就是结束"我"？

博姆：是的，也许这听起来有些重复，但通常的感觉就是我在那儿，我要么在受苦要么不受苦，我要么享受要么痛苦。而我认为你说的是痛苦来自思想，它就是思想。

克：来自认同、依附。

博姆：那么受苦的是什么呢？记忆也许会带来快乐，然后当它行不通时就会产生与快乐相反的感受——痛苦和苦难。

克：不仅如此。苦难要复杂得多，不是吗？

博姆：是的。

克：什么是苦难？这个词的意思是遭受痛苦，感到悲伤，感到极度迷惘和孤独。

博姆：在我看来它不仅仅是痛苦，而是一种整体性的、无处不在的痛苦。

克：还有苦难是因为失去了某个人。

博姆：或者失去了某个非常重要的东西。

克：是的，当然。失去了我的妻子、儿子、兄弟或者无论什么人，于是就有了那种极度的孤独感。

博姆：或者只是因为这个事实：整个世界已经走到了这般田地。

克：当然……所有的战争。

博姆：这让一切都毫无意义，你知道的。

克：战争造成了多么深重的苦难，然而战争持续了几千年。这就是为什么我说，我们过去五千年来甚至更久都延续着同样的模式。

博姆：一个人很容易就可以看到战争中的暴力和仇恨会干扰智慧。

克：显然如此。

博姆：但有些人觉得通过受苦他们会变得……

克：……智慧？

博姆：得到净化，就像经历了熔炼一样。

克：我知道。他们认为通过苦难你能学到东西，通过苦难你的自我会消失、消融。

博姆：是的，消融、提纯。

克：不会的。人们已经遭受了无尽的苦难，已经有了多少战争、多少眼泪，还有政府破坏性的本质。另外还有失业、无知……

博姆：对疾病、痛苦，对一切的无知。但痛苦究竟是什么？它为什么会破坏智慧或者妨碍智慧？到底是怎么回事？

克：痛苦是一种打击。我受苦，我有痛苦，这就是"我"的核心。

博姆：关于痛苦的难点就在于，在那里受苦的正是"我"。

克：是的。

博姆：而这个"我"真的为自己感到很难过。

克：我的痛苦与你的痛苦不同。

博姆：是的，它隔离了它自己，造成了某种错觉。

克：我们没有看到痛苦由全人类所共有。

博姆：是的，但假设我们确实看到了痛苦由全人类所共有呢?

克：那样我就会开始质询痛苦是什么。它不是我的痛苦。

博姆：这很重要。为了理解痛苦的本质，我必须摆脱"这是我的痛苦"这个想法，因为只要我相信这是我的痛苦，我就会对这整件事情产生错觉。

克：那样我就永远无法结束痛苦了。

博姆：如果你在和一个幻觉打交道，你就完全无能为力了。你知道为什么——我们不得不先回过头来说一下。为什么痛苦是很多人的痛苦? 首先，比如说，我感觉到牙痛，或者我失去了什么，或者我身上发生了些事情，而另一人看起来非常开心。

克：开心，是的。但他同时也以自己的方式在受苦。

博姆：是的。他暂且没有发现痛苦，但他也有自己的问题。

克：痛苦是全人类所共有的。

博姆：但"痛苦为全人类所共有"这个事实并不足以让它成为一体。

克：这是个事实。

博姆：你是说人类的痛苦是一体的、不可分割的?

克：是的，这就是我一直在说的意思。

博姆：就像人类的意识是一体的一样?

克：是的，没错。

博姆：也就是说，当任何一个人受苦，整个人类都在受苦。

克：整个问题就在于，我们从时间伊始就一直在受苦，而我们并没有解决它。我们没有终结苦难。

博姆：但是我想你说过我们没有解决它的原因是，我们把它当成了个人的或者一个小群体的痛苦……而那是一个幻觉。

克：是的。

博姆：而任何想处理幻觉的尝试都无法解决任何事情。

克：思想无法从心理上解决任何事情。

博姆：因为你可以说思想本身就是分裂的。思想是局限的，它无法看到这种痛苦是一个整体，因而把痛苦划分成了我的和你的。

克：没错。

博姆：而这造成了幻觉，于是只会增加痛苦。而在我看来，"人类的痛苦是一体的"这个说法和"人类的意识是一体的"这个说法是分不开的。

克：痛苦就是我们意识的一部分。

博姆：但是你知道，一个人并没有立刻就拥有这种感受：这种痛苦是属于全人类的。

克：世界就是我，我就是世界。但我们把它分成了英国的地球、法国的地球，以及诸如此类的一切！

博姆：你所说的世界，指的是物理世界还是社会的世界？

克：社会的世界，主要是心理世界。

博姆：所以我们说社会的世界、人类世界是一体的，而当我说我就是那个世界时，那是什么意思呢？

克：世界与我并无不同。

博姆：世界和我是一体的，我们是不可分割的。

克：是的。而这就是真正的冥想；你必须感受到这一点，而不只是当作一个口头上的说法。这是一个事实：我是我兄弟的守护者。

博姆：有很多宗教这么说过。

克：那只是一个说法而已，他们并没有遵守；他们并没有从自己的内心去那么做。

博姆：也许有些人那么做了，但总的来说这一点并没有实现？

克：我不知道是不是有人这么做了。我们人类并没有这么做。我们的宗教实际上在妨碍这么做。

博姆：因为分别？每种宗教都有自己的信仰和自己的组织。

克：当然了。还有它们自己的神明和救世主。

博姆：是的。

克：所以从这点来看，那种智慧是真实的吗？你明白我的问题吗？还是说它是某种虚幻的投射，希望它能解决我们的问题？对我而言不是这样的。它是一个事实，因为痛苦的终结就意味着爱。

博姆：在我们继续探讨下去之前，让我们澄清关于"我"的一点。你知道你刚刚说过"对我而言不是这样的"。然而从某种意义上来说，你似乎依然定义了一个个人，是这样吗？

克：是的。我用"我"这个词只是作为一种交流手段。

博姆：可那又是什么意思呢？从某个角度来说，让我们假设有两个人，比如说，"甲"和"乙"。

克：好的。

博姆：所以"甲"说"对我来说不是这样的"——这似乎就在"甲"和"乙"之间造成了一种分裂。

克：没错，然而是"乙"造成了分裂。

博姆：为什么？

克：这两个人之间有什么关系？

博姆："乙"因为说"我是个分离的人"而制造了分裂，可是当"甲"说"对我而言并不是这样的"，这会让"乙"更加困惑，对吗？

克：这就是关系中包含的全部意义，不是吗？你感觉到你不是分离的，而且你真的拥有这种爱和慈悲感，而我没有。我还没有洞察到或者探究过这个问题。那么你和我的关系是什么？你和我有一种关系，而我和你没有任何关系。

博姆：哦，我想我们可以说，没有看到真相的人几乎是生活在一个梦境般的心理世界里的，因而梦境的世界与觉醒的世界毫无关系。

克：是的。

博姆：但那个觉醒的家伙也许至少可以唤醒他的同伴。

克：你是清醒的，而我不是。那么你与我的关系很清楚。但我和你没有任何关系；我就是无法拥有关系。我坚持分裂，而你不会。

博姆：是的，我们不得不说人类的意识以某种方式分裂了它自身。它是一体的，但它通过思想分裂了自身。而这就是我们为什么会陷入如今的境地的原因。

克：这就是原因。人类如今在心理上以及在其他方面遇到的所有问题，都是思想的产物。我们采用着同样的思维模式，而思想永远无法解决这些问题中的任何一个。所以存在着另一种工具，那就是智慧。

博姆：哦，这打开了一个完全不同的话题。你还提到了爱，和慈悲。

克：没有爱和慈悲就没有智慧。你如果依附于某个宗教，如果你像个动物一样被绑在桩子上，你就不可能是慈悲的……

博姆：是的，一旦自我受到威胁，它就无法……

克：你瞧，自我隐藏在……

博姆：……其他事情背后。我指的是，高尚的理想背后。

克：是的，它隐藏自己的能力是无限的。那么人类的未来会怎样？依我所见，人类正走向毁灭。

博姆：看起来就是这样的方向。

克：非常灰暗、黯淡和危险。如果一个人有孩子，他们的未来会怎样？卷入这一切之中吗？然后经历所有的不幸。所以教育变得格外重要。然而现在的教育只是积累知识。

博姆：人类发明、发现或者开发出的每一种工具都被导向了毁灭的方向。

克：绝对是这样。它们正在破坏自然，现在只剩下很少几只老虎了。

博姆：它们正在破坏森林和农田。

克：似乎没人在乎这些。

博姆：哦，大部分人都只是沉浸在他们拯救自己的计划中，但也有另一些人有拯救全人类的计划。我想同时还有一种绝望的倾向，从现在所发生的事情可以明确看出这一点，那就是人们认为无计可施。

克：是的。而如果他们认为可以做些什么，他们就建立各种微不足道的组织和微不足道的理论。

博姆：还有些人对他们所做的事是非常有信心的。

克：大多数首相都很有信心。他们不知道他们实际上在做些什么！

博姆：是的，但大多数人对他们自己所做的事并没有多少信心。

克：我知道。而如果有人抱有极大的信心，我就会接受那种信心然后跟他走。人类的未来，全人类的未来会怎样？我想知道有任何人关心这一点吗？还是说每个人、每个组织都只关心它自己的生存？

博姆：我想人们首先关心的几乎始终是个人或者组织的生存。人类的历史一直就是如此。

克：因而就有了永无止境的战争、永无止境的动荡。

博姆：是的，但就像你说的，这是思想的结果，思想本身是破碎不完整的，它把自己和组织等相认同，在这样的基础上就犯下了错误。

克：你碰巧听到了这些话。这些你都同意，你看到了其中的真相。那些掌权的人甚至都不愿听你讲。

博姆：是的。

克：他们正在造成越来越多的不幸，这个世界正变得越来越危险。我们看到了某种真实的东西，这有什么意义吗，这会有什么影响吗？

博姆：在我看来，如果我们从影响的角度来考虑，我们就恰恰引入了麻烦背后的肇因：时间！随后的反应就会是迅速投身进去，做些什么来改变事情发展的进程。

克：进而建立一个社团、基金会、组织，以及诸如此类的一切。

博姆：但是你知道，我们的错误就在于我们觉得我们必须想些什么，尽管思想本身就是不完整的。我们实际上并不知道发生了什么，而人们为此编造了理论，但实际上他们并不知道是怎么回事。

克：如果那是个错误的问题，那么作为一个人，也就是人类，抛开影响以及诸如此类的一切，我的责任是什么呢？

博姆：是的，我们不能把眼光投向影响。但是，这里的情况与"甲"和"乙"的情况是相同的："甲"看到了，而"乙"没有看到。

克：是的。

博姆：现在假设"甲"看到了某样东西，而其他大部分人则没有。那么，我们似乎可以说人类正处在某种睡梦之中。

克：陷入了幻觉之中。

博姆：幻觉。问题是，如果有人看到了某样东西，他的责任就是去帮助唤醒别人走出幻觉。

克：正是如此，这正是问题所在。这就是为什么佛教徒投射出了菩萨的概念，作为所有慈悲的核心化身，等着拯救人类。这听起来不错，有人在做这件事，这是一种开心的感觉。但事实上，我们不愿意做任何一件不舒服、不能带来满足和安全的事情，不管心理上还是身体上。

博姆：本质上这正是幻觉的来源。

克 ：一个人要怎样才能让别人看到这一切呢？他们没有时间，他们没有精力，他们甚至都没有这个意愿。他们想要的是娱乐消遣。怎样才能让"某个人"如此清楚地看到这整件事情，以致他说，"好的，我明白了，我愿意为此而行动。而且我也懂得我有责任"，等等等等。我想这正是看到了真相的人和没看到真相的人共同的悲剧。

# 第二次对谈：意识的进化是否存在?

**1983 年 6 月 20 日，英国汉普郡，布洛克伍德庄园**

吉度·克里希那穆提：据我们所了解，是不是所有的心理学家都真正关心人类的未来呢？还是说，他们关心的是让人类遵从如今的社会？还是关心超越这一切？

大卫·博姆：嗯，我想大多数心理学家显然想让人类遵从这个社会，但我认为有些人也在思考超越它，以期转变人类的意识。

克：人类的意识能不能通过时间来改变？这是我们应当探讨的问题之一。

博姆：是的。我们已经讨论过这个问题了，我想我们得出的是：就意识而言，时间是无关紧要的，它是一种幻觉。我们探讨了"成为什么"这种幻觉。

克：我们说，意识的进化是一种谬论，不是吗？

博姆：就通过时间来进化而言，是这样的，尽管物理上的进化并非谬论。

克：我们能不能这样更简单地来说：不存在心理上的进化，或者心智的进化？

博姆：可以，而且既然人类的未来取决于心智，那么人类的未来似乎就不能通过时间中的行动来决定。而这就留给了我们这个问题：我们该怎么办呢？

克：那我们就从这里开始。我们首先是不是应该来区分一下大脑和心灵？

博姆：哦，这种区分已经做过了，但并不是很清楚。毫无疑问，对这个问题有好几种观点。其中一种就是心灵只是大脑的一种功能——这是唯物主义者的观点。另一种观点则认为心灵和大脑是两种不同的东西。

克：是的，我认为它们是两种不同的东西。

博姆：但是必然会存在……

克：……两者之间的一种联系。

博姆：是的。

克：两者之间的一种关系。

博姆：我们不一定就暗指两者是相互分离的。

克：是的。首先让我们来看一下大脑。我其实并不是一个大脑结构和所有这类东西的专家，但是我们可以看看自己的内心，我们可以从我们自己大脑的活动观察到，它其实就像是一台已经被程式化并且一直在记忆的电脑。

博姆：毫无疑问，大脑的大部分活动都是这样的，但我们无法确定是不是大脑所有的活动都是如此。

克：无法确定，但是它受到了制约。

博姆：是的。

克：被过去的世世代代、被社会、被报纸、被杂志，被所有来自外界的活动和压力所限制。它受到了制约。

博姆：那么，你所说的这种制约是什么意思呢？

克：大脑被程式化了，它被驱使着去遵从某种特定的模式，它完全依靠过去而活，通过此刻调整一下自己，然后继续向前。

博姆：我们都同意它的某些制约是有用和必要的。

克：当然了。

博姆：但是决定了自我的那种制约，你知道，它决定了……

克：……心智。让我们暂且把它称为心智，自我。

博姆：自我，心智——这就是你所说的那种制约。它也许不仅是不必要的，而且还是有害的。

克：是的。重视心智，强调自我，这给世界造成了巨大的破坏，因为自我具有分裂性，由此总是不断地处于冲突之中，不只是它自己内在的冲突，还包括与社会、家庭等的冲突。

博姆：是的，它也和自然产生了冲突。

克：和自然，和整个宇宙。

博姆：我们曾经说过，冲突之所以出现是因为……

克：……因为分裂。

博姆：而分裂出现是因为思想是有限的。思想是建立在那种制约、建立在知识和记忆之上的，所以它是有限的。

克：是的，经验是有限的，因此知识也是有限的，记忆和思想也是如此。而心智的结构和本质正是思想的运动。

博姆：是的。

克：时间中的思想运动。

博姆：是的。现在我想问一个问题。你已经讨论过了思想的运动，但对我来说似乎有一点还是不清楚：是什么在运动。你看，如果我讨论我的手的运动，这是一种真实的运动，它的含义很明确。但是当我们讨论思想的运动时，在我看来，我们似乎是在讨论某种虚幻的东西，因为你曾经说过"成为什么"就是思想的运动。

克：这就是我的意思，"成为什么"之中的运动。

博姆：但你说的是，那种运动在某种程度上是虚幻的，不是吗？

克：是的，当然了。

博姆：它更像是录影机投射在屏幕上的运动。我们说并没有任何物体在屏幕上穿行，实际的运动只有投影机的转动。那么，我们能不能说大脑中存在着一种真实的运动，是它投射出了这一切，也就是制约？

克：这就是我们想要去搞清楚的。让我们来稍微讨论一下这一点。我们双方都同意，或者都看到了：大脑受到了制约。

博姆：我们的意思是它其实在物理上和化学上都被打上了烙印。

克：还有在基因上，同样也包括心理上。

博姆：物理上的烙印和心理上的烙印有什么不同呢？

克：就心理上而言，大脑是以自我为中心的，对吗？

博姆：是的。

克：而这种对自我持续不断的强调就是那种运动、那种制约，而那是一种幻觉。

博姆：但内在也有某种真实的运动发生。比如说，大脑在做着某些事情。一直以来它在物理上和化学上都受到了制约。而当我们考虑自我时，物理上和化学上就会发生一些事情。

克：你是在问，大脑和自我是不是两个不同的东西吗？

博姆：不，我说的是，自我就是大脑受到了制约之后的产物。

克：是的，自我限制着大脑。

博姆：但自我存在吗？

克：不存在。

博姆：可在我看来，大脑所受的制约就包含了那个我们称为"自我"的幻觉。

克：没错。那么那种制约可以消除吗？这就是全部的问题。

博姆：它的确需要从物理、化学和神经生理学的意义上被消除。

克：是的。

博姆：而任何一个科学界人士对此的第一反应就是，通过我们正在做的这类事情去消除制约，看起来是不可能的。你知道，某些科学家可能会觉得，也许我们会发现某种药物、某些新的基因突变，或者关于大脑结构的更深入的知识，那样的话我们也许就能帮忙做点什么了。我认为这种想法或许是某些人的主流观念。

克：那会改变人类的行为吗？

博姆：哦，为什么不能呢？我想有些人相信那也许是行得通的。

克：等一下。这就是全部的症结所在：那也许行得通，而这就意味着将来。

博姆：是的，发现所有这一切需要花费时间。

克：而在此期间，人类将会毁灭自己。

博姆：哦，他们也许希望他们能设法及时地找到解决之道。他们同样也可以批评我们在做的事情，说我们这样做又有什么用呢？你知道，我们做的这些事情看起来似乎影响不了任何人，当然也无法及时地带来很大的改变。

克：对于这点我们俩都心知肚明。我们在做的事情会以怎样的方式影响人类？

博姆：它会不会真的及时地影响人类从而拯救……

克：当然不能，显然不能。

博姆：那为什么我们还要这样做呢？

克：因为这是需要去做的正确的事。完全独立地去做这件事，这与奖励和惩罚无关。

博姆：与目标也无关。我们做正确的事，即使我们不知道它的结果会怎样？

克：没错。

博姆：你是说没有其他途径了吗？

克：我们说的就是没有其他途径了，没错。

博姆：哦，我们应该把这一点说清楚。举个例子，有些心理学家会觉得通过探询这类事情，我们就可以为意识带来一次革命性的转变。

克：那样的话我们就又退回到了那一点，也就是我们希望通过时间来改变意识。而我们质疑这一点。

博姆：我们已经质疑过这点了，我们说，通过时间，我们都不可避免地会陷入"成为什么"和幻觉之中，而且我们不会知道自己在做什么。

克：对。

博姆：那么，我们能不能说，同样的事情甚至也适用于那些试图在物理上、化学上或者结构上去改变大脑的科学家，他们自己也同样身陷其中，经由时间，他们也困在了"试图变得更好"之中？

克：是的，那些试验者、心理学家以及我们自己都在试图成为什么。

博姆：是的，虽然起初的时候这点或许看起来并不明显。也许那些科学家看起来是非常客观、毫无偏见的观察者，在致力于研究这个问题。但是我们会感觉到，隐藏在表面之下，在那个以这种方式去探究的人身上，也存在着想要变得更好的欲望。

克：去成为什么。当然了。

博姆：他并没有摆脱那一点。

克：正是如此。

博姆：而这种欲望将会导致自我欺骗和幻觉，等等。

克：所以我们现在进展到哪里了？任何形式的"成为什么"都是

一种幻觉，而"成为什么"就隐含着时间，需要时间来让心智改变。但我们说，时间是不必要的。

博姆：这和另一个关于心灵和大脑的问题是紧密相关的。大脑是一种时间中的活动，一个物理上、化学上的复杂过程。

克：我认为心灵和大脑是分开的。

博姆："分开"是什么意思？它们之间有联系吗？

克："分开"的意思就是大脑受到了制约，但心灵没有。

博姆：假定心灵在一定程度上是独立于大脑的，所以即使大脑受到了制约……

克：……而另一个没有。

博姆：它不需要……

克：……受到制约。

博姆：你是基于什么这样说的呢？

克：让我们不要从"我是基于什么这样说的"开始。

博姆：好吧，是什么让你这样说的？

克：只要大脑受到了制约，它就不自由。

博姆：是的。

克：而心灵是自由的。

博姆：是的，这就是你说的意思。但你知道，大脑不自由，这就意味着大脑无法以一种毫无偏见的方式去自由地探询。

克：我会探究这点的。让我们来探询一下：什么是自由？探询的自由，探究的自由。只有在自由中才会有深刻的洞察。

博姆：是的，这是很清楚的，因为如果你无法自由地去探询，或者如果你有偏见，那么你就局限在了一种主观武断的方式当中。

克：所以只要大脑受到了制约，它和心灵的关系也就是局限的。

博姆：我们既有大脑和心灵的关系问题，也有心灵和大脑的关系问题。

克：是的，但是自由的心灵和大脑有一种关系。

博姆：是的。我们可以说心灵是自由的，从某种意义上讲，它并不受制于大脑的局限。

克：是的。

博姆：心灵的本质是什么呢？心灵是位于身体内部的吗，还是说它在大脑之中？

克：不，它和身体或者大脑无关。

博姆：它和空间或者时间有关吗？

克：空间。现在稍等一下！它与空间和寂静有关。这是它的两个要素……

博姆：但和时间无关？

克：和时间无关。时间是属于大脑的。

博姆：你说到了空间和寂静，那么，是哪种空间呢？它并不是那种我们所看到的生命体在其中运动的空间。

克：空间。我们换种方式来看一看。思想可以发明出空间。

博姆：此外还有我们所能看到的空间。但思想可以发明出各种各样的空间。

克：还有从这里到那里的空间。

博姆：是的，也就是我们移动穿过的空间。

克：还包括两个噪声、两个声音之间的空间。

博姆：他们称之为两个声音之间的间隔。

克：是的，两个噪声、两个想法、两个音符之间的间隔。

博姆：是的。

克：两个人之间的空间。

博姆：两道墙之间的空间。

克：等等。但这种空间并不是心灵的空间。

博姆：你是说心灵的空间不是有限的？

克：对，但我不想用"有限"这个词。

博姆：但这就是它所隐含的意思。那种空间并不具有被某种东西所局限的性质。

克：是的，它并不被心智所局限。

博姆：但它会被任何东西所局限吗？

克：不。所以，大脑——它所有的细胞都受到了制约——这些细胞能够彻底改变吗？

博姆：我们经常讨论这个。还不能确定所有的细胞都受到了制约。比如说，有些人认为大脑中只有一些或者很少一部分细胞得到了使用，而其他的细胞是不活跃的，处于休眠之中。

克：几乎完全没有被用到，或者只是偶尔被触及一下。

博姆：只是偶尔触及。但是那些受到制约的细胞，不管它们是什么，很显然它们此刻支配着意识。

克：是的。那么这些细胞可以被改变吗？

博姆：可以。

克：我们说通过洞见，它们可以改变，而洞见与时间无关，它不是回忆、直觉、欲望或者希望的结果。它与时间和思想毫无关系。

博姆：是的。那么洞见是属于心灵的吗？它属于心灵的本质吗？是心灵的一种活动吗？

克：是的。

博姆：所以你说的是，心灵可以在大脑的物质中运行。

克：是的，我们之前已经说过了。

博姆：可是你看，心灵如何能够在物质中运行，这一点很费解。

克：心灵能够作用于大脑。例如，我们可以拿任何一个危机或者问题来说明。就如你所知道的，"问题"的词根义是："向你袭来的某个东西。"而我们带着过去的所有回忆，带着偏见等东西去面对它，因而问题才得以成倍增加。你或许可以解决一个问题，但就在解决某个特定问题的过程中，其他问题又会出现，就像在政界等之中所发生的那样。现在，去着手处理那个问题，或者去洞察它，而没有任何过往的记忆、思想的干扰或者投射……

博姆：那意味着那种洞察同样是属于心灵的。

克：是的，没错。

博姆：你是说大脑是心灵的一种工具吗？

克：当大脑不以自我为中心时，它就是心灵的一种工具。

博姆：所有的制约都可以被认为是大脑在刺激着它自己，让它自己一直单纯依照程式运行下去，而这占据了它所有的能力。

克：占据了我们所有的时日，是的。

博姆：大脑更像是一台无线电接收器，这台接收器能产生自身的噪声，却无法接收一个信号。

克：不完全是这样。让我们稍微来探究一下。经验总是有限的。我也许可以把那种经验吹嘘成某种神奇的东西，然后开一家商店来贩卖我的经验，但那种经验是有限的。因此知识也总是有限的，这种知识在大脑中运行着，这种知识就是大脑。而思想同样也是大脑的一部分，思想也是有限的。所以大脑在一个非常非常狭小的区域里运转着。

博姆：是的。那是什么阻碍了它在更广阔的区域里，在一个无限的区域里运作的呢？

克：思想。

博姆：但是在我看来，大脑是自行运转的，它根据其自身的程式来运作。

克：是的，就像一台电脑。

博姆：那么，从本质上来说，你所要求的是，大脑其实应该对心灵做出回应。

克：只有它摆脱了有限的事物，摆脱了思想——思想是有限的——它才能做出回应。

博姆：于是那种程式就不会再支配它了。可你知道，我们仍会需要那种程式。

克：当然了。我们需要用它来……

博姆：……做很多事情。但智慧是来自心灵的吗？

克：是的，智慧就是心灵。

博姆：就是心灵。

克：我们必须来探究另一些东西。因为慈悲是和智慧联系在一起的，没有慈悲就不存在智慧。而只有当那种完全摆脱了所有回忆、个人嫉妒等事物的爱出现时，慈悲才会存在。

博姆：那么，所有那些慈悲、爱，也是属于心灵的吗？

克：是属于心灵的。如果你依附于任何特定的经验或特定的理想，你就不可能是慈悲的。

博姆：是的，那同样也是羁绊着我们的程式。

克：是的。比如说，有那么一些人，他们去各个穷困潦倒的国家，然后工作、工作再工作，他们把这叫作"慈悲"。但是他们是依附于或被捆绑在某种特定形式的宗教信仰上的，因此他们的行动不过是一种可怜或者同情，那并不是慈悲。

博姆：是的，嗯，我明白我们这里有两样多多少少是独立的东西。有大脑和心灵，虽然它们之间可以产生联系。然后我们说那种智慧和慈悲是来自大脑之外的。现在，我想探究一下这个问题：它们两者是如何产生联系的。

克：啊！只有当大脑安静下来，心灵和大脑之间的联系才会存在。

博姆：是的，这就是产生联系的必要条件，大脑必须安静下来。

克：而那种安静并不是训练出来的安静，也不是一种自我有意识的、处心积虑的对于宁静的渴望，而是一种在了解了自身局限之后的自然而然的结果。

博姆：那么我们可以看出，如果大脑安静下来，它就可以聆听某种更为深刻的事物了？

克：更深刻的——没错。那时如果它是安静的，它就会和心灵产生联系。然后心灵就可以透过大脑来运作了。

博姆：我想，如果我们能够发现大脑有没有任何超越思想的活动，这将会有所帮助。你知道，比如说，我们可以问：觉察是大脑功能的一部分吗？

克：只要那是没有任何选择的觉察。

博姆：我想这可能会造成理解上的困难。选择有什么不对吗？

克：选择意味着困惑。

博姆：这一点并不明显。

克：当然，你得在两样东西之间进行选择。

博姆：我可以选择买这个还是那个。

克：是的，我可以在这张桌子和那张桌子之间选择。

博姆：买桌子的时候我会挑选颜色，这不一定会造成困惑。如果我选了我想要的颜色，我不明白为什么要困惑。

克：这没什么不对，这里没有困惑。

博姆：但是在我看来，涉及心智的选择就是困惑出现的地方了。

克：就是这样，我们说的就是进行选择的心智。

博姆：选择成为什么的心智。

克：是的，选择成为什么。而有困惑的时候选择就会存在。

博姆：你是说，出于困惑，心智做出了成为这个或那个的选择？因为困惑，它试图成为更好的样子？

克：而选择隐含着二元性。

博姆：但乍一看来，似乎我们有的是你之前引入的另一种二元性，那就是心灵和大脑。

克：不，那不是二元性。

博姆：区别在哪里呢？

克：我们来举个非常简单的例子。人类是暴力的，而非暴力是思想投射出来的。这就是二元性——事实和非事实。

博姆：你是说，在事实和心智制造出的某种微不足道的投射之间存在着一种二元性。

克：理想与事实之间。

博姆：理想是不真实的，而事实是真实的。

克：就是这样。理想并非事实。

博姆：是的。然后你说那两者的划分是二元性。你为什么给它起这个名字呢？

克：因为它们是分裂的。

博姆：嗯，至少它们看起来是分裂的。

克：分裂，于是我们争斗不休。例如，所有极权主义的共产主义理想和民主主义理想，都是有限的思想的产物，而这在世界上造成了巨大的破坏。

博姆：所以这里就引入了一种分裂。但我想我们讨论的是分割某种无法被分割的东西，是企图对心智进行的分割。

克：没错。暴力无法被分割成非暴力。

博姆：而心智也无法被分割成暴力和非暴力，对吗？

克：它就是它此刻实际的样子。

博姆：它就是它实际的样子。所以，如果它是暴力的，它就不能被分割成暴力的部分和非暴力的部分。

克：所以我们能不能跟"现在如何"待在一起，而不是跟"应该如何""必须如何"待在一起，也不要发明理想等之类的东西？

博姆：是的，但是我们能不能回到心灵和大脑的问题？现在我们说，它们两者并不是一种分裂。

克：噢，没错，那并不是一种分裂。

博姆：它们是有联系的，对吗？

克：我们说过，当大脑安静下来，有了空间，心灵和大脑之间就会有联系。

博姆：所以我们说，虽然它们是有联系的并且毫无分裂，但心灵相对于大脑的制约仍然具有一定的独立性。

克：现在我们得小心一点了！假设我的大脑受到了制约，例如，它已经被程式化为一个印度人了，于是我的整个一生和行动都被"我是一个印度人"这个观念所制约。但心灵很显然与那种制约没有关系。

博姆：你用的是"心灵"这个词，而不是"我的心灵"。

克：是心灵，它不是"我的"。

博姆：它是普世的或者一般性的。

克：是的，而那个大脑也不是"我的大脑"。

博姆：不是"我的大脑"，但是存在着某个个别的大脑，这个大脑或者那个大脑。你会说存在着一个个别的大脑吗？

克：不会。

博姆：这是一个很重要的不同。你说心灵其实是普世的。

克：心灵是"普世的"（universal）——如果你愿意用这个可恶的词的话。

博姆：不受局限也没有分裂。

克：它是未被污染的，没有被思想所污染。

博姆：但是我认为对大多数人来说，在说到我们要如何才能了解关于这个心灵的任何事情时，还是会遇到困难。我只知道"我的心灵"才是直接的第一感觉，对吗？

克：你不能把它称为"你的心灵"，你有的只是你那个局限的大脑。你不能说，"这是我的心灵。"

博姆：但是无论内心发生着什么事情，我都感觉那是"我的"，它和其他人内心发生着的事情是很不一样的。

克：不，我质疑是不是不同的。

博姆：至少看起来是不同的。

克：是的。但我质疑这一点：作为人类的一员，我内心所发生的事情，和你作为另一个人内心所发生的事情，它们是不是不同的。我们两个人都会经历各种问题：痛苦、恐惧、焦虑、孤独等。我们都有着自己的教条、信仰、迷信。每个人都有这些东西。

博姆：哦，我们可以说这些东西都是非常类似的，但是看起来好像我们每个人都是彼此孤立的。

克：被思想所孤立。我的思想已经建立起一种信念：我和你是不同的，因为我的身体和你的身体不同，我的面孔和你的面孔也不同。于是我们把同样的事情也延伸到了心理领域。

博姆：但现在我们是不是说那种分别也许是个幻觉？

克：不，不是也许！它就是幻觉。

博姆：它是个幻觉。好吧，虽然当一个人刚开始看这个问题的时候，这点并不那么明显。

克：当然。

博姆：事实上，连大脑也不是分开的，因为我们说，我们所有人不仅从根本上来说是类似的，而且实际上是彼此相连的，对吗？然后我们说超越所有这一切的就是心灵，它是完全没有分裂的。

克：它是不受制约的。

博姆：是的，那么这看起来几乎是在暗示，只要一个人还觉得他是一个分离的存在体，那么他和心灵就没什么联系，对吗？

克：绝对是的，非常正确。这就是我们说的意思。

博姆：心灵不在了。

克：这就是为什么最重要的并不是去了解心灵，而是去了解我们所受的制约，以及我们的制约，人类的制约是否可能被消除。这才是真正的问题。

博姆：是的。我想我们还是想了解清楚这些话的含义。你知道，我们拥有一颗普世的心灵；你说它在某种空间里，还是说它有自己的空间？

克：它不在我身上或者我的大脑里。

博姆：但它有一个空间。

克：是的，它存在于空间和寂静中。

博姆：它存在于空间和寂静中，但那是心灵的空间。那不是像这个空间一样的空间吗？

克：不是。这就是为什么我们说空间不是由思想发明的。

博姆：是的，那么有没有可能在内心寂静时感知这个空间并与之相接触呢？

克：不是感知。让我们来看一看。你问心灵能不能被大脑感知。

博姆：或者大脑至少在某种程度上是觉知的……有一种觉察，有一种感觉。

克：我们说是的，通过冥想。你也许不喜欢用这个词。

博姆：我不介意。

克：你瞧，困难就在于当你使用"冥想"这个词，人们通常会把它理解为始终有一个冥想者在冥想。真正的冥想是一个无意识的过程，而不是一个有意识的过程。

博姆：如果它是无意识的，那你怎么能说冥想发生了呢？

克：当大脑安静时它就发生了。

博姆：你说的意识指的是思想的所有活动？感受、欲望、意志以及随之而来的一切？

克：是的。

博姆：还是有一种觉察的，不是吗？

克：噢，是的。那取决于你所说的觉察是什么。对什么的觉察？

博姆：可能是觉察到某种更深层的东西，我不知道。

克：当你使用"更深"这个词，那还是在衡量。我不会用这个词。

博姆：好吧，我们不用这个词。但是你瞧，有一种无意识是我们根本没有觉察到的。一个人也许对自己的问题和冲突毫无意识。

克：让我们稍微深入地探讨一下这个问题。如果我有意识地做什么，那就是思想的活动。

博姆：是的，那是思想在反思它自身。

克：对，那是思想的活动。那么，如果我有意识地冥想、练习，做所有那些事情——我称之为无稽之谈——那么我就是在让大脑遵从另一个系列的模式。

博姆：是的，那是更多的"成为什么"。

克：更多的"成为什么"——没错。

博姆：你在努力变得更好。

克：通过"成为什么"没有任何启迪可言。如果我可以用"启迪"这个词的话，一个人是无法通过声称自己要成为一个廉价的古鲁来获得启迪的。

博姆：但是似乎很难传达某种无意识的东西。

克：就是这样，这就是困难所在。

博姆：那可不仅仅是被打晕了。如果一个人没有意识，他就被打晕了，但你说的不是那个意思。

克：当然不是！

博姆：或者在催眠状态下，或者……

克：不是。让我们这么说：有意识的冥想，有意识地控制思想、让自己摆脱制约的行为，并不是自由。

博姆：是的，我想这很清楚了，但非常不清楚的是如何传达另一种东西。

克：等一下。比如说，你想告诉我超越思想的是什么。

博姆：或者当思想安静的时候。

克：没错，安静。你会用哪些词？

博姆：哦，我建议用"觉察"这个词。"关注"这个词怎么样？

克：我觉得"关注"更好。你会不会说，关注中没有"我"这个中心？

博姆：哦，在你所讨论的那种关注中是没有的。还有通常的那种关注：因为我们对什么感兴趣而对它集中注意力。

克：关注不是专注。

博姆：我们讨论的是一种没有"我"在场的关注，那不是制约产生的行为。

克：不是思想的行为。在关注中，思想是没有地位的。

博姆：是的，但我们能不能说得更详细一些？你说的"关注"是什么意思呢？而从这个词派生出来的意思有没有什么用处呢？它的意思是延展心智——这么说有帮助吗？

克：没有。如果我们说专注不是关注，这样有帮助吗？努力不是关注。当我努力去关注时，那就不是关注了。只有当自我不在时关注才能出现。

博姆：是的，但这会把我们带进一个循环里，因为我们通常就是从有自我开始的。

克：不，我用词是很小心的。冥想的意思是衡量。

博姆：是的。

克：只要存在衡量，也就是"成为什么"，就没有冥想。让我们这样说。

博姆：是的。我们可以讨论没有冥想的情况。

克：对。通过否定，另一个就出现了。

博姆：因为如果我们成功地摒弃了所有不是冥想的活动，那么冥想就会出现。

克：没错。

博姆：摒弃不是冥想但我们认为是冥想的活动。

克：是的，这点很清楚了。只要存在衡量，也就是成为什么，也就是思想过程，冥想或者寂静就不可能存在。

博姆：这种没有方向的关注是属于心灵的吗？

克：关注是属于心灵的。

博姆：而且它会联系大脑，不是吗？

克：是的。只要大脑是安静的，另一个事物就会与它联系。

博姆：也就是说，当大脑安静时，这种真正的关注会和大脑联系。

克：安静，因而有空间。

博姆：空间是什么呢？

克：现在大脑没有空间，因为它只关心自己，它被程式化了，它以自我为中心，它是受限的。

博姆：是的。心灵在自己的空间里。而大脑是不是也有自己的空间？有限的空间？

克：当然。思想有一个局限的空间。

博姆：但是当思想不在时，大脑是不是就有自己的空间了？

克：是的，大脑就有了空间。

博姆：无限的空间？

克：不，只有心灵拥有无限的空间。我的大脑可以对我之前思考的一个问题保持安静，然后我突然说，"好吧，我不再想这个问题了"，然后就有了一定的空间。在那个空间里，你就可以解决那个问题了。

博姆：现在假设大脑是安静的，如果它不再思考某个问题，那么那个空间依然是有限的，但它对……

克：……对另一个事物是开放的。

博姆：对关注是开放的。你会不会说，通过关注，或者在关注中，心灵和大脑就联系上了？

克：当大脑没有漫不经心时。

博姆：那时大脑会怎么样？

克：大脑会怎么样？会行动。让我们把这点说清楚。我们说过智慧诞生于慈悲和爱。当大脑安静时，那种智慧就会运作。

博姆：是的。它是通过关注来运作的吗？

克：当然。

博姆：所以关注似乎就是两者之间的结点。

克：自然如此。我们也说过，只有当自我不在时关注才能出现。

博姆：而你说爱和慈悲是基础，智慧就从中而来，通过关注而来。

克：是的，它借助大脑来运作。

博姆：那么，这里就有了两个问题：一个是这种智慧的本质，另一个是它会对大脑做什么？

克：是的，我们来看一看。我们还是必须以否定的方式来入手。爱不是嫉妒以及诸如此类的东西。爱不是个人化的，但它也可以是个人化的。

博姆：那就不是你所说的爱了。

克：爱不是爱"我的"国家、"你的"国家，或者"我热爱我的神明。"不是那些。

博姆：如果它来自普世的心灵……

克：那就是为什么我会说爱与思想毫无关系。

博姆：是的，它也不是从某个个别的大脑中开始的、起源的。

克：当有了那种爱，从中就有了慈悲，有了智慧。

博姆：那种智慧就能够有深刻的领悟了？

克：不，不是"领悟"。

博姆：那它会做什么？它会洞察？

克：它通过洞察来行动。

博姆：洞察什么呢？

克：那我们就来讨论洞察。只有当没有思想的沾染时，才可能有洞察。当没有来自思想活动的干扰时，洞察才会出现，那是对一个问题或者人类各种复杂问题的直接洞悉。

博姆：是的。那么这种洞察是源自心灵的吗？

克：这种洞察是源自心灵的吗？是的，当大脑安静时。

博姆：我们用到了"洞察"和"智慧"这些词，那么它们之间有什么关系，或者它们有什么区别吗？

克：洞察和智慧的区别吗？

博姆：是的。

克：没有区别。

博姆：所以我们可以说智慧就是洞察。

克：是的，没错。

博姆：智慧就是对"现在如何"的洞察？然后通过关注产生了联系。

克：让我们拿一个问题来说明，然后就容易理解了。就拿痛苦的问题来说。人类遭受了无尽的痛苦，因为战争，因为身体上的疾病，因为人与人之间错误的关系。那么，这些能够结束吗？

博姆：我想说结束这些的困难之处在于，事情已经处在程序中了。我们被这整件事情制约着，物理上和化学上都是如此。

克：是的，而且这些事情已经持续了无数个世纪。

博姆：所以制约是非常深重的。

克：非常非常深重。那么，那种痛苦能结束吗？

博姆：它无法通过大脑的行动来结束。

克：也就是通过思想。

博姆：因为大脑陷在了痛苦当中，它无法采取行动去结束其自身的痛苦。

克：它当然不能。这就是为什么思想无法结束痛苦的原因。是思想造成了痛苦。

博姆：是的，思想造成了痛苦，并且它无论如何都无法了悟痛苦。

克：思想制造了战争、不幸、混乱。而且思想在人类的关系中已经变得无比重要。

博姆：是的，但我认为虽然人们也许同意这点，然而他们还是会觉得，就像思想可以做坏事一样，思想也能够做好事。

克：不，思想是无法做好事或坏事的，它就是思想，局限的思想。

博姆：思想无法了悟这种痛苦。也就是说，这种痛苦是存在于大脑物理上和化学上的局限中的，思想甚至都无从知道它是什么。

克：我的意思是，我失去了我的儿子，然后我很……

博姆：是的，但是通过思考，我是无法知道我内心正在发生的事情的。我无法改变内心的痛苦，因为思考不会告诉我它是什么。而现在你说智慧、洞察是可以告诉我的。

克：但我们问的是，痛苦可以结束吗？这才是问题所在。

博姆：是的，并且显然思想无法结束它。

克：思想无法结束它，这就是重点。如果我洞察到了这一点……

博姆：是的。而这种洞见是通过心灵的行动，通过智慧和关注而来的。

克：当有了那种洞见，智慧就会消除痛苦。

博姆：因此，你说的是，存在着一种从心灵到物质的联系，它可以消除那个让我们持续痛苦的物理上和化学上的整个结构。

克：对，在那种结束中就有着一种脑细胞的突变。我们几年前探讨过这个问题了。

博姆：是的，而那种突变就消除了使你受苦的整个结构。

克：没错。所以这就好像是我一直在循着某个特定的传统前进，然后我突然改变了那个传统，于是整个大脑中就有了一种转变，它之前一直是朝北走的，而现在它朝东走了。

博姆：毫无疑问，从传统科学思想的观点来看，这是一种很激进的想法，因为如果我们接受了心灵有别于物质，那么人们会发现很难说心灵可以真正地……

克：你会说心灵是纯粹的能量吗？

博姆：好吧，我们可以这样说，但是物质同样也是能量。

克：可是物质是有限的，思想是有限的。

博姆：但我们说的是，心灵那种纯粹的能量能够进入物质有限的能量中吗？

克：是的，没错，然后改变那种局限。

博姆：消除其中的一些局限。

克：当有了一个你需要面对的深刻的事件、问题或者挑战的时候。

博姆：我们也可以再加一句，所有试图那样去做的传统方法都是行不通的。

克：它们从来都行不通。

博姆：哦，但这还不够。我们不得不这样说，因为人们或许还是会希望那些方法是可行的，但事实上它们就是行不通。

克：它们是行不通的。

博姆：因为思想无法深入细胞自身的物理、化学基础之中，无法对那些细胞做任何事情。

克：是的，思想无法为自身带来改变。

博姆：可实际上人类试图去做的每一件事都是建立在思想之上的。当然了，存在着一个有限的区域，在那个区域里思想没什么问题，但是我们无法借助这种惯常的方式来对人类的未来有所作为。

克：当我们去听这个世界上异常活跃的那些政客所说的话，我们会发现他们正在制造一个又一个的问题，对他们来说，思想、理想才是最重要的东西。

博姆：一般来说，没有人知道除思想之外的其他任何东西。

克：确实如此。我们说，那种陈旧的工具，也就是思想，它已经磨损殆尽了，除了在某些特定的领域中。

博姆：它从来都不胜任，除了在那些领域中。

克：当然了。

博姆：而纵观历史，人类一直都处于忧患之中。

克：人类一直处于忧患、混乱和恐惧中。面对世上的所有混乱，对于这一切能否有一种解决之道？

博姆：这就回到了那个问题，我想把它重复一下。看起来有几个人在谈论解决之道，认为他们可能知道，或者他们可能也冥想，等等。但是，那将如何影响人类这股巨大的洪流呢？

克：可能影响很小。但是为什么要有影响呢？可能会有影响，也可能不会。但这时就会有人问这个问题：那有什么用呢？

博姆：是的，这正是问题所在。我想有种直觉会让人问这个问题。

克：但我觉得这是个错误的问题。

博姆：你看，第一直觉就会说："我们能做些什么来阻止这场巨大的灾难呢？"

克：是的。但是，如果我们中的任何一个，不管是谁，倾听了、看到了这个真相：是思想通过自身外在和内在的行为制造了可怕的混乱和深重的苦难，那么他就必然会问，这一切是不是可以终结？如果思想不能终结它，那什么能终结它？

博姆：是的。

克：终结所有这些苦难的新办法是什么？你瞧，是有个新办法，那就是心灵，也就是智慧。但是，困难也正在于人们不愿意听这些。科学家们和我们这些门外汉，都已经有了明确的结论，他们都不愿意听。

博姆：是的。嗯，当我说看起来这几个人没什么太大影响的时候，我脑子里就是这么想的。

克：当然。我想，毕竟是少数人改变了这个世界，不管是变好还是变坏，但问题不在这里。希特勒，还有共产主义者都改变了世界，但他们还是落入了同样的模式。外在的革命从未从心理上改变过人类的状态。

博姆：你觉得，以这种方式和心灵取得联系的一些头脑，有没有可能影响人类，而那种影响不仅限于他们的交流所产生的直接而明显的影响？

克：是的，没错。但是你要怎样把这种微妙而又十分复杂的事情传达——我经常思考这个问题——给一个深陷在传统中的人呢？他深受制约，而且甚至都不愿花时间听一听、想一想。

博姆：哦，这正是问题所在。你瞧，你可以说这种制约不是绝对的，不是一种绝对的障碍，否则就完全没有出路了。但是这种制约可能会被认为具有某种渗透力。

克：我的意思是，毕竟教皇不愿意听我们说，但是教皇有着巨大的影响力。

博姆：是不是有可能，如果那东西能被发现，那么每个人就都能听进去一些呢？

克：如果他有一点耐心的话。可谁愿意听呢？政客们不愿意听，理想主义者不愿意听，极权主义者不愿意听，深陷于宗教中的人也不愿意听。那么也许有一个所谓无知的人，没有受过高等教育或者没有被他的职业生涯或金钱所制约的人，这个可怜的人说："我在受苦，请让我们结束这一切。"

博姆：但是你瞧，他也不愿意听。他想先要个工作。

克：当然了。他说："先喂饱我。"所有这些，我们在过去60年里都经历过了。穷人不愿意听，富人不愿意听，博学的人不愿意听，笃信宗教教条的人也不愿意听。所以，它也许就像在世界上环流的波浪，可能会波及某些人。我想，"会有影响吗"是个错误的问题。

博姆：是的，好吧。我们说那引入了时间，那是"成为什么"。这就再次引入了处于成为过程中的心智。

克：是的。但是……如果你说……它必然会影响人类……

博姆：你是说它会直接通过心灵影响人类吗，而不是通过……

克：是的。它可能不会立即显现在行动里。

博姆：你对你说过的话是非常认真的，你说心灵是普世的，它并不位于我们通常的空间里，它不是分离的。

克：是的，但是，"心灵是普世的"，这么说有些危险。有些人是这么说心灵的，而那变成了一种传统观念。

博姆：人当然可能把它变成一个概念。

克：这正是危险所在；这就是我说的意思。

博姆：是的。但真正的问题在于，我们必须直接和它联系上，让它变成现实，对吗？

克：就是这样。当自我不在的时候，我们才能和它联系上。简而言之就是，当自我不在了，就有了美、寂静、空间。然后就有了智慧，那智慧诞生于慈悲，再通过头脑来运作。这很简单。

博姆：是的。我们有没有必要讨论一下自我，因为自我在很大的范围内都是很活跃的？

克：我知道。那是我们千百年来非常久远的传统。

博姆：当自我还在活动时，冥想有没有哪个方面能够对此有所帮助呢？你知道，假设一个人说："好吧，我困在自我当中了，可是我想脱离出来。但我想知道我该怎么办呢？"

克：啊，你瞧，这就……

博姆：我不用"我该怎么办"这些词，可是你会怎么说呢？

克：这很简单。观察者与被观察之物是不同的吗？

博姆：哦，假设我们说，是的，看起来是不同的。然后呢？

克：那是一个想法还是一个事实？

博姆：你是什么意思呢？

克：事实就出现在思想者和思想之间没有分裂之时。

博姆：但假设我说，人通常会觉得观察者与被观察之物是不同的。我们得从这里开始。

克：我们就从这里开始。我会向你说明的，请看一看。你与你的愤怒、你的嫉妒、你的痛苦是不同的吗？你与它们并无不同。

博姆：乍一看来我和它们是不同的，我可以试着控制它们。

克：你就是它们。

博姆：是的，但是我要怎样才能看到我就是它们呢？

克：你就是你的名字。你就是你的外形、你的身体。你就是各种反应和行动。你就是信仰、恐惧、痛苦和快乐。你就是那一切。

博姆：但首先出现的体验是，是我先在这里的，而那些是我的特点；它们是我或者具备或者不具备的品质。我也许很生气，也许不生气，我也许抱有这种信仰，也许抱有那种信仰。

克：矛盾重重。你就是那一切。

博姆：但是你知道，这一点并不明显。当你说我就是那些，你的意思是不是我就是那些，不可能是相反的情况？

克：没错。此刻你就是那些，但也可能是完全相反的情况。

博姆：好的，所以我就是那一切。我通常会说，我在看着这些品质。我觉得我没有生气，而是作为一个没有偏见的观察者在看着愤怒。而你在告诉我：这个毫无偏见的观察者与他正看着的愤怒是一回事？

克：当然。就像我分析自己一样，那个分析者就是被分析之物。

博姆：是的。他因他所分析的对象而产生了偏见。

克：是的。

博姆：所以，如果我观察一会儿愤怒，我就会发现我因愤怒而产生了严重的偏见，所以到了某个阶段我会说我和那愤怒是一体的？

克：不，不是"我和它是一体的"，而是"我就是它。"

博姆：那愤怒和我是一回事？

克：是的，观察者就是被观察者。而当这个事实存在时，你实际上就已经彻底消除了冲突。当我和我的品质相分离时冲突才存在。

博姆：是的。那是因为如果我相信自己是分离的，那么我就能试着改变它，但因为我就是它，所以它在试着改变自己的同时依然保持着自己原有的样子。

克：是的，没错。但是当那种品质就是我，分裂就终止了，对吗？

博姆：当我看到那种品质就是我，此时试图去改变就失去了意义。

克：是的。当存在分裂，当那种品质不是我，其中就会有冲突，要么压抑要么逃避，等等，而这是一种能量的浪费。当那种品质就是我，之前被浪费的所有能量就会全部聚集起来，就可以去看、去观察了。

博姆：但是为什么"那种品质就是我"这一点会带来这么大的区别呢？

克：当那种品质和我之间不存在分裂时，就会带来不同。

博姆：是的，当感知不到分别时……

克：没错。你可以换个说法。

博姆：心不再试图与自己作战。

克：是的，是的。"就是这样。"

博姆：如果有一种分别的幻觉，心就必然被迫与自己交战。

克：是大脑。

博姆：大脑与自己作战。

克：对。

博姆：另一方面，当没有了分别的幻觉，大脑就停止了战斗。

克：于是你就拥有了惊人的能量。

博姆：大脑自然的能量就释放了？

克：是的。而能量就意味着关注。

博姆：大脑的能量允许关注运行。

克：好让那种东西消除。

博姆：是的，但是等一下。我们之前说过关注是心灵和大脑之间的联结。

克：是的。

博姆：大脑必须处于高能状态才能允许那种联结出现。

克：没错。

博姆：我的意思是，能量低的大脑无法允许那种联结出现。

克：当然不能。但我们大部分人能量都很低，因为我们所受的制约是如此深重。

博姆：那么从根本上讲，你说这就是开始的方式。

克：是的，简单地开始。从"现在如何"，从"我现在的样子"开始。自我认识是如此重要。它不是一个我们可以随后加以审视的知识积累过程；自我认识是一种对自己不间断的了解。

博姆：如果你称之为自我认识，那它就不是我们之前谈到的那种知识了，那是制约。

克：没错。知识会带来制约。

博姆：但你说这种自我认识不是制约。但是你为什么称之为认识呢？它是另一种不同的知识吗？

克：是的。积累的知识会带来制约。

博姆：是的，但你现在拥有了这种自我认识。

克：那就是去了解自己、理解自己。了解自己是一件如此微妙而又复杂的事情，它是活的。

博姆：实质上就是在事情发生的那一刻了解你自己。

克：是的，了解正在发生着什么。

博姆：而不是把它储存在记忆里。

克：当然。通过反应，我开始发现此刻实际的自己。